佘城著

藝術叢刊

明代青花瓷器發展與藝術之研究

文史哲出版社印行

明代青花瓷器發展與藝術之研究 / 佘城著 --
初版 -- 臺北市：文史哲，民 100.08 BOD印刷
頁； 公分（藝術叢刊；5）
ISBN 978-957-547-478-2（平裝）

464.2

藝術叢刊 5

明代青花瓷器發展與藝術之研究

著　　者：佘　　城
出 版 者：文史哲出版社
http:// www.lapen.com.tw
e-mail：lapen@ms74.hinet.net
登記證字號：行政院新聞局版臺業字五三三七號
發 行 人：彭　正　雄
發 行 所：文史哲出版社
印 刷 者：文史哲出版社
臺北市羅斯福路一段七十二巷四號
郵政劃撥帳號：一六一八〇一七五
電話886-2-23511028 · 傳真886-2-23965656

定價新臺幣五六〇元

中華民國七十五年（1986）三月初版
中華民國一百年（2011）八月 BOD 初版

ISBN 978-957-547-478-2　91105

序

是書的撰寫，基於兩項動機：一是有感於我國自古以來，便以手工藝術蜚聲世界，燒瓷與絲織尤其馳名國際。古代製品流傳於今，外人每得一器便捧若瓌寶，視如璆球，甚至「爲之辨別姸媸，區別色目，探賾索隱，造精詣微，析分毫芒」，予以爲文發揚。反觀國人對於這些民族文物，除少數鑑藏家當作古董珍玩，笥藏自祕，絕大多數人視爲苴土瓦礫，遑論著述。因此珍者自珍，賤者自賤，這便造成時至今日，何以此類手工藝品製作，外國日趨精美，國內每況愈下的現象，缺乏宣傳提倡的緣故。二是有感於歷代以來講論陶瓷器者，固然爲數不少，片鱗半爪零星記叙的，有明曹昭〔格古要論〕、屠隆〔考槃餘事〕、黃一正〔事物紺珠〕、張應文〔清祕藏〕、谷應泰〔博物要覽〕等；專論著錄裒然成帙的，則有清梁同書〔古窯器考〕、唐英〔窯器肆考〕、朱琰〔陶說〕、程哲〔窯器考〕、藍浦〔景德鎭陶錄〕、寂園叟〔陶雅〕、近人許之衡〔飲流齋說瓷〕等，然而內容要皆不出歷代瓷器窯別品類材料燒法的著錄、考證和品鑑等，文字概述泛論，博而不約，雜而不專，也難引人注意。因此運用新的觀點與方法，試以單項或特殊瓷類爲研究對象，透過發展歷史與藝術審美的探討，俾使讀者對於我國瓷器經由個別而整體的瞭解，進而認識自己民族工藝的優越，激發愛國的情愫，共同以發揚傳統文化爲幟志。同時，選擇了明代的青花瓷器作爲這項工作的起手。

青花瓷器是我國歷史上通行民間最廣的一種瓷器，直到今日仍然流行不輟。青花瓷器不創始明代，但是由於明代燒造方面累積過去長期的經驗，技術已臻爐火純青；材料方面復能創造許多有利的物質條件；加上優秀工匠的精湛的技藝思想，使得這項結合多元技術性瓷器的發展，不僅迅速躍登明代瓷類的榜首，而且燒造登峯造極，品質產量俱足與前面流行的青瓷、白瓷比肩抗衡，形成鼎足而三的地位。又其它如在瓷器形制的造形，青料的發色，尤其是裝飾的花繪方面，更表現出極高的審美的藝術性，非但爲同時的其它瓷類，也爲其它朝代的青花瓷器所不及。因此允稱我國瓷器史上瓷器中突出而特殊的一種，具有重大的意義，値得加以爲文介紹，提供讀者作爲欣賞的參考，尤其冀望藉此促進這項瓷器燒造的重振。

不過，因爲筆者工作所在的關係，撰寫資料皆來自台北國立故宮博物院。此處庋藏明代青花瓷器，數量龐大舉世無匹，而且悉爲精美的官窯產品。由於官窯瓷器品質與藝術性，俱足代表明代燒造最高成就；因此題目雖爲「明代青花瓷器發展與藝術之研究」，內容仍以官窯爲主。自己既非專業的瓷器專家，業餘嗜好，見解或有寙淺不成熟處，同時資料蒐集也不十分完全，遺漏和謬誤在所難免，尚祈博雅方家不吝指正。

中華民國七十五年元月　宗城謹序於外雙溪

明代青花瓷器發展與藝術之研究　目錄

彩圖 6

彩圖 4

彩圖 1

彩圖 5

彩圖 7

彩圖 2

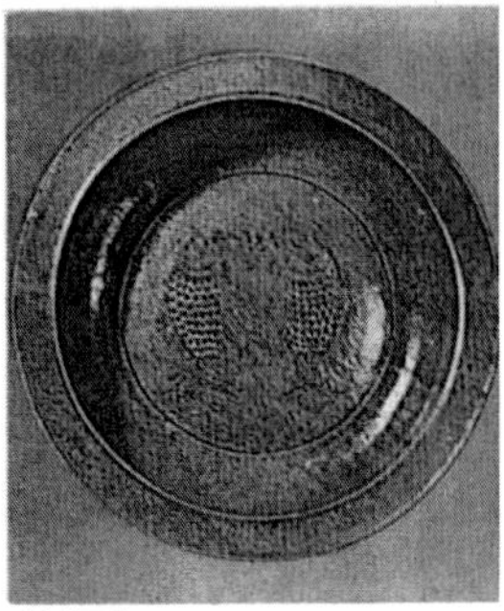

彩圖 3

彩圖 1　商中期　黃釉陶尊（鄭州出土）
彩圖 2　東　晉　越窯青瓷雕塑紋飾穀倉
彩圖 3　西　晉　越窯青瓷雙魚紋洗
彩圖 4　北　宋　汝窯粉青蓮花式碗
彩圖 5　宋　代　龍泉窯青瓷龍虎罐
彩圖 6　南　宋　修內司官窯粉青貫耳壺
彩圖 7　商晚期　白陶尊（殷墟出土）

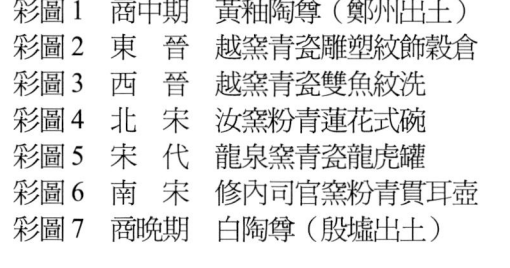

彩圖 13

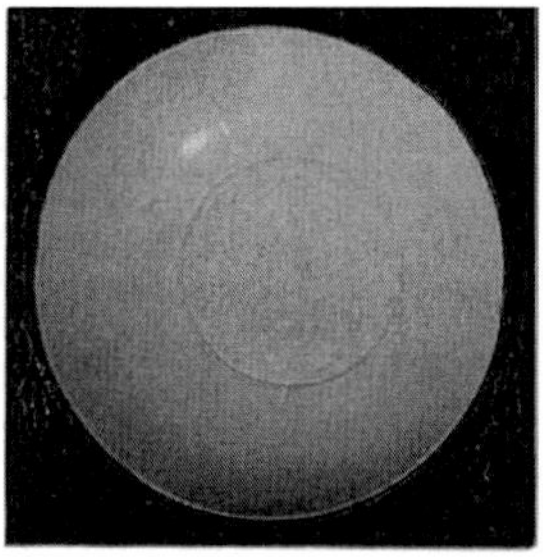
彩圖 10 *b*

彩圖 8

彩圖 14

彩圖 11

彩圖 12

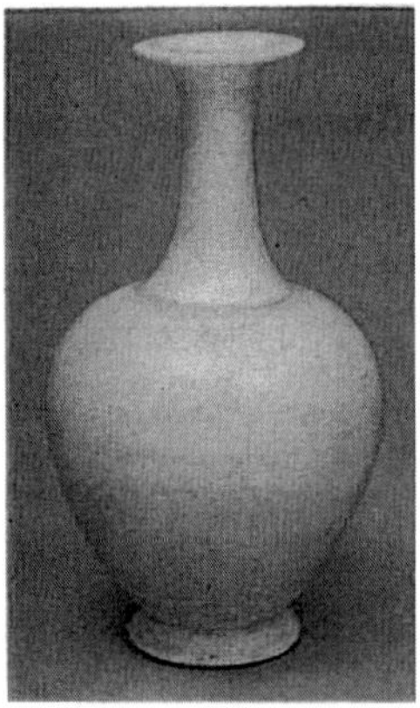
彩圖 9

彩圖 10 *a*

彩圖 8	周末	彩釉珠紋盖罐
彩圖 9	唐代	白瓷瓶
彩圖 10 *a*	北宋	定窯刻花花瓣紋盖罐
彩圖 10 *b*	北宋	定窯劃花蓮花式盤
彩圖 11	史前	廟底溝型彩陶缽
彩圖 12	戰國	彩飾黑陶石（河南輝縣出土）
彩圖 13	漢代	灰陶劃花四魚紋大盤
彩圖 14	北齊	青瓷蓮瓣式瓶

彩圖 21

彩圖 18

彩圖 15

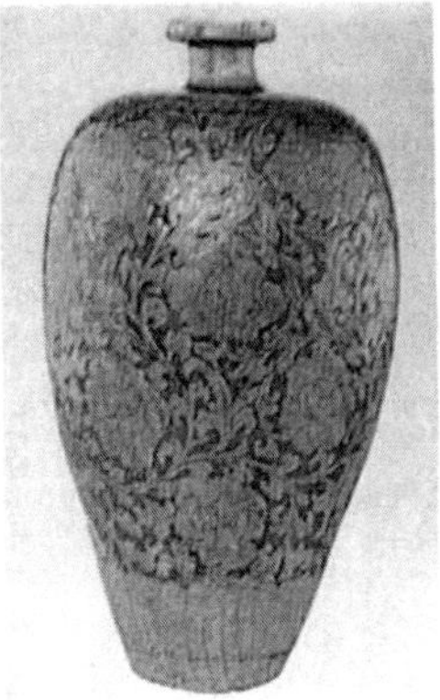

彩圖 23

彩圖 19

彩圖 20

彩圖 16

彩圖 17

彩圖 15　唐代　三彩龍耳陶瓶
彩圖 16　唐－五代　黃釉褐彩貼花壺－長沙窯
彩圖 17　唐　白地藍彩三足水盂
彩圖 18　唐－五代　青瓷綠褐彩畫花碗－長沙窯
彩圖 19　唐－五代　黃釉綠褐彩花卉紋枕－長沙窯
彩圖 20　宋代　鈞窯粉青釉粉紅斑碗
彩圖 21　北宋　磁州窯青褐花紋雙耳罐
彩圖 23　北宋　綠釉牡丹紋梅瓶－磁州窯

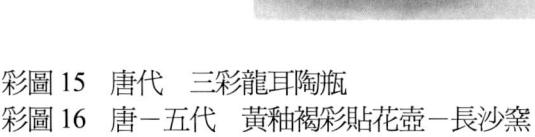

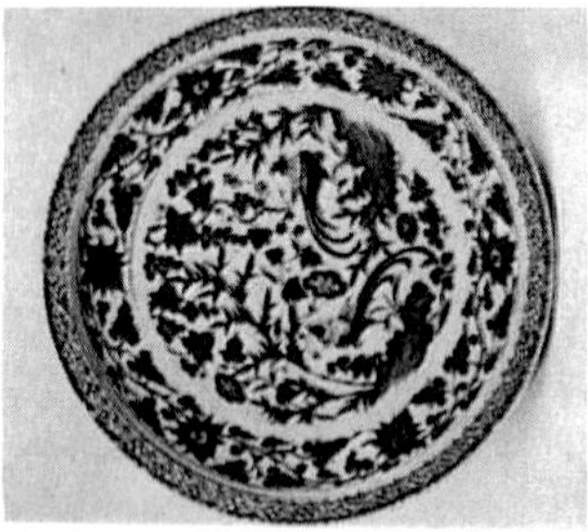

彩圖 25

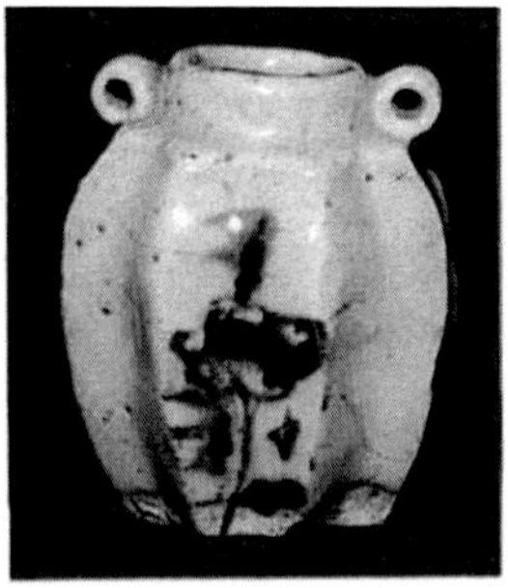

彩圖 22*b*

彩圖 22*a*

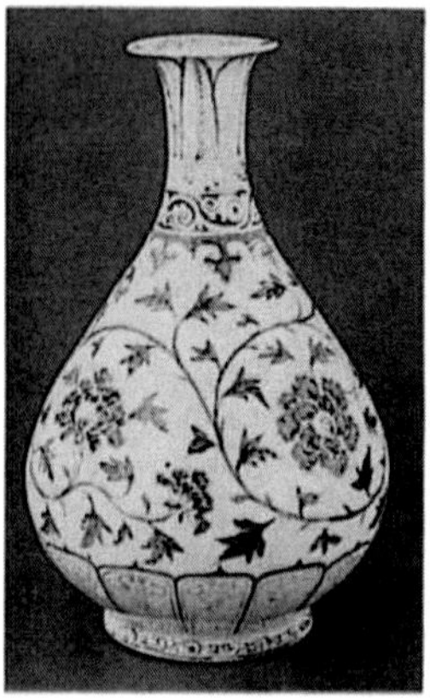

彩圖 26

彩圖 24

彩圖 22*a*　元　青花雙耳小罐－菲律賓出土物

彩圖 22*b*　元　青花雙耳花瓣形小罐－菲律賓出土物

彩圖 24　元　青花龍紋象耳瓶－頸部有元至正十一年款字

彩圖 25　元　青花鳳凰花竹葡萄轉枝番蓮紋盤

彩圖 26　明　洪武窯青花牡丹紋玉壺春瓶

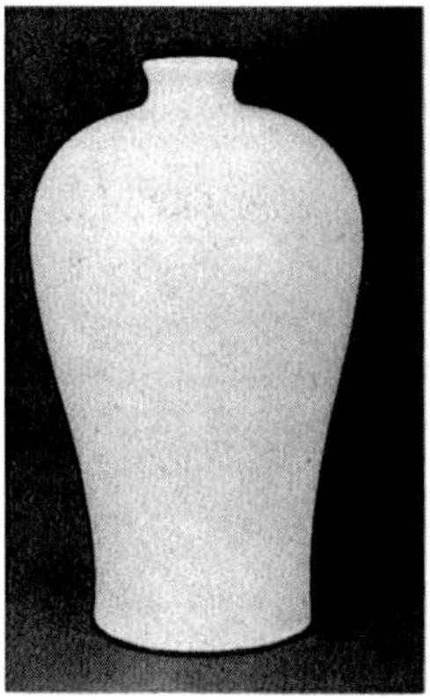

彩圖 29

彩圖 28

彩圖 32

彩圖 27

彩圖 30

彩圖 33

彩圖 27　明　洪武窯釉裡紅轉枝牡丹碗
彩圖 28　明　洪武窯青花番蓮玉壺春瓶之青花色調
彩圖 29　明　永樂窯甜白釉蓮花紋梅瓶
彩圖 30　明　永樂窯祭紅雙龍戲珠高足碗
彩圖 32　明　永樂窯青花鳳凰轉枝番蓮三繫把壺
彩圖 33　明　永樂窯翠青三繫盖罐

彩圖 34

彩圖 31

彩圖 38

彩圖 35

彩圖 40

彩圖 36

彩圖 37

彩圖 31　明　永樂窯青花蓮花紋梅瓶
彩圖 34　明　宣德窯甜白釉暗花蓮子碗
彩圖 35　明　宣德窯寶石紅僧帽壺
彩圖 36　明　宣德窯祭紅蓮瓣式滷壺
彩圖 37　明　宣德窯霽青蓮瓣式滷壺
彩圖 38　明　宣德窯翠青牡丹花式碗
彩圖 40　明　宣德窯嬌黃釉盤

彩圖 43

彩圖 42

彩圖 41

彩圖 44*a*

彩圖 44*b*

彩圖 41 明 宣德窯仿哥葵瓣

彩圖 42 明 宣德窯紫金釉花果盤

彩圖 43 明 宣德窯釉裡紅三魚高足盃

彩圖 44 *a* 明 宣德窯青花蟠龍天球瓶

彩圖 44 *b* 明 宣德窯青花轉枝番蓮大碗

彩圖 45

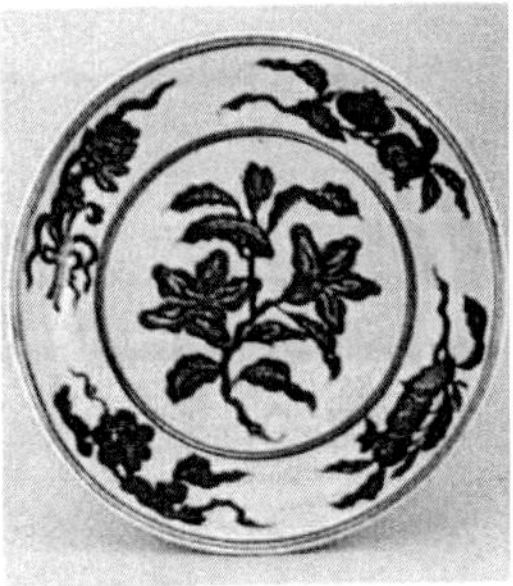

彩圖 47

彩圖 45 明 宣德窯青花釉裡紅趕珠龍合碗

彩圖 46 明 宣德窯青花描紅雲龍合碗

彩圖 47 明 宣德窯黃釉青花花果盤

彩圖 48 明 宣德窯青花描金碗

彩圖 46

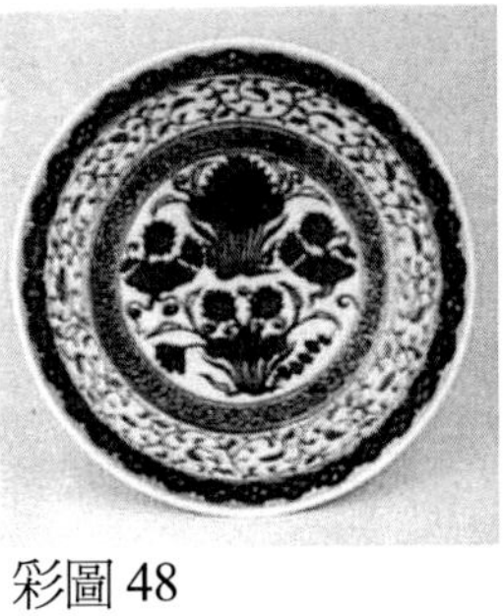

彩圖 48

彩圖 52

彩圖 49

彩圖 54

彩圖 50

彩圖 51

彩圖 56

彩圖 55

彩圖 49	明	宣德窯青花雲龍天球瓶之青花發色深翠與滲青現象
彩圖 50	明	宣德窯青花海水白龍碗－青花發色明艷靛青
彩圖 51	明	宣德窯青花龍紋渣斗－厚釉產生之青色散暈現象
彩圖 52	明	成化窯甜白半脫胎碗
彩圖 54	明	成化窯嬌黃釉碗
彩圖 55	明	成化窯仿哥八方盃
彩圖 56	明	成化窯釉裡紅三魚大碗

彩圖 61

彩圖 60

彩圖 59

彩圖 62

彩圖 67

彩圖 65

彩圖 63

彩圖 59　明　成化窯綠彩龍紋碗
彩圖 60　明　成化窯青花五龍玉壺春瓶
彩圖 61　明　成化窯黃釉青花花果盤
彩圖 62　明　成化窯青花釉裡紅蓮塘游魚高足碗
彩圖 63　明　成化窯青花加彩人物盃
彩圖 64　明　成化鬥彩雞缸盃
彩圖 65　明　成化窯鬥彩蓮花紋盖罐
彩圖 67　明　成化窯青花三友圖盤

彩圖 64

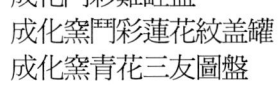

彩圖 69

彩圖 68*a*

彩圖 69*a*

彩圖 68*b*

彩圖 69*b*

彩圖 70

彩圖 68*a*　明　成化窯青花花鳥杯
彩圖 68*b*　明　成化窯青花鬥彩番蓮小罐局部
（67, 68*a*, *b* 附在說明成化窯花繪華致精工適美色調典雅秀麗）
彩圖 69　　明　弘治窯三彩雲龍盤
彩圖 69*a*　明　弘治窯硃紅九龍碗
彩圖 69*b*　明　弘治窯綠釉黃底盤
彩圖 70　　明　弘治窯青花雙龍戲珠碗

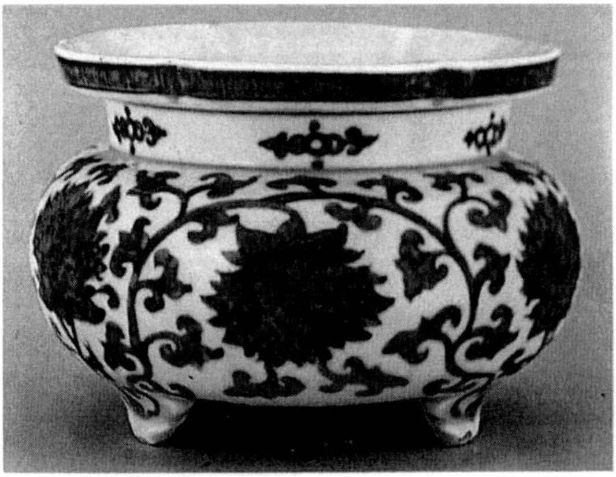
彩圖71a

彩圖 71

彩圖72b

彩圖 72

彩圖73

彩圖72a

彩圖 74

彩圖 71　明　正德窯青花穿花龍紋渣斗
彩圖 71*a*　明　正德窯青花轉枝番蓮爐
彩圖 72　明　正德窯甜白龍紋碗
彩圖 72*a*　明　正德窯五彩魚藻盤
彩圖 72*b*　明　正德窯天藍地三彩番蓮紋花盆
彩圖 73　明　嘉靖窯紫金釉碗
彩圖 74　明　嘉靖窯霽青五龍大碗

彩圖80

彩圖75

彩圖82

彩圖78

彩圖86

彩圖85

彩圖79

彩圖84

彩圖75　明　嘉靖窯嬌黃釉高足碗
彩圖78　明　嘉靖窯嬌黃綠彩鳳凰番蓮紋方洗
彩圖79　明　嘉靖窯釉裡紅番蓮玉壺春瓶
彩圖80　明　嘉靖窯五彩嬰戲圖盃
彩圖82　明　嘉靖窯紅地黃彩雲龍紋盖罐
彩圖84　明　嘉靖窯黃釉青花花果盤
彩圖85　明　嘉靖窯青花描紅轉枝花卉高足碗
彩圖86　明　嘉靖窯綠彩五龍碗

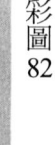

彩圖 88

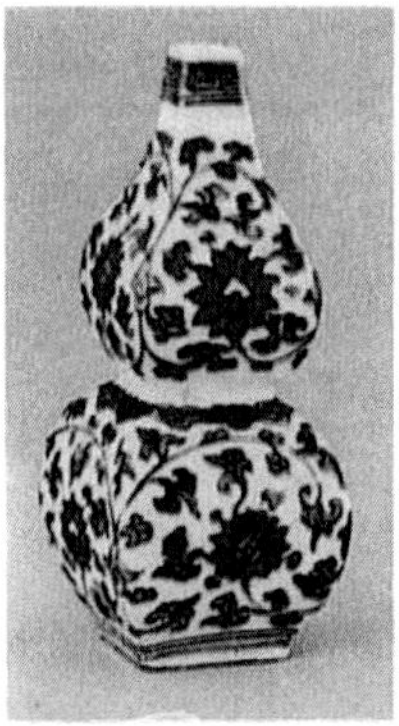

彩圖 87

彩圖 83*a*

彩圖 83*b*

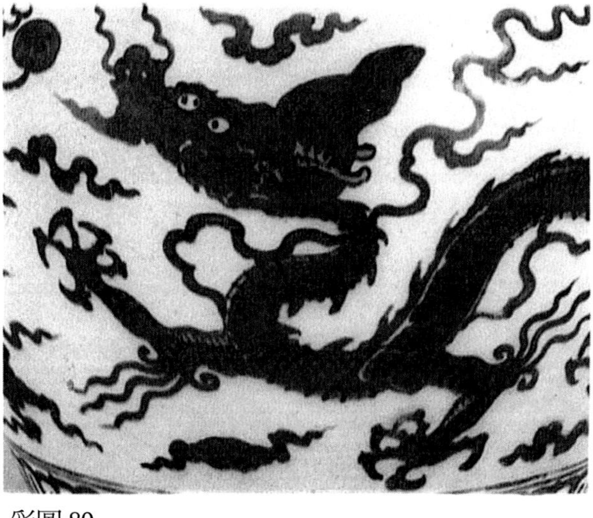

彩圖 89

彩圖 91

彩圖 83*c*

彩圖 83*a*　明　嘉靖窯青花三陽開泰仰鐘式碗
彩圖 83*b*　明　嘉靖窯青花雲龍紋盖罐
彩圖 83*c*　明　嘉靖窯青花嬰戲圖碗
彩圖 87　明　嘉靖窯青花鬥彩番蓮紋葫蘆瓶
彩圖 88　明　嘉靖窯三彩天馬紋盖罐
彩圖 89　明　嘉靖窯青花龍紋盖罐－青花之發色色調
彩圖 91　明　隆慶窯硃紅九龍盃

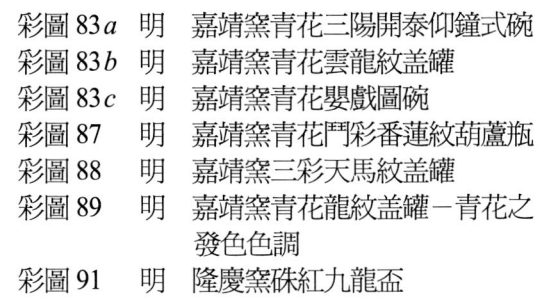

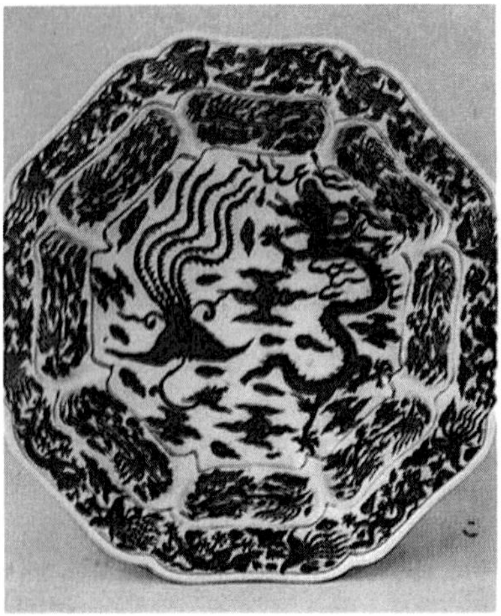

彩圖 95

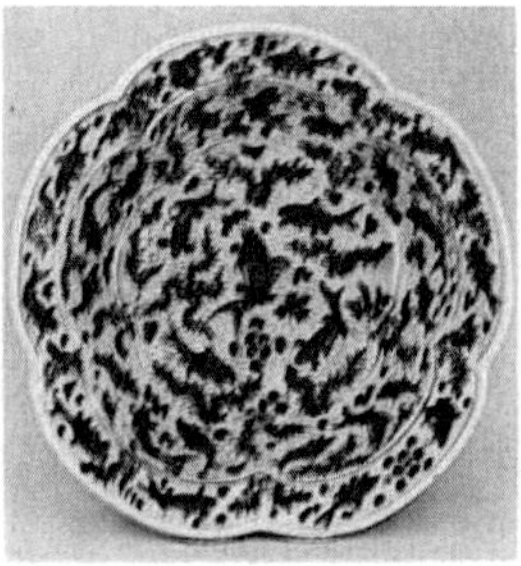

彩圖 96

彩圖 90

彩圖 93

彩圖 90 *a*

彩圖 94

彩圖 92

彩圖 90　明　隆慶窯青花雲龍纏枝花卉提梁壺－青花色調
彩圖 90*a*　明　隆慶窯青花雲龍紋銀錠式盒
彩圖 92　明　隆慶窯青花硃紅五龍盤
彩圖 93　明　隆慶窯黃釉青花雙龍戲珠淺碗
彩圖 94　明　隆慶窯甜白釉雙龍戲珠碗
彩圖 95　明　萬曆窯青花龍鳳八方洗
彩圖 96　明　萬曆窯青花魚藻轉枝花卉梅花式洗

彩圖 102

彩圖 99

彩圖 97

彩圖 103

彩圖 98

彩圖 105

彩圖 104

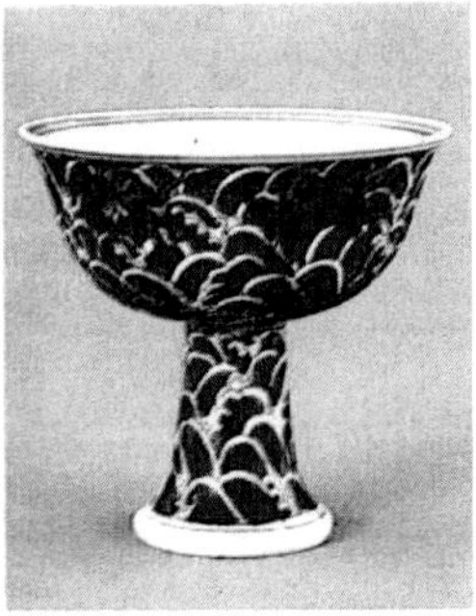
彩圖 100

彩圖 101

彩圖 97　明　萬曆窯釉裡紅三魚大碗
彩圖 98　明　萬曆窯霽青碗
彩圖 99　明　萬曆窯甜白半脫胎雙龍紋盃
彩圖 100　明　萬曆窯青花描紅海獸波濤紋高足盃
彩圖 101　明　萬曆窯鬥彩番蓮八寶紋碗
彩圖 102　明　萬曆窯五彩蓮池水禽花卉草蟲紋蒜頭瓶
彩圖 103　明　萬曆窯嬌黃雙龍戲珠碗
彩圖 104　明　萬曆窯三彩雲龍海水薑芽紋盤
彩圖 105　明　萬曆窯青花之發色色調與華繪特色

彩圖 107

彩圖 106

彩圖 105*a*

彩圖 110

彩圖 108

彩圖 109

彩圖 111

彩圖 112

彩圖 105*a*　明　萬曆青花瓷青色色調與華繪之特色
彩圖 106　明初　民窯青花轉枝花卉把壺
彩圖 107　明宣德　民窯青花三連口瓶
彩圖 108　明弘治－正德　民窯青花纏枝番蓮紋罐
彩圖 109　明正德朝　民窯青花纏枝番蓮玉壺春瓶
彩圖 110　明嘉靖朝　民窯青花纏枝牡丹玉壺春瓶
彩圖 111　明萬曆　民窯青花花卉紋大碗
彩圖 112　明天啓　民窯青花海獸花鳥什錦瓶

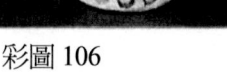

第一章 緒論

我國是世界著名的文明古國之一。自古以來，就以手工藝術享譽；所製各種手工產品，不僅品類繁多，而且製作精美。在所有的民族古老的手工藝術中，瓷器燒造是最爲世人稱道，最具顯赫聲名的一項。

我國的燒瓷事業，追溯歷史極爲悠久，就以其前身陶器燒造而言，遠在西元前二千五百至五千年的新石器時代，便已有了質地優良製工精美的器具出現。此後，燒造一事便繼續維持發展，始終未曾間斷以迄於今。我們祖先們嘔心瀝血，凝聚著智慧和精力，經過長時間努力不懈創造出來的這項結果，不僅爲我國贏得世界上燒瓷先進民族的美譽；同時，也將這項原本屬於實用性質的手工產品，因爲能夠結合高度的技術和審美的意匠，而超越昇華到純粹藝術的境界，儼然蔚成我國特有的民族藝術項目之一。另外，這項瓷器本身在漫長艱困的發展過程中，也由於主觀客觀因素的影響，諸如歷史時空的遷移，物質材料的改變，燒造技術的突破，人們喜嗜的轉換等等，製作燒造發生不斷的變化；於是遞嬗衍演，孕舊出新，時代上形成各個不同的風格；並且逞美競妍，爭奇鬥勝，品類上也產生許多新的名目。這些不斷新興的瓷類，在瓷器發展的歷史上，開創了無數奇彩瑰麗的美景，綻放著璀燦絢爛亘久不滅的光輝；也爲燒造藝術擴大了領域與豐富了內涵。

在歷史上發展過的所有瓷器中，青花瓷器應是最受世人矚目的一種。

所謂「青花」瓷，就是一種在素潔的白地坯胎上，使用特殊的顏料繪畫，隔著一層透明的玻璃釉，燒出青色的圖案花紋爲裝飾的瓷器，英文名爲「Blue and White」，日文稱作「染付」。它屬於釉下繪彩瓷的一種，却與其它繪彩瓷的面貌迥然不同。

青花瓷具有的特色。首先，它是種帶有濃重的繪畫藝術性的瓷器，就如〈陶雅〉一書中所說：

「青花也者，系以深淺數種之青色交繪成文，而不雜以他采，亦猶畫山水者之專用墨筆也。」

其次，它也是種具有強大的發展潛力性的瓷器。創始的歷史不長，今人考證時間上至早可到北宋，但是有如異軍突起，經過其後元、明、清代的繼續發展，迄於今日仍然未見衰歇，前途非常看好。

再者，它又是種流行寖廣與普遍風行性的瓷器。問世以後，不久便獲得大衆一致的喜愛，雅俗共賞，老少咸宜；卽使後來流傳國外也不例外，成爲使用人數最多、通行地域最廣的瓷類。

此外，也是最重要的一項，它的出現不僅將我國燒瓷的歷史帶入一個嶄新的階段，也爲我國燒瓷的事業開創另一新的紀元。

然而，自清代以來，凡是研究中國陶瓷和瓷器史的人，討論到青花瓷器時，都會毫不遲疑地推舉明代作爲此一瓷類發展到最高峯的代表時期。此一現象的產生，加以探究原因：乃是由於明代瓷業的發展，居於承先啓後、繼往開來的樞紐地位；青花瓷器演進至此，燒造技術已臻飽和的狀態，景況尤稱興盛發達。因此，就青花瓷本身方面而言，成就斐然，蔚爲這項瓷器的典型；對整個瓷業方面而論，執其牛耳，成爲衆瓷發展的主導。

至於明代青花瓷器發展所具的特殊意義，予以分析探討，則又有如下：

一

陶瓷器爲人類追求進步改善生活的產物，本質上屬於純粹的物質文明；然而摶土成幻，埏埴爲器，在創造製作過程中的竭精殫思，運鑿匠心，都屬於人類形而上的活動，所以同樣更是精神文明。上述情形，也是所有的民族手工藝術產生的共同由來和特質。

環顧世界上燒瓷國家，歷史最古老的兩個民族——中國和埃及，其中埃及雖然自詡製作最早，但是無情的尼羅河河水氾濫與大漠無垠風沙，早已將其歷史陳迹湮毁無踪；惟獨我們中國則不然。我國燒造陶瓷器的歷史，歲遠代長，綿延不絕；尤其難能可貴的，在這亘綿長遠的發展歷程中，後人俱能站在前人奠下的基礎上，推陳出新的不斷創造出新的品類，代代承傳。就彷佛我們民族的祖先，在生育滋長的沃壤上播種培養的一株花樹種籽，經過後代子孫細心的灌漑與施肥，由萌芽成長而茁壯，以至蕃衍、開花與結果。青花瓷就好像是這棵花樹綻開的一朵奇葩，而明代青花瓷則是花落蒂熟後結成的碩果。

青花瓷在我國歷史上是種興起較晚的瓷器，它的興發萌長完全植根於前代燒瓷的既有基礎上，承繼著前人的經驗逐漸演變發展而來。明代的青花瓷器情形尤是如此。明代青花瓷器的最大特色，如瑩潔細緻的白色坯胎，透明瀏亮帶著似有似無淺青色調的玻璃釉，繪畫華麗變化多端的青（藍）色紋飾，高雅美觀的器物造型等，都屬於瓷器燒造技術上登峯造極的象徵。這些具體而微的高度發達的燒瓷技術，正是經過世世代代，滙聚前人無形的智慧和心血，以及有形的物質條件和工作經驗，諸如瓷土的淘洗，釉藥的配製，青料（繪畫顏料）的提煉，工具的改革，窯室的建構，燃料的選擇，火溫的控制……等等，從中摸索試驗與不斷改進而得來的。所以，它可以說是結合前人成就與累積長期燒造成績，而集大成的結果。

二

人類手工藝術的發展與演進，與其它藝術和文學一樣，其中都隱藏著一種醞釀求變的趨向。此一情形的發生，乃起於人類天生有種喜好新奇的本性，因此形成不滿現狀的心理，再轉化成爲一種意識與行爲，促使人類永遠不停的亟望從舊有事物中擷取經驗，熱心從事舊事物的改進與新事物的創造，藉以追求人生更充實美滿的理想。於是，這便導致了人類文化不斷的產生新的事物，尤其是出現一些與舊有明顯對立性的新事物。例如西洋文藝史上，有自然主義然後才有理想主義；有寫實主義然後才有印象主義；有了古典主義然後才有浪漫主義。再以中國瓷器本身來說，宋代瓷器發展史上，有了素潔淡雅的一道（單色）釉瓷，所以同時有繁縟佚麗的雕（劃）花瓷；有精巧朦朧暗花的定窯瓷，所以同時有簡率明快黑色大花的磁州窯瓷，兩者表現了絕然不同的風格和效果。上述反抗現實，破除傳統，喜新厭舊心態的發展，乃是人類文化尤其是民族文物所以不斷新生，又是民間文物能夠維繫生生不息萬古長新的原因所在。而青花瓷也正是這項文物衍生法則下的產物。

青花瓷器的應運而興，明代的青花瓷而且在衆瓷中脫穎而出，作了所有瓷類發展的先驅。探討其原因，無疑的，而是由於宋代以來，人們漸嫌單色釉瓷的單調沉悶，以及感於白瓷雕花裝飾的耗精費時，形成一種渴望求變的心理，因此造成磁州窯一類劃花裝飾瓷器的廣泛流行。不久，這種刻劃沉重的黑褐色大花，又比不上筆繪輕柔色彩鮮明的青色花繪，較惹人喜愛，於是又有青花瓷的誕生。青花瓷器的出現，就彷佛是一位荳蔻年華天生麗質的少女，披著一襲夢幻似的青色的縠衫，欵步輕盈地走上了舞台，她那明艷鑑人的玉骨冰肌和綽約嬋娟的風姿美態，令台下看厭了素色道服和粗衣大褂的觀衆，眼睛爲之一亮，立刻發出熱烈的掌聲，投以欣羨愛慕的熱情。所以，它又是民族藝術中自然成長的手工藝術品的典型代表。

三

青花瓷是承繼青瓷、白瓷之後興起的一種瓷器；興起後隨卽發展迅速，迨及明代便取得瓷類的領導地位。從此以後，在國外風靡世界各地，蔚爲行銷海外最大的貿易瓷，也成爲最受外人歡迎的寵物，幾乎長達五個世紀之久。在國內通行全國上下，自天子一至於庶民，雅俗共賞，貴賤通用，不帶一點階級意識和色彩，直到今天仍然是民間最通俗普遍的瓷器。所以，它也是民族手工藝術品中最具民間風味的產品。

四

青花瓷原與其它一般瓷器一樣，僅爲人們日常生活使用的器具；但是因爲器面裝飾以繪畫爲主體，而用來作爲繪畫的顏料又具特殊的發色性能，能夠產生類似水墨繪畫的趣致；因此被人視爲帶有繪畫藝術性。而明代的青花瓷器在這方面表現尤其突出。明代青花瓷器的繪畫，不僅由於使用的青料性能優越，而繪瓷工匠技藝造詣之深與善體物性之能，以及表現形式的繁富與內涵的豐饒，在在都顯現了這項工藝的高度藝術性，超前邁後，凌駕歷史上任何一個朝代。一些前人有關記敘瓷器的書籍，對於明代青花瓷器繪畫藝術的傑出表現，俱有所討論與品評。如清寂園叟撰〈陶雅〉中，就說：

「曷取乎有明之青花？其畫工也。」

「明瓷畫手，皆奕奕有神。」

「青花瓷畫絕幽蒨，倘以藍筆臨摹之，矜爲稿本，亦雅人深致也。」

又朱琰撰〈陶說〉中評論明代成（化）窯，也說：

「點染生動，有出乎丹青家之上者。」

凡是，明顯的說明了明代青花瓷最大的特色，主要在於它是具有繪畫藝術性的瓷器。

明代青花瓷器在繪畫藝術方面所表現的特性，又可分別敘述於後。

1

明代青花瓷器的藝術，既然主要在於它的裝飾繪畫和繪畫顏料發色的特殊性。考諸我國陶瓷器上裝飾繪畫的歷史，大致自漢代以後，逐漸趨於脫離商周取材抽象幾何圖紋的路子，傾向人類現實生活中的事物形象的描繪。明代青花瓷器的裝飾繪畫依然承襲著此一傳統的風格，內容題材絕大多數取自人世間，所繪種種俱爲日常生活所見的美好事物，例如人物、花鳥、山水、樹石、蟲魚等。這類題材反映出那些繪瓷的工匠，因爲受到生活所在的民間環境的感染，對於人世產生了深摯的熱愛；再由這種熱愛情愫轉化成對生活肯定的態度，從而積極地發掘擷取生活周遭的事物材料；然後將這些來自民間的素材作爲畫題，而以這些繪畫回饋民間，引起人們的思想和感情的共鳴，這就是所謂民間藝術的形成由來與深摯感人的道理所在。另外，偶而也採用部份純粹抽象的幾何圖案，但是都能賦予生命的意義，務使成爲表徵思想的符號，並且巧妙的運用各種花草植物與其結合一起，同樣能夠達到自然貼切和諧一致的境地。又一些吉語圖案和祥瑞紋樣，反映出世人祈求美好生活的憧憬；還有若干神仙、龍鳳等幻想的人物和動物，代表了世人超世的生活理想，這類虛幻想像的東西，也依然能夠出以現實生活的基礎，配合人世的現象加以擬人化組合構成。因此，所有這些青花瓷器上繪畫的紋飾，小至一花半葉，大至蟲鳥、魚龍、人物雜陳，都經由畫工們的透過藝術實踐而注入充沛的感情，而顯得紛披有致，溫柔可愛，親切近人，散發著無限的人性溫馨。這種誠摯感人的藝術效果，設若沒有畫工對於眞實生活的熱情，對於自然生命的酷愛，一一融入繪畫本身中去，是無法獲致的。因此，在繪畫的內容題材方面，它具有生活性藝術的美。

再從這項陶瓷器裝飾繪畫的發展歷史來看，千餘年來，繪畫始終保持著民俗路綫的傳統。青花瓷器原本就是打從民窯來的。其後明代燒瓷走上官、民窯分途，青花瓷器製品雖有繁簡精粗的區別，而且官窯裝飾繪畫備有專用畫本；但是畫工多數招募來自民間，使用畫稿中的題材也有許多取得於民間的民俗藝術，例如採自民間其它工藝，如漆器、木器、織錦和金銀器上的圖案花樣。這些民俗藝術圖案花樣使用的情形，其間或許因爲某一時期受到少數權勢個人癖嗜的左右；或許由於那些從民間藝術領域中培養出來的畫工，在保存原來接受薰習的傳統精神與固有形式以外，希冀發展個人的創作才能而有所翻新，然而人亡政熄，到頭來不久又恢復了流行不輟。這是因爲民俗藝術，是基於民族的共同心理結合，民族的自然生長環境孕育，並藉著代代廣大的民間力量流傳而形成的藝術；它的生命是強壯堅韌的，風格是樸素淳厚的，面貌是萬古常新的，永遠生生不息，所以是民族藝術中最可寶貴的菁華。

明代青花瓷器的裝飾繪畫，透過那些優秀的技藝精湛的民間畫工們，大量使用這些民俗的圖案花樣，並且在題材上和技法上不斷的吸收新的營養與創作新的格式，一方面充實繪畫的內容；一方面提升繪畫的水準。使得這項青花瓷器不僅洋溢著民俗風味，更成爲民俗藝術的優異成就的最佳例證。而且，能夠超越時空的流傳直到今日，在藝術的感染性上仍舊保持著如此強烈的魅力，令人欣賞之下，欽羨嘖嘆不已。因此，它又具有民俗性藝術的美。

3

我國繪畫藝術自古以來，在發展的歷史過程中，一向受到外域的影響，其中尤以裝飾繪畫一項爲然。早從秦漢和西方交通開始，裝飾繪畫外來的影響便不斷地傳入，以後隨著接觸的日益頻繁，影響也日見明顯。唐宋陶瓷器上最早的裝飾紋樣，部份取材於秦、漢的銅鏡；而秦漢銅鏡上的花紋，如葡萄紋、寶相花、飄帶和卷草紋等，都顯然傳來自西域，其中有的直接出於印度、波斯；有的間接源於希臘、埃及。而且，繪畫圖案花樣傳入而外，還有外國藝人前來現身說法。例如畫史中便有唐代時西域人尉遲拔質那，在長安一乘寺大門繪畫凹凸花的記載；顧名思義，畫的是具有凹凸高低感與裝飾性的圖案畫了。這種表現立體明暗的畫法，從此以後便爲我國純粹繪畫與裝飾繪畫所採用。明代的青花瓷器裝飾繪畫，不可否認的，仍然繼續了此一傳統風氣與許多此類圖樣。

明代早期的青花瓷器裝飾繪畫中，可以看出使用了許多外來形式和花樣；最明顯的如常見的轉枝蕃蓮花，即是傳自波斯的圖案花繪的一種。中期以後，此類圖案花紋入畫的更多，如阿拉伯文、藏文、梵文文字等，都被使用於青花瓷繪畫中。然而，明代青花瓷繪的畫工們，對於這些外來的裝飾繪畫題材，並非完全的抄襲與刻板的臨摹，俱能加以靈活的運用，甚至往往還變造創新的與其它題材配合產生新的形式。例如上述波斯輸來的轉枝西蕃蓮，充斥於早期的青花瓷作品；中期以後日見減少，取而代之的是由此蛻變衍生，同樣採取纏枝轉枝形式的本土植物，如菊花、牡丹、蓮花、牽牛花等花樣。這種將外來藝術的內容和形式，逐漸地加以融和與吸收後形成自己的藝術；其它文化方面情形也是一樣，顯示了中國人文精神的寬容博大，正是我國文化和藝術特別具有的融和包涵的特質。而明代青花瓷器的裝飾繪畫，充份顯露了是項特色。因此，它也具有融合性藝術的美。

4

陶瓷器的繪畫本質上屬於裝飾性藝術；一般而言，裝飾藝術傾向或流於造作與機械性。但是，明代青花瓷繪的畫工們都能避免這一點。他們在繪畫的構圖上儘量放棄呆板的幾何圖案的形式，採取自由無拘束的安排；畫法上摒棄僵硬刻劃的描摹，採用獨具特色的傳統繪畫的筆繪。同時，因爲繪畫使用的工具和材料性能的特異：富於彈力而變化多端的毛筆，毫鋒能夠產生無數的粗細不一的綫條；色黑調水後見淺見深的青料，入火可以燒出無窮層次的色階，而且具有散暈的作用，燒成的花紋色瀋淋漓磅礴，沉酣恣肆，能夠產生水墨繪畫的機能和趣致，何況在色覺上還比水墨更多了一份眩目的光彩。此外，明代青花瓷因爲應付需要而大量燒造生產，導致畫工們養成純熟精湛的技藝，畫時多能心手合一，揮灑自如；老練精熟的用筆，猶如風吹雲卷、雷奔電掣一般，筆觸挾著奔放豪爽、意興遄飛的情感；有時雖然囿於器形的特殊而造成圖案形式的規整，但由於用筆的生動活潑，綫條的流暢勁利，在整齊中產生變化，所以卽使描繪是靜止的事物，同樣能夠帶給觀賞者心靈上一種流動的美感；至於其它，如繪畫形式的繁複多樣，推陳出新等，都說明了畫工具備靈巧的智慧和超逸的思想。最後是整個明代各個時期繪畫呈現不同的風格，無論是凝鍊渾成，剛勁潑辣，清麗遒美；抑或是繁縟細密，流利瀟灑，柔媚婉約，都能夠配合著時代崇尚的風習，表現出不一的藝術形態，展露出迥異的藝術特色，各盡情致，各領成就。以上也是明代青花瓷器裝飾繪畫中最主要的特質。因此，它更具有繪畫藝術性的美。

第二章　青花瓷器的起源和演進

第一節　從「青瓷」、「白瓷」到「彩瓷」

世界上任何一種文化，無分種族膚色，不論古今中外，其誕生都非偶然與孤立的事件，乃是由舊有事物誘發而來。誕生的情形，舊事物與生了新的事物；不久，新事物變成舊事物，復引發興生了另外的新事物，如此循環相因，永遠生生不絕的延綿繼續下去。同時，在兩者蛻化衍生的過程中，前者固然一直孕育著後者；而後者也始終包融著前者，這是人類一切文化藝術發展中遞嬗衍演的一種永不改變的關係。我國瓷器發展的情形也正是如此。

大致而言，我國瓷器包括其前身——陶器在內，創始的歷史邃古悠久，源遠流長，在世界所有燒瓷國家中僅次於埃及。其次，考諸整個陶瓷器發展的歷程，由於燒造產品的性質有別，品類殊異，可以概括地劃分爲「青瓷」、「白瓷」和「彩瓷」三大系統。這三大系統瓷類崛起興盛的時間雖然先後不一，但是都曾經流行一時，光輝照映，各領風光過一段相當長的歷史；同時三者之間，彼此影響，相互激盪，在形成與發展上存在著密切不可分的關係。以時間而言，青瓷最早；白瓷居次；彩瓷發展得最晚，其創始興起之前，青瓷和白瓷已經邁過一段漫長艱苦的歲月。在瓷器燒造製作上，無論材料和技術等方面，都爲後來的彩瓷奠下深厚的基礎，創造了完備的條件。

深切瞭解了前面所述這層意義後。因此，在正式介紹明代的青花瓷器所必須談到的青花瓷起源之前，對於上述三大瓷類的產生與演進的情形，首先作一番探本溯源的簡略的敍述。

一、青瓷

青瓷是我國古代瓷類中興起時間最早，假如包括它的前身——釉陶計算在內，發展歷史更爲長遠；也是流行地域最廣的一種瓷器。青瓷名字的由來，是這類瓷器使用的釉中含有氧化鐵，經過火燒還原而泛現淡青色，因而得名。不過由於早期釉的使用知識尙屬粗淺幼稚，不論在前的釉陶與稍後的釉瓷，燒成的色澤幾乎都是濁暗不純，黃、黃綠、青、青綠等色調俱有。後人爲了研究方便，也因爲同是使用這類釉，於是歸納起來統名爲青釉，陶則稱爲青釉陶；瓷則稱爲青釉瓷，簡稱爲青瓷。所以，在我國陶瓷發展史上，「青色」一直是個既籠統又曖昧不清的形容詞。

我國陶器使用青釉的開始，確實時間至今無法確知。今日世人可以看到最早的施釉陶器，是在河南鄭州二里岡挖掘發現的一件灰釉弦紋陶尊，出土的地屬斷定屬於商代中期，釉色呈現棕灰色；其次，在鄭州銘功路西側也出土同時期的另一件黃釉陶尊（彩版1），這是目前所見商代陶器中素陶而外，時間最早的青釉陶器了。其後，繼續發掘出土時代較晚的釉陶，則有：安徽屯溪（圖版1）、江蘇丹徒、河南洛陽、陝西西安等地，發現的西周釉陶尊、豆，釉色通爲黃綠或青綠色；湖南長沙地方，發現的東周青釉螭梁陶壺等（圖版2）。以上這些出土的釉陶，足以顯示這段時間內陶器燒造的一般情形。這些早期的釉陶器，雖說表面上與後世的瓷器發展沒有直接關係，但是使用的青色釉却從此傳承不斷，成爲開啓後來青瓷釉色的由來，視爲青瓷發展演進的濫觴，應屬無庸置疑的。

青瓷燒造歷史的開始，一般學者多數認爲起於秦漢時代。以今日出土所見秦漢遺物看來，此時期釉陶燒造相當發達，以釉色的不同，大致可以分爲：一、翠綠色釉陶；二、栗黃色加彩釉陶；三、茶黃色釉陶；四、淺綠色釉陶四類。其中的第四類淺綠色釉陶，可說就是後來青瓷的前身。但是，從若干這類出土的實物看來，此時所燒成的器物，固然美觀品質上較前已有顯著的進步，但是由於窯火溫度尙低，導致質地鬆脆易碎，色度暗濁不純。所以，嚴格地說，仍然不能稱爲瓷器，只能看成一種半瓷質的陶器，有的專家稱之爲「原始青瓷」。

青瓷眞正進入瓷器的階段，應該是在魏晉南北朝時代。從近世不斷出土大量的這一時期的陶瓷器，顯示此時釉陶、瓷器盛行。其中青瓷成長特別迅速，燒造地區分佈南北；燒成的器物，瓷性日益堅強，釉色日見澄清漂亮。就以已被後世視爲青瓷最早代表的越窯爲例，加以說明：越窯建立歷史久遠，可以上溯秦漢，嗣經三國、兩晉而南北朝，經過四百餘年不斷努力改良，釉色已由早先的薄淡的黃綠色進步到青綠色。例如近世曾經出土一件帶有三國吳永安三年（公元二六〇年）款字的青瓷大罏（彩版2），器身滿飾雕塑的人物、飛鳥、樓閣形像而外，表面便是一層光亮潤澤的青色釉，頗爲美麗，這類瓷器近年發現愈來愈多（彩版3）。此一事實顯示，自然是由於窯火溫度增高，以及釉中氧化鐵還原燄已經獲致相當成功的結果。

青瓷發展到唐代，完全臻達成熟地步。此時期瓷器的胎質固然早經脫離半瓷範疇，瓷釉也進步到半透明的玻璃質釉境地。就以當時已成爲全國最著名的上述越窯的產品來說，唐代陸羽在所撰〔茶經〕一書中，形容爲「類玉」、「類冰」，冰玉俱是晶瑩透明的物質，由此可以想見一斑。

五代以後，青瓷的燒造尤其發達。當時錢越的秘色窯所燒的青瓷器，喧騰一時，名噪古今，成爲當時與後世文人交相歌詠的對象。根據近年在被認爲曾是秘色窯遺址的浙江省餘姚縣上林湖地方，挖掘到許多青瓷器的碎片看來，釉呈湖綠色，薄而勻淨，色澤美麗遠在唐代青瓷之上。從此以後，這種幽倩雅穆發人遐思的色調，便蔚然成爲青瓷的理想典型，而爲後世瓷器燒造所追求模擬的對象。影響所及，因此造成宋代的瓷業發展，出現全國各地燒造青瓷有如雨後春筍般的景象。當時青瓷名窯，如汝窯（彩版4）、官窯（圖版3）、哥窯（圖版4）、龍泉窯（彩版5）、麗水窯、耀州窯（圖版5）、南宋修內司官窯（彩版6）……等，所燒造的產品，雖然因爲地理環境、使用材料、製作方法的不同，品質風格允有差異；但是追求的目標——繼續不斷的改良以淨化提昇青釉的青色，却是一致的。經過大家共同的努力，終於將青瓷帶進到這項瓷器臻達最高成就的時代。其後，靑瓷秉持著這一成就猶能繼續發展下去，迄今未歇。

綜合上述青瓷發展的過程來看，無疑它是我國歷史上興起最早，流行最長久的一項瓷類，對於嗣後其它瓷類的產生與形成，實有帶頭、啓迪與催化的作用；在建立奠定後來燒瓷有關的物質基礎，如瓷土的淘煉，窯火高溫的控制，明淨的釉質等的獲得上，扮演先驅角色所作的貢獻更大。其中特別是堪稱一切瓷釉之母的青釉，經過長期不斷的研究改良，在色澤的純化與透明度增加上獲致成功，爲其後釉質的改進提供了技術基礎，於是進一步才有半透明的影青釉、全透明的玻璃釉的出現。而玻璃釉乃是青花瓷產生的先決條件之一。

二、白瓷

白瓷是我國瓷器發展史上，興起時間僅次於青瓷的另一項瓷類。嚴格地說，白瓷的正式流行開始於唐代；不過，接上它的前身陶器，也可上溯到三千餘年前的商代。

今日所見殷商出土遺物中，發現有種胎質堅密，顏色潔白，器身滿飾類似青銅器上花紋的陶器（彩版7），可說是後來白瓷的濫觴。可惜的，這種質硬色白的白陶，殷代以後便告失踪了，直到唐代始再化身白瓷昌盛起來，使得這一優良的上古陶器中斷了千餘年，得不到延續發展。不過，在這段漫長的中斷時間裏，陶工爲了彌補陶器本身灰暗色調造成的色覺上的缺憾，與增強陶器表面裝飾的審美效果，甚早便發明了一種在灰陶、紅陶或黑陶器面塗敷一層白色陶衣的方法。從現有出土的古代陶器遺物看，這種陶衣裝飾，至遲春秋戰國已經流行（彩版8）；漢代以後，幾乎廣施於所有素陶器燒造上。白色陶衣代表了上古人類潛意識中對於白色依戀情結的象徵；由於長久使用的結果，無形中激發陶工尋求白色陶器製作的心理。這種粗糙的白色陶器，在現有出土的漢及南北朝的遺物中偶有發現（圖版6）。到了唐代，根據前節所述，全國各地青瓷燒造十分蓬勃，一切燒造技術臻於高度發達，無論瓷土的淘選，釉汁的提煉，窯火的控制，都較前進步不可以道里計。其中特別是提煉一種純白土質，配合著減少鐵成分含量與提高透明度的釉汁，因應當時燒造的熾熱風氣，憑藉已有青瓷的燒造技術，於焉創始了白瓷。

唐代白瓷的發展，開始是以北方地區燒造爲主，並且不久後卽取得與南方青瓷並駕齊驅的形勢；所以，過去瓷器學者談論唐代瓷器史時，卽有主張「北白」「南青」的說法。近年，由於發掘出土唐代的陶器日多，從不斷獲得的新窯址和實物顯示，以燒造白瓷爲主的北方固然出現許多的青瓷器；而以燒造青瓷爲主的南方也發現不少的白瓷器，使得上面這項說法已有加修改的必要。由此也可證明，這項北方新興的白瓷崛起後，立卽受到普遍歡迎而廣泛流行起來。同時，從當時一些有關的記載資料看來，它所受歡迎的熱烈程度並不下於同時的青瓷器。

唐代白瓷燒造最出名的，便是位於今日河北省邢台縣的「邢窯」，其它尙有河南的鞏縣、四川的大邑、江西的景德鎭等地。邢窯出產的白瓷器，根據唐陸羽〈茶經〉中記載，將它與越窯的青瓷器相提並論，形容爲「類銀」、「類雪」，銀雪俱是質白瑩潔的東西。至於四川大邑的白瓷器，〈樂府雜錄〉一書中記載，說是可以拿來當樂器敲打；而唐杜甫的〈杜工部集〉中，更有「於韋少甫處乞大邑瓷詩」一首，讚揚尤爲有加，詩云：

「大邑燒瓷輕且堅，扣如哀玉錦城傳。君家白碗勝霜雪，急送茅齋也可憐。」

又當時白瓷流行的情形，則有唐李肇〈國史補〉中記敘，說是：

「內邱白瓷甌，端溪紫石硯，天下無貴賤，通之。」

以上凡是，都說明了唐代的白瓷燒造雖然因地而異，但是顏色潔白、質地堅硬而能發出清越的聲音的特色，却是一致。關於這類白瓷器，流傳存世與近世出土的唐代陶瓷器中，尙可看見少數（彩版9）；觀察這些實物的實際情形，確實是胎質堅緻，釉色瑩潔。

五代瓷業的發展承襲唐代遺緒，不過，南方錢越的秘色窯青瓷，誠然有了空前的成就；北方邢窯的白瓷，同樣也起了極大的變化，便是河南崛興的定窯（位於今河北曲陽縣），取代了其地位成爲燒造白瓷的新中心。

白瓷邁進到宋代，燒造思想與技術兩獲提昇，製器品質躋登上乘，稱得上「有美俱備，無麗不臻」；成就甚至有凌駕青瓷之勢。例如北宋徽宗時，曾經一度選擇定窯製器作爲宮中御用物。對於這種製工雕飾精美工巧的定器（彩版10、11），宋人曾經有人作詩讚美，說是「顏色天下白，輕浮妾玻璃，頑鈍如琥珀，器質至堅脆，膚理還悅澤」；明人張應文在所撰的〈清秘藏〉書中記敍，也說到：

「定窯有光素、凹花二種，以白色爲正，而加以泑（釉）水，有如淚痕者佳。」

另外，曹昭的〈格古要論〉中記載，又說：

「定器，土脈細、色白而滋潤者貴；質粗而黃者，價低。」

根據上述前人的說法，再仔細觀察現有存世大量的定窯瓷器，所得到的結果：定窯白瓷器確實有光素和凹花（雕、劃花）二種，各具特色；然而在色覺上賞心悅目，令人容易產生快意美感的，仍以瑩白潤澤、釉厚如淚痕者爲佳。

白瓷發展到宋代的定窯，可說已經樹立了廣受世人喜愛的典型，奠定了白瓷在瓷類中的地位，與開啟其後瓷器審美中崇尚白色的思想和觀念；而且愈到後來此一思想愈見明顯，導致以後瓷器燒造全然朝著白地加以花紋裝飾的方向發展，而青花瓷器正是這一發展趨勢下孕育產生的結果。所以，白瓷與青瓷發展的情形一樣，對於後來的青花瓷器的興起都有極大的影響。兩者提供的貢獻，若說青瓷提供了玻璃釉來源的話，則白瓷提供了白色的瓷胎以及胎面裝飾花紋的模式。

三、彩瓷

彩瓷一詞，通常的解釋有二種：廣義的，凡是利用瓷器表面釉的本身彩色，或者另以其它色彩施諸於瓷面，作爲條件與要素加以設計裝飾出來的瓷器，都屬於這種，其創始時間也較早，青瓷卽是典型的一種。狹義的，僅指一般所說的釉上彩和釉下彩瓷器而言，顧名思義，這兩種彩瓷，一是使用彩色繪畫施於玻璃釉面上；一是使用彩色繪畫施於玻璃釉面下的坯胎上，後來的青花、釉裏紅瓷，卽屬於這類瓷器。

人類利用色彩裝飾日常生活器物以增加美觀的思想，起源甚早，可以追溯到史前石器時代陶器上的繪畫。我國在這方面發展的歷史，尤其久遠而輝煌。遠在民國十年，河南省澠池縣仰韶村進行的考古挖掘，出土一種器身繪畫著紅、黑色花紋的陶片；其後，全國各地也陸續的發現許多同類陶器。經過考古學家研究的結果，證明這些彩繪的陶器爲中國本土產生時間僅次於灰陶的一種史前陶器（彩版11、圖版7），乃是距今約五千至二萬五千年前新石器時代的遺物，說明了這項遠古人類裝飾藝術的歷史深遠與流行普遍。由於這種彩繪的陶器，製作技術純熟，繪畫圖案美觀，後人特別稱爲「彩陶」，甚至採用來作爲此一時期文化的命名，稱之「彩陶文化」。

其後，夏代出現了黑陶；殷代出現了白陶，都不用彩繪裝飾陶器器身。同時，也因爲此時發明使用青銅器，結束了這一曾爲人類物質文明進化帶來過劃時代性貢獻的陶器時代。上述彩陶急遽地衰歇下去，甚至消失了一段相當長的時間。一直到了春秋戰國後期，這種以美麗繪彩作爲裝飾的陶器始再度出現。此後，延續兩漢、魏晉南北朝，彩陶以種奮起急進的恣態，重新展露出蓬勃興盛的形勢，成爲流行陶瓷裝飾中最活躍的一項形式。而且，經過長時間的演變與其它相應文化成長所帶給刺激的影響，這類彩陶器除了製作技術呈現明顯的進步，彩繪的形式和內容更是迥異於前。考察近世出土的這段期間的遺物，這類彩繪陶器極多，代表性的有：河南輝縣地方發現的戰國時期的陶豆（彩版12）；河南洛陽燒溝漢墓中發現的陶罐、廣武地方出土的磨畫紋尊（圖版8）；湖南長沙馬王堆西漢軑侯妻墓中發現的陶鼎、鈁、薰爐等；河南滎陽河王村出土的漢陶屋，以及其它地方出土現在流落海外公私藝術博物館收藏的各朝代的陶壺（圖版9）、陶屋（圖版10）、陶俑、陶傢具等，數量更多。所有這些陶器，幾乎都是在灰暗的灰陶、紅陶胎身上，先塗抹一層白色或黃色的陶衣，然後再在其上使用礦物性的顏料加以繪畫；顏料的種類繁多，俱屬對比強烈的紅、黃、青、綠、黑、白色等；紋飾繁簡不一，紋樣雖然絕大多數仍舊停留於早先的抽象幾何形紋，如三角紋、波浪紋、菱形紋、折帶紋，以及從宇宙自然現象和動植物形象便化而成的圖形，如雲氣紋、雷紋、龍紋、鳳紋、蕉葉紋、卷草紋等，但是也逐漸出現一些傾向描繪人生現實生活的題材；圖案的構圖，採取圓轉流美的二方連續或塡嵌形式加以配置；繪畫的方法，一般多是使用礦物質顏料而外，湖南長沙地方曾經出土一件戰國陶鈁，紋飾則是用漆畫成，其它尚有採用薄銀箔包裹器身裝飾的。綜合以上看來，這一時期彩繪陶器裝飾思想十分進步，不僅技術成熟，而且內容繁複，尤其題材表現生動，整個給人一種富美華麗的感覺，實在大不同於素陶和單色釉陶。

兩漢與魏晉南北朝的陶瓷器燒造，裝飾思想蓬勃興盛，一方面表現於上述彩繪的流行；另一方面也因應採行其它方法。這些方法，與彩瓷的崛興雖然沒有直接的關係，却有間接的啓發影響，因此，也略予介紹一二。

第一種方法，是在陶瓷器身上刻劃花紋。這項裝飾方式思想的發軔也極爲古老，可以追溯到史前陶器上的繩紋和蓆紋。製作的原始動機，最早僅爲繩索縛綑陶器時自然留下的痕跡；後來覺得人工添加可以幫助固著綑繩，以及執拿抱持時陶器不易滑落；再後發現其有美化的功能，於是演進成爲純粹裝飾的方式。從今日出土的史前陶器遺物中，可以發現商代晚期的少數灰陶蹈、尊上（圖版11），已有人工使用銳器有意刻劃的花紋出現；而當時的白陶器身滿雕精美的紋飾，更是經過高度審美意匠設計下的裝飾產物。戰國以後迄於兩漢，這項歷史悠久的刻劃花紋的裝飾，已經廣泛的使用於素陶、釉陶器上了；其中尤以釉陶器爲然。探究形成的原因：大概是漢代以後，釉陶和原由半瓷質演進到純瓷性的青瓷器，日趨發達流行，其光潔瀏亮的釉面，在美觀堅固上固然遠勝過素陶；但是若欲施以彩繪裝飾的話，便不如素陶器面的粗糙易於固著顏料；靈機轉動之下，於是想出採用刻劃代替繪彩的辦法來。這些漢代的刻劃陶瓷器，在表現的技術上已由早先粗簡的綫條，進步到精細遒美的綫描，呈現著高度的藝術性，早就獲得前人的欣賞。清劉體仁於〔識小錄〕中記事一則，說是：

「國初，有發隗囂墓者，官覺而追之，得陶器數十。見一酒琖於京師，色如龍泉窯之淡黃者，外皆自然蕉紋，內有團花。………。」

隗囂爲東漢初人，證明這一青釉陶酒琖，至遲可爲東漢初時物。小小酒琖裏外俱作花紋，也足見當時對於陶器裝飾講究的一斑。而這類刻劃花紋的陶器，在今日流傳存世的漢代實物中也可以看到一些，例如台北國立歷史博物館，卽收藏一件漢代素灰陶四魚紋大盤（彩版13），盤心飾以蟠龍紋浮雕，外繞花瓣，再外爲串珠及圈珠紋三匝，匝內以竹篦梳劃出海浪紋；另在美國堪薩斯的納爾遜藝術陳列館，也收藏一件東漢素灰陶刻紋大罐（圖版12），肩部作細刻綫畫狩獵紋兩匝，腹部作細刻綫畫連弧紋，俱是刀法圓熟流勁。

刻劃裝飾方式的發展，經過魏晉南北朝到唐代，特別流行於越窯靑瓷器上。今日能夠見到的實物，則有：英國大衞德夫人收藏的一件西晉越窯青瓷雙魚紋洗（彩版3）；美國華府弗瑞爾藝術陳列館收藏的一件東晉越窯青瓷獸環洗（圖版13），以及近年發掘出土的一件唐代青瓷殘壺，壺上刻有「會昌七年改爲大中元年三月十四日清明故記之耳」字樣而外，尙有心狀葉片形花紋，四葉連成十字放射狀，綫條簡潔流暢；另在杭州地方發現一件器心刻花的青釉碗，風格跟上述殘壺完全一樣；再是紹興地方出土一處「唐戶部侍郎北海王府君夫人」墓，墓內發現二隻瓷盤，一素，一有花紋，從後者盤上刻劃的花紋看來，已由簡單的圖案趣向於複雜的構圖。從以上這些陶瓷器的刻劃花紋看來，令人獲得的印象，是此一裝飾藝術發展到唐代，已經臻於技術熟鍊精到，圓轉勁暢的綫條構成的古典圖様，映在透明的青釉底下，顯得十分典雅精致。

然而，瓷器的刻劃花紋裝飾發展到達最高巓峯，應該在宋代。宋代的技法高妙精藝絕倫的刻劃裝飾，非僅廣施於青瓷器上，而白瓷的表現與獲致的成就尤爲出色。前節介紹白瓷的發展中，說到北宋定窯所燒造的白瓷器，有光素和凹花二種；其中的凹花，即是指的這類刻劃花紋的瓷器了。定窯白瓷刻劃花的方法十分複雜，計有繡花、劃花、雕花、印花等形式，可說綜合了古來一切的方法。定窯刻花瓷器的特色，在滋潤瑩潔的乳白色的釉汁下，隱隱地浮現著繁縟精巧的花紋，若有若無，因此又有「鼓花」、「暗花」的稱謂。許之衡在所撰〈飲流齋說瓷〉一書中，特別稱讚這種瓷器的美麗，形容說：

「宋瓷花之佚麗者，莫如粉定。粉定雕花者，窮妍極麗，幾於鬼斧神工。」

所以說，宋代在瓷器裝飾的刻花藝術方面，成就空前絕後，歷史上沒有任何朝代超逾它的範疇；而且永垂式範，成爲其後此類瓷器燒造摹擬的對象，對於提昇我國瓷器裝飾藝術的境界貢獻極大，尤其是從此開啓了瓷器發展追求花瓷燒造的方向。

第二種方法，是雕塑器形或在器面堆貼附加物爲主體的裝飾。這項裝飾方式，根據吳仁敬、辛安潮合編〈中國陶瓷史〉書中記敍，是：

「漢時之陶瓷器，多仿古代銅器之形狀而造，其所編製之花紋，亦與同時代之銅器上花紋相似，其上面雕塑的鑿器胎之刻飾，實為後世凸花之濫觴。這種浮雕紋飾，開始於明（冥）器上。」然而，以近世出土古代陶瓷實物考察，這種雕堆裝飾的陶瓷器，眞正盛行的時間為三國魏晉至唐代。例如：民國二十四年，浙江紹興地方發掘到不少的墓葬青瓷器，根據墓塼上刻有黃龍、赤烏、永安、甘露等年號，斷定都是三國孫吳時代的東西。其中最重要而顯目的一種，是件通體敷施青釉的穀倉，器高約四十七公分，器身貼著許多人物、飛鳥、樓閣等塑造物，倉屋門口及瓶口立著守衞犬，還有刻劃的魚龍，至於器肩部位更有執著不同樂器的人，人和動物的神情都表現得十分美妙生動，實在稱得上陶瓷器中立體裝飾藝術的代表作品；另外，尙有一種形式不一的糧食罐，上部有貼著人物、鳥獸和亭台的盖子，罐腹也貼附著同樣的東西，形象簡單與複雜的二者俱有；其它便是一些模仿各種動物形象的壺，有天雞、羊頭、蝦蟆等，以及各種獸類的辟邪。這種立體雕塑裝飾演進到後來，最常見到的器物，有南北朝時的蓮瓣瓶（彩版14）；隋唐時的白瓷器中的貼花龍耳瓶（圖版14）、鳳首瓶，三彩陶中的駱駝樂人俑（圖版15）、貼花龍耳瓶（彩版15），越窯、長沙窯青瓷器上的凸雕人物、鳥獸（彩版16）和花卉等；以及明淸以來瓷器上的法花裝飾，都是承襲這項傳統藝術而來的。

上述的兩種裝飾方法，因為能夠因應釉陶、青瓷和白瓷的方興未艾，相互配合為用，並行不悖，因而造成一股流行的熾風，逐漸地取代了前述彩繪陶器的地位。而彩繪陶器的衰歇，又促使彩釉陶瓷的因運而生，其間展現了一種文化事物產生所必然發生的新陳交替的現象。予加說明的是，此處所稱的「彩釉」，乃指的複合彩色釉，有別於青瓷等的單色釉。

多彩釉陶瓷的產生，在我國燒造史上是件極具意義的事情；它意味著燒造思想的突破，也代表了燒造技術的提昇，更象徵著精神與物質更大的結合。進一步探究它產生的動機：首先，由於彩繪陶器流行長久以來，留給世人深刻的印象，形成內心深處有份對色彩的美麗依戀與憧憬的情愫，鼓動陶瓷工匠朝向這方面亟切尋求繼續發展的意識。其次，漢代以來經過不斷的演進與進步，單色彩釉已是相當的發達，盛行青釉而外，尚有綠釉、褐釉、黃釉等，由於用釉知識的進步，激發陶瓷工萌生進一步將它們結合一起使用的思想。基於上面的啓示，於是導致了多彩釉陶瓷器的誕生。

多彩釉陶瓷器，既然是利用釉彩來達成裝飾美化的目的，對於釉色如何產生的認識與瞭解，關係極爲重要；因此，有先作一番簡單介紹的必要。

釉色的形成，情形十分複雜。簡言之，就是利用天然或人工配製合成的釉料，入火經過高溫煅燒，以產生物理變化而成。這種釉料合成，普通至少應包含兩種物質，一是礦石，一是氧化金屬物。礦石經火熔化後變成無色的半或全透明狀體，即所謂的玻璃釉；氧化金屬物有在高溫中與空氣隔絕時，即能脫出氧而恢復金屬原來元素本身色彩的特性。所以，當上述釉料經過窯火高溫，即熔成透明物體，其中所含的金屬便呈現出色彩。而陶瓷釉中常含能夠發色的氧化金屬，而且高溫後能夠發出的色相，則有鐵爲青色，銅爲紅色，鈷爲藍色，…………等。

回顧我國燒造陶瓷的發展歷史，自古以來使用過的釉料，歸納起來，不過鉛釉和長石釉二種。鉛釉的成分，爲氧化鉛，熔點低，爲唐代以前陶器燒造所使用；長石釉的成分，爲石英質，熔點高，燒成後卽爲一般所稱的玻璃釉，使用的時間較晚。有關色釉出現的情形，在上面說到的這些發色的金屬中，鐵與鐵的氧化物是地球上存量最多分佈最廣的物質，所以一般燒造陶瓷器使用的天然陶土和釉料中含有也最普遍，這便是造成我國陶瓷器發展過程中，何以青釉出現最早與流行最廣的原因。至於這項色釉的發現，或許可以假設，我們的遠祖在一次偶然燒陶中燒出了這種色釉，後來繼續嘗試而普遍利用，並且不斷的加以改進。再後累積經驗而形成一項專門的知識，則是經過一段相當長的歷史。以青瓷的青釉爲例，合計青釉陶在內，時間愈早，釉料的淘煉愈是困難，幾乎都是保持天然狀態；其中由於含有其它金屬氧化物等雜質過多，加上窯火無法達到高溫而發色性能低，因此燒出來的釉色濁暗不純，於是出現了由黃、黃綠、青綠到青的各種色調。其後，陶瓷工匠世代相傳，致力於釉料的改良與淨化，竭精殫思，冀求提高釉色的明度和彩度；如此經過千餘年的不斷摸索與嘗試，直到五代、北宋時始臻達於理想，以上是青瓷的青釉由產生與演進以至於成功的艱辛過程。至於其它的單色釉的情形，大致也是如此。

其次是多彩釉的燒造，究竟開始何時已經難考。不過，根據考古發掘所得，南北朝時北齊的遺物中，似乎已有類似的陶器出現了；至於陶瓷史上著名的「唐三彩」，則是這種多彩釉燒造的典型代表。所謂唐三彩，嚴格地說，只是唐代燒造器物中一種在素胎上澆淋著各種不同色彩鉛釉燒成的陶器；而且這些彩色鉛釉，事實上都是漢代以來陶器上單獨使用過的色釉，主要有黃、褐、綠色相；然後加上其它的紅、白、藍等色，相混而不相融的合施於一器的器身上，形成多樣色彩的花紋；因爲施釉多以三種主色調爲主，於是有「三彩」之名。這類彩釉陶器，由於燒成火溫較低，器胎質地鬆脆，除極少數作爲日常生活用具外，只用來燒製殉葬死人的明器（冥器）；分佈的地區，以陝西西安至河南洛陽一帶爲主，近世大量出土實物發現尚可廣及長江流域。唐三彩陶器因爲具有華麗奪目的色彩，變化繁富的花紋，配合著美妙典雅的造型，流露出一種強烈的民俗風味，令人賞心悅目，成爲近世喧騰國際古董市場的新寵，鑑藏家矚目爭相收藏的古器物。然而，唐三彩的價値，除去那高度創意的裝飾性的審美而外，對於陶瓷器的發展更具重要的意義。它是我國最早流行的多彩釉陶器，面目鮮明，風格獨具，成爲導引後來包括青花在內的複合彩釉瓷器興起發展的先驅，本身也爲這項多彩多姿的瓷類展現出絢爛璀燦的前景。尤其其中少數器物上出現部份或通體的藍彩，說明了所使用的鉛釉中，發色劑的金屬氧化物，除去鐵、銅外尚有鈷的存在，而這種氧化鈷正是以後青花瓷青花繪畫的物質。所以說，唐三彩的發展對於青花瓷的興起，實在有著莫大的啓發作用。

更可喜的，除了三彩陶器外，近年考古發掘所得大量的唐代陶瓷中，出現另一類眞正的多彩釉瓷。即在河南地方發現一種黑釉藍斑和褐灰斑瓷，以及其它地方發現的白地藍彩瓷（彩版17）；還有湖南長沙銅官鎭發現一種青釉褐斑瓷器（彩版18、19）。這兩種的彩釉瓷，前者的斑紋是畫在釉上；後者的斑紋則是畫在釉下，尤其特別引人注意的，是與這些青釉褐斑瓷同時出土，尙有一些前所未見的釉下繪畫著褐彩花紋的瓷器。這批新發現的青釉底下繪畫褐彩花紋的瓷器，其裝飾的方法與形式，與上述唐三彩的使用發色劑直接融合釉中，再用這些不同的單色釉澆淋在器面，以湊合組成花紋和形象截然不同，而是用筆醮著顏料在釉下的器胎上繪畫出花紋來，而且形象繪畫得十分生動與成熟。這項新資料的發現，對於研究我國陶瓷史的發展具有突破性的貢獻，不僅證明〔飲流齋說瓷〕書中主張，所說「本地色加彩，蓋始於宋」的錯誤；尤其說明了我國陶瓷器裝飾中的釉下繪彩，其創始的時間可以上移至少到唐代，而後來興起的青花瓷卽是釉下彩繪瓷的一種。

多彩釉與彩繪的彩瓷發展到北宋，因應著白瓷、青瓷的輝煌成就，也能夠急速地成長與進步，表現出多彩多姿的局面，例如：由複合彩釉演變出來的，有專門燒造窯變釉彩的鈞窯（彩版20）；燒造烏金釉鷓鴣斑的建窯（圖版16）；以及燒造的白瓷胎包括釉上釉下繪畫花紋而著名的磁州窯。這種釉上或釉下白地繪畫強烈明顯花紋的瓷器之出現，成爲我國瓷器發展史上燒瓷風格發生丕變的一大轉捩點，從此開展彩繪瓷大行其道的形勢。

綜觀上述三大瓷類發展與演進的情形，可以明顯地看出，這些瓷器不管如何類別分歧，性質互異，都曾經過一段相當漫長而艱苦的歷程，其間由於相互影響與彼此激盪，獲得機會不斷吸取對方的優點。因此，到了北宋時，已經俱能發展出自己的成就與獨特的風貌，例如：青瓷方面完成了還原燄和釉的純淨；白瓷方面改良了瓷土的純白度；彩瓷方面獲得了彩釉多元化與色度的掌握，特別是釉下繪彩的嘗試成功等，這些都是燒瓷技術上最高的成就，不僅共同地將我國燒瓷工藝帶到歷史上空前輝煌的一個鼎盛時代；而且更經由這些成就的相互結合，產生技術和思想領域的擴張，尤其有助於此後的燒瓷繼續加速發展與開拓新境地。也因爲在這一有利的形勢之下，方才促使釉下彩繪瓷的方興未艾，造成青花瓷器崛興的契機。

第二節　「釉下彩繪」瓷與「青花」瓷的關係

前面說過，青花瓷器屬於彩瓷中的釉下彩繪瓷的一種；因此，它的誕生與釉下彩繪瓷的發展有著密不可分的關係。

又根據前面介述彩瓷一節中顯示，所謂釉下彩繪瓷，其形成必須具備下面幾項先決的條件：一、透明的玻璃釉；二、充分的還原燄；三、金屬氧化物的發色劑；四、白色潔淨的坯胎。所以，它的產生象徵著陶瓷燒造技術的整體進步。

瓷器的釉下彩繪起始何時，尚有待考，不過根據近世發掘出土的古陶瓷器中，發現唐代已經出現很好的產品，就是湖南長沙銅官鎮瓦渣坪挖掘到的，一種青釉下繪畫著褐彩花紋的青瓷器（彩版16、18、19）。這種褐彩花繪的瓷器，可以明顯的看出，是先在暗色的坯胎上塗上一層白色陶衣，再用筆醮著含鐵和銅質之類的顏料在白地上繪畫，然後罩上一層半透明質的青釉入火燒成；而燒成後的釉呈青黃色調，釉下花紋呈現還原燄尚不十分成功的青褐色或綠褐色，有的花紋暴露釉外的部位，則燒成焦黑色的瘢痕狀。瓷器的器形，有壺、碗、枕等；繪畫花紋的內容，有花鳥、槿花、葵花、荷花、水草等；畫法用筆簡潔，綫條流暢，形象生動，風格趣致都十分近似北宋磁州窯的作品。

這種釉下彩繪的更簡略原始的燒法，根據另外的一些出土物顯示，更早可以上溯到晉代。近年出土的東晉越窯的青瓷中，發現一種青褐釉面上點綴著深褐色斑紋的瓷器；這種褐色斑點從燒成的外形看來，像是在青釉上滴加上去的，深褐色自外向內浸透進去。嚴格地說，這應該屬於介乎一次手續完成的彩釉，與二次手續完成的釉上彩繪之間的裝飾方法。越窯是我國歷史上燒造青瓷最早與最著名的瓷窯，根據近世不斷發掘到的實物考證，創始歷史久遠可以上溯秦漢時代，嗣經三國魏晉南北朝迄於唐代，歷時千餘年；所燒造器物的釉色，從最初的薄薄的黃色，演進到淡淡的青色；而器身裝飾也由最早的雕塑堆砌形式，逐漸演進到精緻的刻劃花紋。此外更企圖作釉色上的新嘗試，發明了這種在青釉面滴上含鐵物質燒出褐色斑點的方法。這項新裝飾方法的產生，依照常情推測，同樣可能出於偶然的發現：即燒瓷工人工作時，不慎滴落某種含有鐵質的液體——譬如入窯攜帶的油燈中含有鐵鏽的燈油——於已經敷釉的坯胎上，燒後便出現這種深褐色的斑點，覺得非常好看，於是後來便仿照作有意的裝飾。這項鐵質褐斑的裝飾方法，以後一直繼續演進發展，蔚成唐代以後越窯青瓷器的傳統裝飾形式之一，也即是宋代以後龍泉窯瓷器上所謂「鐵鏽花」的由來。由於越窯既是歷史上久負聲譽的青瓷名窯，它的產品向爲各方矚目注意，上述裝飾鐵鏽褐斑紋的燒造方法，自然成爲模仿的對象。前面所說出現釉下褐彩繪畫的長沙銅官窯，也是屬於南方燒造青瓷系統的瓷窯；它的這項釉下彩繪的動機極可能來自越窯，只是比較越窯更具積極性與活潑性，作了進一步的嘗試與發展，開創出使用筆繪花紋的方法，誠可謂青出於藍。

釉下褐彩繪畫瓷以外，近世發掘的唐代陶瓷遺物中，尤其發現少數釉下藍彩瓷器：一件是民國三十七年於河南洛陽地方出土，現藏於香港馮平山博物館的唐白地藍彩三足水盂（彩版17），透明釉下的白瓷胎上點綴著若干藍色的斑塊；另一件是民國六十一年於陝西乾縣出土的唐鄭仁泰墓中發現的白瓷藍彩罐紐，由於此墓有確切年代可考（爲公元六六四年），證實爲唐代物無疑；還有一件是六十四年於江蘇揚州唐代故城遺址出土的殘破的藍彩花紋瓷枕，證明了唐代於三彩陶外，瓷器中也確實有了氧化金屬鈷發色的釉下彩裝飾的燒造。綜觀唐代出現的這兩類釉下彩裝飾的瓷器，前者屬於眞正的釉下彩繪，但是使用的發色劑爲鈷以外的氧化金屬物；後者發色劑雖然使用的鈷，但是又非眞正的筆繪，都不符眞正青花瓷器的條件；然而，青花瓷構成的基本因素俱已存在。

瓷器燒造演進到北宋，前面已有所述，思想與技術兩臻進步，瓷器的各類裝飾順應時代形勢也益形發達。不過，由於北宋理學盛行，社會士夫文人階層對於藝術的欣賞，沈浸於一種冥想思惟的審美觀念，導致瓷器的品味趨向樸素淡雅；因此全心一意致力發展素潔高逸的單色（一道）釉與精工雕刻的暗花瓷，使得唐代方興未艾的釉下彩裝飾，相形之下，顯得發展陷於萎縮停頓的狀態。幸好當時出現了民間的磁州窯，延續了彩繪裝飾瓷器的命脈。

磁州窯屬於北宋北方燒造白瓷的重鎭之一；但是，其主要成就不在白瓷，而在於發揚光大彩繪瓷上面。磁州窯燒造瓷器，對於青花瓷的崛起雖然沒有直接的關係，但是對於開拓其後無論釉上或釉下彩繪瓷器的發展前途，間接刺激促使青花瓷的成長，都有極大的作用與貢獻。因此，下面特別加以詳細介紹一番。

「磁州窯」名稱的意義，過去一直是個爭論未決的問題，一般說來，它有兩種解釋：狹義的，單指磁州（古址在今河北省磁縣彭城鎮）一地而言；廣義的，則指北方所有使用同一的原料燃料，同一形狀的窯，同樣的裝飾花繪，甚至同樣的一批瓷工，而分佈多處的窯廠燒造出來的所有瓷器的泛稱，地區則包括了河北、河南、山西、山東等地方，如瑞士學者卡爾白克（O.M. Karlbeck），便是抱持如此主張的一人，而今日經過許多出土瓷器研究的結果，證明情形確實如此；因此稱其為一北方廣大民窯瓷器的代名詞，應該較為適切，本書也暫且採用此一見解。

磁州窯燒造的白瓷，在裝飾方面，除部份類似定窯施行刻劃花紋，另外則採用一種結合繪畫刻劃或純粹繪畫的方法。造成這種新興裝飾方法的原因，則是地理環境因素使然。今日通常所見到的磁州窯瓷器，都是使用一種「澆白」的手法，即在質地粗劣灰暗的坯胎上，淋上一層白堊似的泥漿，俟乾後，再在澆白上加施一層透明薄釉，入窯煅燒後便成一般的素白瓷器，日本人稱這方法為「化粧掛」。這一情形的形成，是由於磁州地方出產的「磁土」，屬於石灰二疊紀岩石，內含鐵質成分過高，燒出的製器呈現暗灰重濁的色調；為了彌補此一色覺上的缺憾，恰好附近出產另一種含鐵少、性埴鬆軟與光滑潔白的岩石，可以用來磨粉溶水調成泥漿，澆在上述磁土製成的坯胎上作為美化，就像鍍上一層白色粉漿似的，燒後便成「器美而不緻實」的「磁器」（一般瓷器學家對磁州窯器的專稱）。這種瓷器的燒造法，可說由來已久，可以溯源漢代陶器傳統一貫使用的陶衣；唐代的白瓷燒造更是普及廣用；北宋時北方白瓷繼承唐代遺制發展，只是在原料淘選較前更爲精粹，即以當時白瓷名窯定窯爲例，台北國立故宮博物院收藏一件官燒定窯的葉形碗，樸素無紋，乳白瑩潔，充分顯露出這種岩土的優越性能。不過，磁州窯爲純粹燒製民間用器的民窯，使用原料與製作都難與講究精工的官窯相比，所以在器面裝飾方面，除去部份同樣採取定窯的刻花、雕花、劃花等方式，但是作品流於簡略粗率外，其它却發明使用一種更簡捷的結合繪畫和刻劃的方法。這項裝飾方法的產生，也是因爲當地附近出產另外一種含鐵分特別高的岩土，使用這種岩土調成水汁，用筆醮著在素坯澆白上繪畫出粗簡的花樣，再用尖器刮劃出細部綫條，敷上薄薄的玻璃釉，便能燒出強烈明快的黑或黑褐色的花紋來。由於磁州窯同時擁有上述三項特殊的出產，加上那些民間培養出來的具有靈活想像力和豐富審美力的工匠，能夠將它們妥善配合爲用，除了上面這項筆繪和劃綫綜合方法而外，更演變衍生出許多其它的形式來，蔚成裝飾花樣的一片繁複的景象。這些形式和方法加以歸納劃分，則有如下：

一、在光素或經過雕塑、劃花、刻花的暗灰色底胎上，施以澆白，形成不透明的乳白色釉下花紋隱現。與定窯的素或暗花瓷器方法相同。

二、在光平的暗灰色的底胎上施以澆白後，再在澆白上使用毛筆醮著鐵質汁繪畫花紋。這一方法，也有用紅色顏料代替黑色，再在空白部位填飾以綠彩的。（圖版17、18）

三、在光平的暗灰色的底胎上施以澆白後，再在澆白上使用竹或其它尖器，運用細勁流暢的劃綫，勾畫出各種人物、鳥獸、花卉的形象；有的進一步將主題形象以外的部位，再用竹梳爬劃出排綫，或用截斷的麥桿頭印出圓圈，排列拼組成圖案作爲背景，如此，凡是凹陷的劃綫均顯露出底胎的暗灰色，於是形成畫面出現一幅幅有如細筆輕墨勾勒，綫條遒美，形象生動的白描圖畫。（圖版19）

四、手法與第三項相同，惟主題形象以外的背景部位，使用利器刮去澆白，露出暗灰色的底胎，形成有如浮雕式的白色花紋。

五、以第三項手法完成後，器面不施透明玻璃釉，而通體罩上一層藍色透明釉。（圖版20）

六、在光平的暗灰色的底胎施以澆白後，上面再塗上一層鐵質黑色顏料，然後用銳器在其上以流利簡鍊的綫條勾劃出花樣，最後以利器輕輕刮削去花樣以外部位的黑色顏料，於是形成白底黑花的畫面。（圖版21）

七、以第四項手法完成後，再依設計需要，在花樣圖案各部位塗以不同的彩色。

上述這些方法交配爲用，再予更詳細劃分的話，可以多至十八、九種，因而造成磁州窯燒瓷裝飾千變萬化、多彩多姿的面貌。它的產品予人一般的印象，是：對比強烈的色彩，放浪不羈的綫條，生動有致的花紋，令人內心興發一種熱情奔放，意興激揚，明快舒暢的情緒，比起前面介紹過的青瓷（越窯）和白瓷（定窯）器，翠青或瑩白半透明的釉下，微微鼓起或隱或現的暗花，所引發神秘靜謐、光澤蘊藉的感情，是絕然不同的。

在磁州窯所有衆多不同的裝飾方式中，值得特別注意的，是第二項在白色澆白上使用黑色顏料繪畫花紋的方法，可說是我國瓷器裝飾中的筆繪裝飾，從萌芽邁進開展的過渡階段中的起步。予以分析形成原因：前面已有敍述，陶瓷器裝飾發展到唐及五代，釉下刻劃花紋已經十分成熟與發達，而釉下彩繪方始萌芽。其後北宋踵麗增華，在固有的刻劃花紋方面，精益求精，終於將瓷器的雕花藝術帶上空前絕後的境界。在新興的繪畫花紋方面，一則因爲刻劃裝飾流行過久與成就已登頂峯，引發了求變與突破現況的心意；二則由於北宋繪畫思想急遽地擴張與進步，尤其是水墨與白描繪畫的崛興，瓷器與其它工藝裝飾受到時代繪畫思潮的激盪，原來裝飾藝術的審美本質發生變化，這種新興水墨花竹繪畫思想滲入瓷器裝飾，例如磁州窯瓷器此類繪畫題材極多，表現方式雖然多數仍舊不脫傳統的刻劃，但是流露了追求繪畫的精神，卽是最好證明；三則由於有感刀刻的費時耗力，而且捉刀也不如執筆的使運自由，用毛筆醮著顏料直接繪畫花紋於坯胎上，便捷又節省時工，更能達到表現繪畫筆綫的趣致與感情的目的。於是，這項筆繪裝飾瓷器便在如此的心理下流行起來。

其次，在磁州窯所有的筆繪裝飾瓷器中，雖然絕大多數黑褐色花紋是繪畫在極薄的玻璃釉下的澆白上，但是也有少數的玻璃釉層較厚，於是發生有黑褐色彩融入釉裏的現象（彩版21）。這些融入釉裏的花紋，顏色却由黑褐漸次變成青褐色調，而且有種滋潤而散暈的情形，與前面說過的唐代長沙銅官鎭窯的釉下褐彩花繪瓷，以及五代以後越窯青瓷的鐵鏽花瓷極爲接近，說明同樣也是屬於氧化鐵類的還原。然而，銅官窯和越窯燒造俱爲青瓷器，呈現的褐色花紋是在青釉下，因此色度隱晦；磁州窯燒造爲白瓷器，青褐色的花紋映在白地上，能夠完全飽和的顯現色相，予人視覺上感覺較爲舒適。

這種視覺上產生的審美效果，可說在引發青花瓷器思想的醞釀發生上，更爲向前推進一步。

最後，對於磁州窯能夠配合著方興未艾的釉下彩思潮，發展出來的這項筆繪花繪裝飾，如何獲得傳播的力量，不久便迅速地散布流行各地民間，帶來元後花繪瓷器蓬勃興盛的機運，尤其可說是直接誘發青花瓷崛起的契機，探究其原因則如下。

磁州窯是我國歷史上少數最負聲譽的民間瓷窯中的一個。它的發展保持了民窯燒瓷的幾項重要特色。第一，在燒造的器物方面，多爲一般民間日常生活所需的用具，如碗、盤、碟、缽、瓶、壺、罐、水注、枕等，藉著實用用途而有種廣泛流行性。第二，器物種類繁多，式樣豐富，但是器形都趨於樸素拙厚、粗獷野逸的風格，獲得廣大民間百姓的喜愛；與講究清淳纖秀、高雅典麗的官窯瓷，僅受到士夫文人階級的鍾情，迥然有別。第三，在器物形制和裝飾方面，表現了一種既保有傳統又具創新的融合性質，例如在器形的造型上保存許多前代的風尚；北宋磁州窯產品中有種彩瓷枕，形狀就與唐代流行的這類瓷枕幾乎一樣；又如在裝飾花紋圖案上，唐代流行的牡丹、蓮花、卷草花、寶相花，以及一些常見於金銀器、織錦、漆器上的圖案，出現於北宋磁州窯瓷繪中極多，這些傳統通俗的裝飾花繪，常能帶給保守的民間百姓一份親切感，引起內心的共鳴與共識。然而另方面也能夠因應時代進步的需要，增加不少的新題材和形式，例如前面所說的興行筆繪方式，與大量增加生活寫實性的繪畫題材，豐富的內涵與活潑的生機，也獲得廣泛的愛好。第四，在繪畫題材的表現方面，對於傳統性的圖案處理上，能夠結合想像與現實加以生活化，也卽是把呆板的圖案與現世的景物合併運用；對於寫實性的景物處理上，能夠攝取人生最常見的東西，有植物的蓮荷、牡丹、梅、竹、菊花，動物的龍、鳳、鹿、鳥、魚、蝶，以及人物故實、仕女、嬰孩和其它山水、樹石等，一一表現於筆底，佈局簡單，筆法自由，俱能不作過份的變形而保持寫實的特徵；因此呈現觀者眼前的那些瓷上繪畫：有的是成群結隊的蝴蝶，正在翻翩飛舞；有的是站立盛開花枝上的小鳥，正在鳴春歡唱；有的是蓮池水藻中的魚兒，正在悠游喋喋，無一不是表現得情態生動，天機活潑，眞趣雋永，流露出民間藝術的質樸純眞與生活熱情的特性，可說特別具有一種感人深刻的力量。第五，在裝飾藝術運用的效果方面，形式與技術的表現上能夠充分的發揮獨有的個性，譬如在採用與其它瓷窯相同的裝飾手法，以雕花一項爲例，與龍泉窯的青瓷、定窯的白瓷比較：龍泉窯表現的是清朗簡秀；定窯表現的是繁巧精美；而磁州窯表現的則是爛熳詭麗，富有一種恢宏奇肆，熱情奔放，爽朗豪邁的情感，給予觀者心靈更大的衝擊與震撼。

磁州窯因爲具備了上述這些特色，其它如龍泉窯、景德鎭窯等民窯的情形也是一樣，產品在民間具有強大的傳播流行力量，而且無遠弗屆，歷久不衰；所以在瓷器燒造發展的歷史中，能夠扮演著承先啓後、繼往開來的角色，發揮維繫傳統與開創新契的功能。上面所說的這項釉下彩和筆繪的瓷器裝飾，便隨著散布流傳開去，很快的發展成爲燒瓷裝飾藝術中一項新興熱門的方法，從此拉開釉下繪彩瓷器時代的序幕。

第三節　青花瓷器的創始

有關青花瓷器的創始時間，至今仍然是個尚未完全獲得解決的問題。原因是正如前面說過的，由於文化與藝術的形成都是逐漸演進而來，瓷器產生的情形也是一樣。青花瓷器的由來，從思想萌芽、誕生以至形成，是經過相當長的一段時間的。但是因爲過去民間對於手工藝的發展歷史的不重視，缺乏正式文獻記載；因此，只能根據前人的零星片斷的記敍，以及近世不斷出土的部份實物，加以論斷。

前人談論瓷器中涉及青花瓷器起源的，也有各種不同的說法。如清寂園叟於〈陶雅〉中，說是：

「青器有於粉青上，雜繪深青色之古篆，參差錯落，若壽字者然，其元明間物，而即『青花』之所自歟？」

這是懷疑青花瓷起源於元明間的說法。然而，時至今日，流傳實物顯示，元明兩代青花瓷器不僅流行寖廣，而且燒製已經十分成熟，此一說法顯然錯誤。另外，藍浦於〈景德鎮陶錄〉卷三「仿古窯考」中，記有「碎器窯」一，說是：

「南宋時所燒造者，本吉安之廬邑永和鎮另一種窯，土粗堅，體厚質重，亦具米色粉青，…………亦有碎紋素地加『青花』者。」

這是說明青花出現南宋的記載。至於時間推定更早的，則有前國立故宮博物院所出「倫敦藝展瓷器說明」一文中，說是：

「北宋定窯承邢窯之後，器釉初爲瑩白，後來踵事增華，乃有『青花』、紅、紫，以及墨花者。」

不僅說到北宋已有青花瓷流行，並且指明爲定窯的產品。這一說法，頗有商榷的必要。筆者檢閱前人有關北宋定窯燒造瓷器情形的記載，都不見類似這項說法的資料發現，因此推測或許出於該文作者對前人記敍文字的誤會。案北宋蘇軾曾經作過一首「試院煎茶詩」，中有「定州花瓷琢紅玉」句；另外元末明初人曹昭，在所撰〈格古要論〉一書中，有記載「饒州御土窯，（製品）體薄而潤，色白花青，較定少次」的話。藝展說明的作者據此，將曹文中的「色白花青」作了字面解釋，認爲是青花瓷；又見其拿來比擬定窯，因此進一步認定定窯也有出產；再見蘇軾詩中的「定州花瓷」句子，於是更堅定自己推測的可靠，終於作了這項說法的結論。然而，事實上，根據古今記載北宋定窯燒瓷的所有資料顯示，定窯燒造的瓷器本質上屬於白瓷，裝飾則分爲光素和凹花（雕花）二類；此外也間燒少數其它的單色彩釉瓷，所以古書記載中有「黑定」、「紫定」等名目的流傳；而近世發掘出土的北宋瓷器中，更發現有紅、綠色釉的定器，證實了蘇詩中說的「琢紅玉」，應該指的這種紅色釉的「紅定」瓷器了；那麼「花瓷」二字，則是泛指所有定窯燒造的雕刻細膩、花紋繁縟、精美絕倫的雕花瓷了，實與後世所說的青花瓷毫無關係。同時，文中還牽涉另一項錯誤，即說的定窯瓷中有「墨花」，按墨花乃爲磁州窯瓷的獨有裝飾，顯然將其與定窯相混淆。至於談到曹昭文中所說的「色白花青」，顧名思義，易於使人想到就是白色地繪畫著青色花紋的青花瓷；事實上由於曹昭生在元明之際，凡對中國陶瓷發展史稍具認識的人，都知道當時流行瓷器中青花而外，尚有一種「水青」刻花瓷，特徵是器身遍體雕刻花紋，上面敷施一層薄薄淺青色的半透明釉，滲入凹凸不平器面的釉汁產生深淺不同的色度，形成白色的瓷面泛現淡淡的青色花紋，正與文中形容的「色白花青」，「體薄而潤」一樣，是知曹昭所指顯然就是這種瓷器；因爲只有它才與定窯的雕花白瓷外形相類似，也才能拿來二者相比較。上面引述的既然不是青花瓷，這些自然都不能作爲論證青花瓷器起始的佐證了。

上述雖然辨駁了前人在文字上說法，認爲青花瓷器始於北宋的無稽。不過，由於近世以來不斷的發掘古代窯址出土大量的古陶瓷器，獲得許多過去前人未曾見過的寶貴資料，使得研究我國陶瓷發展有了新發現。青花瓷器方面的情形，根據所得實物顯示，幾乎可以確切肯定其開始至遲已在北宋。

這些出土發現的北宋青花瓷器。其中第一起，是民國十一年冬，廣東省潮州駐軍在城西南約十里外俗名羊皮崗的地方，挖掘到四座瓷佛像和一座瓷香爐，俱是質地瑩白，釉呈卵青色，色製在宋定窯和景德鎮窯之間。其中香爐的釉，積厚處成爲淡青葡萄色；佛像則是冠、髮、眉、眼、鬚等，都用青色顏料描畫而成，凡外釉所覆盖的地方，呈現有似水蒼玉般的青褐色調，濃淡不一，沒有盖到的地方，則呈現如桂皮似的黃黑色。由於佛像上有銘文，文爲「潮州水東中窯甲弟子劉扶同妻陳氏十五娘熙寧元年戊申五月廿四日題」、「治平四年丁未歲九月卅日題」、「匠人周明」等，證明爲北宋英宗、神宗間（約公元一〇六七～一〇六八年前後）潮州地方燒造的瓷器，考古學家特別命名爲「宋治平熙寧潮州劉扶夫婦命匠周明造青油描首白瓷佛像」。另外，尙有稱爲筆架山窯的白瓷器和青花瓷器，據說多是明代以前的遺物，因爲地方誌上也記載有所謂白瓷窯，現在已變成地名；而窯址所在地的上層有明代的墳墓，說明明代窯址便已荒廢，則窯自然設立於元代以前了。

其次，近年在浙江省龍泉縣一處建於北宋太宗（趙匡義）太平興國二年（公元九七七年）的塔基下，出土三件繪畫有青花的瓷碗碎片，釉色呈青白中帶灰，青花則是藍中帶黑褐色調。以上出土實物，俱有明確的時代可考。

此外，近年在江西景德鎮郊區，也發現大批宋代的瓷器碎片，其中有一些瓷碗和碎片，碗底部帶有草書海字形的圖案；碗外邊緣有波狀紋，腹部有細花紋，所有花紋顏色晦暗呈灰黑，只微帶青味；和磁州窯的青褐色花繪瓷頗爲近似，顯示燒造的時代甚早。而在距離景德鎮三十里的南鄉，如南市、寧村一帶，這類青花瓷的碎片出土更多。另外是近年在菲律賓馬尼拉附近，發掘了一些相當於公元十二至十四世紀的古墓，墓中發現許多的青花小瓷罐（彩版22）。這些墳墓雖然因爲出土地層不分明而無法定出確切年代，但是考古學家咸信這些瓷器至少到元代，可能是宋代的器物。

從上面這些已出土的青花瓷器看來，北宋可以確認爲目前所知青花瓷的創始時代，應是毫無疑問。尤其是，近年發掘出土的唐代至五代的陶瓷器中，赫然出現一些與青花瓷器燒造技術有關的瓷器，計有：

民國三十七年，河南洛陽地方發現的「唐白瓷藍彩三足盂」（現藏於香港馮平山博物館）；

民國五十年，湖南銅官縣瓦渣坪發現的大量青釉下褐彩花繪瓷器；

民國六十一年，陝西乾縣出土唐鄭仁泰墓中發現的「白瓷藍彩罐紐」，墓的確切可考年代爲公元六六四年；

民國六十四年，江蘇揚州唐代故城遺址發現的青花瓷枕殘面。

這些北宋以前的瓷器與碎片上顯現的釉下花繪和藍彩，雖然以後世的標準言尙難稱爲眞正的青花，却證明已經具備了原始青花瓷構成的條件，有促使其思想興發與早日誕生的可能。因此更增強了這項確認北宋爲青花瓷器起始時間的合理性。

綜合上面所述，加上其它方面資料顯示以後發展，對於青花瓷器的創始以及早期的情形，可以歸納如下述：

一、青花瓷器的興起，根據出土實物顯示，唐代已經有了釉下彩繪與氧化鈷發色劑的藍彩瓷類的燒造，爲此一瓷類思想興發與技術基礎的濫觴；北宋時，更有越窯鐵鏽花和磁州窯筆繪花繪帶來刺激和啓示，加速誘發了它的誕生。而且從出土遺物的分佈看來，這項瓷器的最早燒造與流行，可能都開始於南方，散布的區域有浙江、江西、湖南、廣東等地方。

二、最初燒成的青花瓷器的青花，由於使用作爲繪畫顏料的，可能仍是氧化鐵爲主而含少量鈷的礦物質，而且發色不佳有欠穩定，呈現色相爲青褐或蒼青色，與磁州窯、越窯的鐵鏽花色調極爲近似，因而外貌上與上述花繪劃分不清，造成它在發展過程中的最早一段時間的身份完全隱晦。這是青花瓷器的草創時期。

三、同時，又因爲宋代士夫文人階層的潛心理學，對於瓷器的欣賞特別喜嗜高雅蘊藉充滿幽思玄想的單色釉和暗花瓷；這種當時尙屬質樸粗糙的靑花瓷器，由於不受靑睞與注意，缺乏有力支持而難於發展起來，這一情形直到南宋末有改變。

四、南宋一代，根據發掘的實物顯示，靑花瓷器燒造已甚普遍，但是始終局限於民窯生產一些日常使用不重要的小器物，而且燒造技術也一直停滯在不成熟的階段；由於不受時人的重視與注意，幾乎無有留下任何記敍文字，供給後世瞭解其發展情形。例如今日所知南宋燒造靑花瓷的瓷窯，僅見〈景德鎭陶錄〉一書中記載的仿古窯，有南宋「碎器窯」一處而已。這可說是靑花瓷器發展的晦暗時期。

五、進入元代後，因應南宋晚年燒造轉盛的風氣，靑花瓷器突趨崛興，日益流行，而且燒造技術與產品品質俱趨成熟。從此正式開啓我國瓷器發展史上的靑花瓷器時代。

第四節　靑花瓷器的早期名稱問題

今日所稱的「靑花」瓷一詞，最早見於明代。在此之前，前面介紹靑花瓷器的創始中，說到靑花瓷至遲起始於北宋，然而由於繪畫顏料的發色，幾與當時流行的鐵鏽花一類的釉下彩繪難以分辨，而被視爲這類花繪未受注意；南宋時燒造逐漸增加與普遍，也始終缺乏前人文字記載，所以一直沒有正式名稱出現，甚至到元代尚是稱呼不一。也因爲如此，才造成歷史文獻中有關青花瓷器創始發展的資料，元代以前俱付闕如的現象，使得過去學者一直討論著元代以前青花瓷器是否存在的問題。

不過，雖云如此，南宋晚期以後却出現了一些新的瓷器名詞，似與青花瓷器密切有關。最早可以看到的，首爲南宋理宗時人趙汝栝撰的〈諸蕃志〉一書（書成於公元一二二五年），書中談及當時作爲與外蕃博易用的瓷器，說到的名稱有「甆器」、「青甆器」、「白甆器」和「青白甆器」，其中的「青白甆器」即是。其次是〈浮粱縣志〉中轉載的元至正間人蔣祈撰〈陶記略〉，書中有段記述當時瓷器流行的情形，說是：

「若夫淛（浙）之東西，器尚黃黑，出於湖田之窯者也；江、湖、川、廣，器尚『青白』，出於鎮之窯者也。」

另外有同時的南昌人汪大淵，曾經附隨海船前往南洋遊歷數十國，撰有〈島夷志略〉一書，書中記述當時貨用陶瓷器的情形，說到三島、丹馬令、吉蘭丹、丁家盧等處，則是貨用「青白花磁器」。以上這些書中說到的「青白瓷」、「青白花瓷」，過去研究瓷器史的學者，都將它們認爲南宋時興起的一種名叫「水青」瓷的別稱。這種「水青」瓷（彩版23、圖版22）是種器胎雕刻花紋，上面罩施薄薄淡青色的半透明釉；由於胎質細薄，釉水瑩潔，尤其是器身雕刻精美工致的花紋，深淺凹凸造成器面釉水的厚薄不一，厚處色濃，薄處色淡，因此映出若隱若現的白地淡青色的花樣來，十分美麗，後人特別爲它取了一個頗富遐思的名字——「影青」。

水青瓷器的產生，推測可能與宋代政治的演變有關。北宋遭金人滅亡後，政權南遷復國於臨安，北方定窯爲主的燒造雕花白瓷的技術也隨著轉移到南方；所以，南宋燒製「仿定」瓷器風行一時，便是一例，燒造地點則以贛江流域的景德鎭、盧陵（吉安）一帶爲中心，產品後世以「南定」稱呼，以示與原來北宋北方舊定窯瓷器區別。景德鎭燒造的仿定刻花瓷器，由於當地出產性質優良天然潔白的瓷土，以及純淨透明度高的淺青釉汁，結合而產生這一綜合了白瓷和青瓷二者的新瓷品。景德鎭新興的這種水青瓷器，興起於南宋，而流行於元代。然而，筆者根據種種跡象顯示，認爲前面宋元人文中所稱的「青白瓷」或「青白花瓷」，指的不是這種白地透明釉汁微現淡青色刻花的水青瓷，應該是白地透明釉下青色繪花的青花瓷器，原因有下：一、近世不斷出土的宋元瓷器中青花瓷發現日多，顯示這種瓷器當時相當普遍，特別流行民間與貿易瓷中；而「青白」瓷與「青白花瓷」似乎已成當時十分普通的一種瓷器的專稱，兩者最有可能爲一的關係。二、又正如前面引述元蔣祈所說的一段話中，說「青白」瓷是當時流行極廣的瓷器，通行地區包括了江、湖、川、廣等地，假若這是水青瓷的話，按理埋在上述地區地下而留存下來的遺物極多，但是今日所見這些地方出土的大量宋元瓷器和碎片中，水青瓷極爲有限，遠不如青花瓷數量多而分佈廣，不僅符合了南宋後期迄元青花瓷器已趨發達的情形，也證明蔣文中所說的「青白」，理當指的青花瓷器。三、再是蔣祈本人就是一位擅長燒造青花所屬的釉下彩繪瓷器的高手專家；他所燒製的作品，尙有三件流傳今日，都是屬於仿作的釉裏紅瓷器，而且題有作者燒製年欵：一件現藏英國倫敦的維多利亞阿伯特博物舘（Victoria and Albert Museum），欵字爲「靈和窯至正元年蔣祈仿第一百零九」；二件現藏大陸北京故宮博物院，欵字各爲「宣和窯至正元年蔣祈仿第一」、「政和窯至正元年蔣祈仿第二」。另外在英國倫敦的大衞德中國藝術基金會（Perciral David Foundation of Chinese Art, London），也收藏了一對元代的青花瓷瓶（彩版24），上有「至正十一年張文進供奉」欵字，這些釉下彩繪的青花、紅花（釉裏紅）瓷器，都燒造得十分成熟精美，表現了相當發達的程度，這些尤足說明「青白」瓷既是青花瓷器。

至於「青花」瓷器正式的名稱，最早出現於古籍記載的：一爲明初人費信在所撰的〈星槎勝覽〉書中，敍述與各國通商情形，說到錫蘭山國、柯枝國、古里國、忽魯謨斯、天方國諸條內，都出現貨用「青花白磁」的文字；一爲曾經跟隨鄭和下南洋的使者馬歡，在所撰的〈瀛涯勝覽〉書中，也有敍及與各國交易使用瓷器事，其中說到爪哇，指其國人最喜中國「青花瓷器」。大致說來，明代開始青花瓷器便已成爲瓷業發展的主要瓷類之一，配合著民間用瓷的普及大衆化與瓷器對外貿易地位的日益重要，產品通行海內外，名稱已經獲得大家認同而廣泛流行。也許基於這層原因，過去研究青花瓷器的一些保守派學者，於是將青花瓷開始流行甚至創始的時間，俱定在明初。事實上，根據前面探討它的前身「青白」或「青白花瓷」的情形，以及考察今日所見此一時間遺留的出土物，可以發現南宋末年至元已是燒造活躍，尤其到了元代更是進步與發達，展現一幅前所未有的景象。

第五節　元代青花瓷器發展的情形

元代在我國政治史上，爲承接南宋由外族建立的一個朝代。立國者蒙古民族由於性格和文化背景，都與原來的漢族有著顯著的差異，最明顯的，凡是一切措施行事俱以功利思想和實用主義爲皈依，因此導致文化發展和社會結構產生與前不同的變化。譬如在文學藝術方面趨向於簡單化發展，文學中產生文辭簡短的元曲小令，繪畫中興起筆墨簡率的水墨山水等；在工藝製作方面則表現了生活實用性。瓷器燒造是當時工藝製作的主要項目之一，表現此項特色尤其明顯。

元代瓷器發展的情形。元朝因爲皇室和貴族喜嗜金屬物品，宮廷和官用的瓷器大爲減少；因此，導致政府主持的燒造工作鬆弛，比起過去宋代興盛與熱絡的景況，相形之下，顯得十分冷淡與低落。例如朝廷在景德鎮設置有「浮梁瓷局」，該局於至元十九年正式成立，隸屬於將作院下，負責者官秩正九品，職掌燒造瓷器以供內用；局內聚集的是各地俘擄來的工匠，管制雖然十分嚴厲，但是卻不重視生產，所燒造帶有「樞府」字樣的水青瓷器，流傳於今日難得一覯，便是最好證明。如此一來，反倒讓一般民間的瓷窯獲得大好機會，可以從事自由的發展。這些民間的瓷窯，在燒造上一方面儘量吸取前代官窯的經驗；一方面不斷引進中東回教國家外來的新方法，因而能夠獲得迅速發展。所以，元代在繼承宋代的瓷器燒造事業，雖然經過戰爭後的短暫停滯以後，由於民間瓷窯的崛起並領頭之下，立卽恢復了蓬勃興盛的景象，並且掌握與開創出元代瓷業發展的新形勢。

元代瓷器燒造的種類，可說是傳統與創新兼而有之。流行主要的有：仿定的刻花白瓷；龍泉窯的青瓷；鈞窯的窯變釉彩瓷；以及南宋崛起至此方興未艾的水青瓷，這些都是承襲南宋遺緒發展的瓷類。另外，便是南宋晚期以後急遽發展起來的青花瓷器了。

元代青花瓷器崛起趨盛的原因，加以探討，主要有二：一是瓷器燒造的本身方面。正如前面說明過的，燒瓷是種經驗累積形成的手工藝術；青花瓷器自北宋萌生草創，嗣後經過長時間的演進發展，燒造思想和技術上不斷地改進，至此已是水到渠成，俱能邁入成熟的階段；加上當時已成全國燒瓷中心的景德鎭，享有優越的燒造原料的天然條件，加速生產與品質的進步。二是因應需要的生產方面。宋代以來由於瓷器經過長期使用逐漸成爲對外通商的重要貿易商品，至此因爲國勢強盛而與外國交往更頻繁，造成貿易瓷器需要量的急遽增加，刺激了整個國家民間瓷窯的生產；尤其是青花瓷這種爲回教阿拉伯人特別喜愛的瓷器，爲了應付大量的購求，蔚然形成一股勃然欲興的形勢和契機。當時燒造青花瓷器的地點，以今日研究資料所知，除去著名的景德鎭而外，江西尙有湖田、南豐、吉安等地；而近世海外的南洋一帶，不斷發現大量的宋元民窯青花貿易瓷器，經過學者考證結果，認爲都是屬於東南沿海的民窯產品，地方可能包括今日的廣東、福建等省境，由此足見元代青花瓷器發展分佈區域遼廣，以及燒造興盛發達情形的一般。

至於元代燒造的青花瓷器的特色。從英國倫敦大衛德中國藝術基金會收藏，一對上有「至正十一年張文進供奉」銘欵，提供了正確的燒造時間的雙象耳瓶（彩版24）看來，燒製十分精致美麗，顯示當時這種包括青花（釉裏青）、紅花（釉裏紅）的釉下彩繪瓷器燒造已經非常成熟；再根據近年發現愈來愈多的實物考察，可以歸納下面幾方面加以說明。瓷胎質地方面，土埴質細而厚，色白而帶微青味。瓷器器形方面，綜合所有存世與出土遺物，大致可以分爲兩類：一類爲小型的碎器（彩版22、圖版23），多是壺、罐之屬；一類爲大型的用器（彩版25、圖版24—28），有盤、缽、瓶、罐、爐、碗等，其中又以瓶的式樣特別多，計有小口豐肩歛足的梅瓶，侈口細頸大腹的玉壺春瓶，雙象耳瓶，葫蘆式瓶，扁瓶等。裝飾花紋方面，小型碎器的飾紋簡單，多作折枝花草形式，用筆草草，點染有致，大率保存著純粹的唐宋以來民間裝飾藝術的傳統風味；大型用器飾紋則十分繁複，構圖規整，布局嚴謹，排列層次有的多達六、七層，繁密縟麗，歷史上其它朝代產品無與倫比，例如其中有種大盤，盤沿多作折邊，分爲圓式和菱花瓣式兩種，沿上滿繪海水、斜方格、卷枝和纏枝花等，盤裏也繪滿纏枝或折枝花卉，盤心則繪畫的蓮池鴛鴦、魚藻、鳳凰花卉、鷺鷥蓮花、麒麟花卉以及海水雲龍等，成爲元代青花瓷器裝飾花繪的一大特色；此外，又有些盤、缽之類，飾紋圖案完全屬於回教式樣，充滿濃重的異國情調，這類器物大概都是當時回教國家的商賈前來定燒的，現在幾乎全部收藏在土耳其伊斯坦堡的脫普卡卜博物舘（TopKapu Museum）和伊朗德黑蘭的阿爾代比爾寺廟（Ardebil Sh.）中，這又是另外一項特色。花紋內容方面，將所有青花瓷器繪飾的圖案花樣，加以歸納，則有如下：人物類，有仕女、嬰孩、故事人物；動物類，有龍、鳳、孔雀、麒麟、鹿、雉、鴨、鴛鴦、鷺鷥、魚藻等；

植物類，有蓮花、牡丹、松、竹、梅、芭蕉、菊花、石榴、靈芝、山茶、萱草、月季、薔薇、海棠、雞冠花等；其它有海水、雲紋、海琛、如意、吉祥圖案等，種類繁富，可說包羅我國民間固有工藝裝飾圖樣殆盡；這些多樣而充滿民俗風味的題材內容，配合著上述複雜緊密的構圖形式，尤其爲元代青花瓷器的裝飾繪畫展現一片特殊的富麗景象。青花青色方面，這也是特別值得單獨介紹說明的一項。

元代青花瓷器青花的發色，根據現有存世出土的實物來看，色調顯得相當複雜，主要也可以分爲兩類。一類是東南沿海民間瓷窯的產品，發色色度低而接近蒼青色，顯示繪畫原料中含鈷量少雜質成分高，面貌上仍舊保持了南宋以來傳統燒造的本色。一類是景德鎮瓷窯的產品，發色色度高而接近青藍色，其中似又可分爲兩種，一種青色調沉暗；一種藍色調明淨亮麗，已經非常類似其後明初所燒產品的顏色，以上顯示當時使用的繪畫原料可能已有兩種，前者爲土產，發色性能較差；後者或許由回教國家商人帶來，發色性能較優，但是不論如何，這類景德鎮燒造的青花青色便成爲以後明代發展的主流。至於當時使用這種發色的繪畫原料的情形，根據日本人研究青花瓷器的學者富本憲的說法，這種土產的稱爲青料的繪畫原料，必須用得很強（多），否則便容易失去它的光彩而變得發色淺淡，所以中古時候的人常說：「青料不是用描，而是用壓上去的」。因爲輕淡描畫上去的話，顏色便會不夠。又日本內藤匡在所撰〈古陶磁的科學〉一書中，說道：

「元代青花瓷器，有些比宣德的更美，但是却被人抹殺了，也許是中國人不喜歡褒獎元代事物的緣故罷。元代青花具有宣德的特徵；此外，他們有不憐惜使用鈷原料的嗜癖；像元人那樣地使用如許的鈷原料的作品，在後世已經沒有了；與其說他們是在白底上用藍色來作畫，無寧說是在藍地上留下空白來得更恰當些。」

文中所說這種大量使用青料，以藍爲地留白作花紋的裝飾繪畫方式，在存世的元代青花瓷器——如土耳其脫普卡卜博物館和伊朗阿爾代比爾寺廟的收藏中國瓷器中，可以看到不少，仔細觀察情形確實如此。由於這項特殊裝飾的啓示，觸發筆者一種猜想推測，認爲形式上成爲明代青花瓷器發展所追擬模範的元代青花瓷器，其裝飾花紋格式形態的產生，是直接受到當時流行的水青瓷啓發而來。因爲水青瓷器是由器胎滿雕凹凸的花紋，上面罩敷一層朦朧透明的淡青色釉而成；看起來，浮凸的花紋因爲釉薄呈現白色，凹陷的背景部份因爲釉厚呈現淡青色，形成青底白花的形象，這給繪畫青花瓷器的工匠帶來靈感；此外也間接受到古磁州窯刻花敷釉方法的影響。於是摹擬發明了這種花紋留白而背景空隙塡滿青色的裝飾繪畫方法。此處採取二三件這類作品，加以比較，便能清楚地看出其間的關係來。

最後，對於上述元代發展的這項青花瓷器，作一綜合的總結。青花瓷器發展演進到元代，因應燒造思想和技術的進步應運而興，雖然在燒造方面仍然存在一些有待改善的地方，但是大體上已是體制完備與規模大具；不僅爲本身在燒造成就上開創前所未見的局面，展露了華美絢麗的景象；而且由於建立起恢宏的基礎，其後順勢發展，終於高屋建瓴水到渠成，造成明代一片大好的鼎盛形勢。

第六節　青花瓷器發展的極盛時代

一般研究中國陶瓷器發展史的學者，多數主張：青花瓷器萌芽於宋代，成熟於元代，至明代而極盛。

明代爲我國瓷器發展史上一個瓷業復興開始轉型的特殊時期；同時，也是瓷器燒造風格發生丕變的重要階段。歷代以來瓷器燒造演變的過程，有所謂「自古陶重靑品，晉曰縹瓷；唐曰千峯翠色；柴周曰雨過天晴；吳越曰秘色；其後，宋器雖具諸色，而汝窯在宋燒者淡靑色，官窯、哥窯以粉靑爲上，東窯、龍泉其色皆靑；至明，而秘色始絕」。明代結束了千餘年的靑瓷時代，開拓出另一嶄新的局面，便是彩瓷和靑花瓷器的大放異彩，敻前絕後，震古爍今，恰似那「紅杏枝頭春意鬧」，爲明代燒瓷在瓷器發展的歷史上帶來一片花光耀眼、蕩人心神的景色！

明代開始，燒瓷事業卽呈現復興的氣象。明初瓷業趨向復興，應該歸功明太祖和社會兩方面。首先，在明太祖方面，因爲出身民間以成帝業，深知人民疾苦有待救助；同時又鑒於元末以來戰亂帶給國家的窮困凋疲更需解決，紓解財政是爲當急之務；而燒瓷自南宋以後卽爲國家財源重要收入之一。因此於消滅元朝後，迅速地恢復了社會秩序，於是輯撫因戰亂流散各地的瓷工，讓這批身懷技藝的藝人，能夠立卽重返社會生產工作崗位，使得瓷器燒造一事不致因爲人才缺乏而中斷；另外便是由政府設立官窯，以示提倡與領導發展。這些措施，對於復甦與繁榮當時的國家經濟，確實發生了甚大的作用和貢獻。其次，在社會方面，由於戰後破壞的經濟得到有效的解決，一切獲得復甦，快速恢復生產的農業手工業刺激商業的活絡，商業的繁榮復帶動農工業的增加生產，特別是帶來手工業的發達；而手工業中的燒瓷，因爲宋元以後瓷器用途日廣造成需要日增，所以燒造更見旺盛。由於上述原因，所以明代瓷業發展在明初，一開始就蔚然興盛形成熾熱風氣，而且其後終有明一代幾乎未有稍減。

至於明初開始即積極開展的燒瓷事業，何以青花瓷器能夠在衆多的瓷類中脫穎而出，一枝獨秀，不久後便應運而興的成爲主要發展的對象。分析原因，又不外有下：首先，考諸歷史上不論中外，大凡一個新興國家或王朝的建立，其開創者對於一切文化的建設，都能表現一種革故鼎新的精神與喜新厭舊的意識，對於事物不肯囿於傳統與喜好新奇，明代的建國者自然也不例外；青花瓷是元代始行崛起面貌嶄新的一種瓷器，正好迎合了這項心態的要求。其次，根據人類喜好藝術求新求變的心理，以及藝術本身具有一種由簡趨繁，然後又由繁趨簡的不斷演變的本質和特性；所以前面敍述我國陶瓷燒造發展的歷史中已有說過的，北宋以後，由於一道釉和雕花裝飾似已發展到頂峯極致，謀求突破與尋求其它方法勢在必行；於是導致了磁州窯等筆繪大花瓷器的產生，而且日益風行，從此形成一股瓷器裝飾趨向繪畫明顯色彩鮮明的彩繪發展的潮流；青花瓷器便是這股壯濶潮流下應運而生，而且正在方興未艾的彩繪瓷器，深具繼續發展的潛力，刻正處於茁壯強大之際。又其次，青花瓷器繪畫綫條粗獷，色彩明顯強烈，甚至早期的器物造型拙樸，對於往昔崇尚玄理的宋人來說，也許嫌棄其鄙野粗俗；但是對於殺伐雄武的明代開國君臣們而言，恰好能夠滿足他們喜嗜雄健豐強的藝術的心理。再說，更何況青花瓷器源出民間，沾染濃厚的民間藝術色彩和風味；明太祖和他的功勳大臣俱出身民間，尙保存簡樸純厚的性情，對於這種瓷器也特別有份舒適親切感；所謂「上焉者好之，下焉者從之」，明初在位者這份特殊的喜好，也就造成了青花瓷器流行的風尙，而且儼然成爲其後歷朝皇帝多數嗜好青花風氣的由來。

此外，則是明代社會生活意識形態轉變的影響。明代的社會，由於前面經過元代九十餘年的統治，蒙古民族重利務實的精神給予一般漢族讀書人極大的影響，自兩宋遺留下來的玄思冥想的理學思想得以澈底醒悟，生活習尙產生明顯的變化。其中就以與瓷器關係直接的飲茶來說，過去古人對於瓷器顏色的愛好，一向受到文人文學作品中的觀點所左右，而文人品評陶瓷器的色澤，自唐代開始似乎又與喝茶產生了密切的關係。唐代陸羽在所撰〈茶經〉中，談論到瓷色和茶的關係，說是「壽州瓷黃，故茶色紫；洪州瓷褐，故茶色黑；邢州瓷白，故茶色丹，皆不宜茶，惟越甌青而茶色綠」。由於青瓷有助茶色相得益彰，於是造成唐及五代以來青瓷風行一時的鼎盛局面。

這種對於青瓷喜嗜的情形，進入北宋後隨著飲茶又爲之一變。宋人同樣愛好品茶，然而茶的做法有所不同。北宋稱茶的做法爲「煎茶」，又叫「煮茶」或「點茶」，例如蘇軾有「試院煎茶詩」，詩中說「潞公煎茶學西蜀，定州花瓷琢紅玉」；又有「送南屏謙師」詩，詩中說「道人曉出南屏山，來試點茶三昧手」卽是。做法是將原已研末做成餅狀名爲「團茶」的茶葉，搗碎放入沸水中煎煮成粥狀，飲時則是連水帶葉一道喝下；這便是蔡襄於〈茶錄〉中所稱的「茗粥」。而文人於品茶之餘，復有「鬥試」的遊戲。「鬥試」方法，根據〈方輿勝覽〉一書中記載，是：

「以水痕先退爲負，耐久者爲勝；故較勝負，曰一水，二水。茶色白，入黑棧，水痕易驗。」

正因爲文人與行品茶鬥試的結果，造成當時福建建安出產的一種黑色（烏金釉）瓷琖盛行，成爲大家爭相珍藏賞玩的茶具，如〈清異錄〉中記載，就說：

「閩中造茶琖，花文鷓鴣斑點，試茶家珍之。」

而蔡襄的〈茶錄〉中記敍，更說是：

「茶色白，宜黑琖。建安所造者，紺黑紋如兎毫，其坯微厚，熁之久，熱難冷，最爲要用；出他處者，皆不及也。其青白琖，鬥試家不用。」

這種黑色瓷琖，在北方的定窯也有燒造，卽後世流傳所稱的「黑定」；筆者推測其產生，大概就是因應北宋這項鬥茶風氣盛行後，仿效南方建安窯所燒造的產品。上述這項瓷色的賤青白貴黑，便是北宋後期文人因爲鬥茶而形成的評定標準。可以說是由飲茶用瓷影響瓷色流行最典型的例子。

到了明代，唐宋文人品茶的風氣稍爲減歛，飲茶的方式也改換成泡茶。〈陽羨名壺系〉書中談到明人品茶茶具，說是：

「品茶用甌，白瓷爲良，所謂『素瓷傳靜夜，芳香滿閒軒』。」

瓷器流行顏色的演進，由青而黑再而白，這種喜嗜的轉變，並非由於顏色本身有何優劣之分，完全出自時代的一時風尚；而時代風尚的形成，又是每一朝代的文人雅士於閒居燕游生活中，偶而流露的怡情逸興，經過好事者的喧騰傳播，於是大衆群起效尤而流行起來的。這正好也反映了封建社會的士夫階級對於社會風氣轉移發生無形影響的現象之一面。

至於明代社會事物影響民間使用顏色的抉擇，表現於其它的，尚有：在日常生活的器用方面，例如建築和傢具喜用白木素色不加髹漆；衣著愛穿白色素潔服裝，而且佩帶簡潔素雅；庭園佈置講求幽靜深邃等，都表露出一種喜愛素潔的純樸自然的心理。在戲曲文學方面，明初皇室率先倡導隨卽形成風氣，然而逐漸厭棄色彩濃厚聲調粗獷的北曲，趨向偏重聲情少而辭情多的南腔；這是因爲明人生活既然無法完全擺脫元代近百年外族文化的遺留影響，內心又深切地嚮往那失去已久的宋人的靜養功夫，於是採行中庸之道，結合二者表現出一種淡雅華麗的綜合風格。上面所述的這些事例，嚴格地說，雖然對於明代青花瓷器的崛興沒有直接的影響，但是反映出形成明代文化的背景特質，而這項特質正好契合青花瓷器形成的特性，從而觸發動機從事與燒這種更爲接近生活理想的瓷器了。

所以是，前述元代因爲異族統治，緣於文化不同喜嗜殊異的關係，政府對於燒造一事非但未加保護與提倡，反而橫徵暴歛的壓迫窯民，使得由官方主持的瓷業發展陷入低迷暗淡的境地，幸賴民窯在此停滯衰歇的時刻中獨力支撐局面，一方面能夠維持靑瓷、白瓷和彩釉瓷等的繼續燒造，不過產品比較宋代品質已是每況日下；另一方面在以白瓷爲基礎的釉下彩繪瓷上，能夠不遺餘力的發展這項新興的瓷類，開創一股新契機。當時所燒造的釉裏紅、青花俱能卓然有成，其中特別是青花瓷——就彷彿像先民在燒瓷的園地內播下的種籽，北宋萌芽，以後經過民窯長期的細心照顧，不斷加以灌漑施肥而逐漸地成長，至此復受到阿拉伯來的熱帶陽光的照射，突然欣欣向榮的加速茁壯，眼看不久卽將長成綠葉成蓋的一株喬木。明代開始便在這一形勢誘導下，配合著上面所說的時代背景特殊因素的影響，於是因應肆變，展開了這項瓷器燒造的偉大工作。

明代青花瓷器燒造發展的情形。大致說來，明初太祖時，一切燒造規模尙承襲元代舊有；而且基於政治考慮因素，時値息武養民之際，不宜勞民傷財措施，因此可以想像瓷器生產頗爲有限；事實上以今日存世的明瓷中此時間的作品數量極少看來，足資證明。當時燒造的瓷器，尙維持明顯的元代風氣，以青黑戧金壺、琖之類爲主，釉下彩繪的青花和紅花（釉裏紅）瓷居次。青花瓷從流傳於今的少數實物看來，燒造技術固然較前有顯著的進步，但是後世所給予的評價並不高。不高的原因，不外有：一、時人還繼續保有宋元人偏愛單色釉的嗜好，對於元代的青花瓷未有改進的跡象；二、青料的成分極不純粹，發色色度甚差；三、火候尙未控制好，燒成的瓷器胎質和玻璃釉尙不十分成熟，青花更是發色晦暗。不過，當時却作了一項對於其後青花以及其它瓷類發展影響深遠，甚至可以說改變整個後來燒瓷歷史的措施，厥爲正式官窯的設立，使得我國燒瓷歷史上官窯與民窯截然劃開並且領導民窯發展的時代於焉肇端；而且其中建造有專供燒製青花瓷器的「青窯」，更從此確立青花瓷成爲獨立發展的地位；尤有甚者，由於地理環境的關係，所形成官、民窯集中一地密集燒造的形勢，誠爲促進其後瓷業急遽發達與青花瓷器趨於鼎盛的最大原因。

太祖洪武以後，瓷器燒造突呈興盛，而且無論青花或其它瓷類，都展現與前迥然相異的面目；尤其是官窯燒製的產品，高標偉韻，凳然卓立，已經儼然成爲明瓷燒造的代表。青花瓷器發展至此，無論在燒造的材料、技術和意匠上，俱已臻達精工完善的地步，例如材料方面，除了善用景德鎭本地出產的精良瓷土外，青花繪畫的青料則是使用外來優質的產品；技術方面，能夠善用物性而發揮精湛的技巧；創作意匠方面，這也是青花瓷器最能表現特色的一項，所有的裝飾花繪，在元代由於波斯和阿拉伯瓷器藝術東漸，與我國本土原有藝術發生衝擊進而逐漸融和，於是產生一種異樣的形式以來，至此更能進一步由融和而蛻化，擺脫原來的格局開創另外一番新風格。其裝飾繪畫的情形，許之衡在所撰〈飮流齋說瓷〉中談論明代青花瓷器時，有說：

「有明聿興，製作漸備潤色，承平乃及瓷業，龍鳳之文最古，殆沿宋制；由是而花卉，而衆獸，而人物，增華飾美。」

顯然指的卽是這一期間的景況；也是其他瓷評家所稱的「各種花繪，窮態極姸」，「其彩畫之詭奇，繪事之偉麗，幾於不可方物」，眞是「開一代未有之奇」，超前邁後。以上是永樂和宣德朝的發展情景。

宣德以後，瓷器燒造幾成政府大事，生產蓬勃昌盛，青花瓷尤其成爲此項事業的象徵。其後的各朝俱能循此發展，雖然在成就上未必逾越前朝，但是踵事增華，推波助瀾，盡物性與施巧慧，在燒製的風格上逞奇鬥勝，標新競異，展現各各不同的面貌，共同爲明代青花瓷器建立起詭奇瓌麗的偉大景象。而且在此之後，除了急速發展高躍首位成爲領袖群瓷的青花瓷外，尙有甜白、霽紅、霽青、釉裏紅，以及時間稍後的三彩、黃釉、描紅、綠彩等；這些品目繁雜的其它瓷類，雖然質量俱難與青花瓷頡頏抗衡，却能與其融和同化，配合爲用的演變出許多青花夾彩瓷類來，有五彩、青花塡黃地、青花釉裏紅、青花抹紅、青花加彩、鬥彩、淡描青花、青地白花等，千變萬化，眩眼耀目。而這些新生的青花異生瓷器，有的展現著侈麗輝煌的氣象；有的洋溢著古雅淸謐的風致；還有的流露出與青花瓷同樣具有的高雅端麗的情感，可說更擴展了青花瓷器的領域，豐富了原已氣象萬千的景觀。

總之，縱觀有明一代瓷業發展，以帶頭居首的官窯爲例，已經居於我國瓷器發展歷史的最高時期中的中樞地位，領有承先啓後、繼往開來之功。其燒造本身興盛發達的景象，產品品類繁多，萬紫千紅，奇彩絢麗，加上演變的衍生瓷，分支變體，爭奇競妍，蔚爲燒瓷史上罕見的奇觀。其中青花瓷器獨能出類拔萃，一枝獨秀，發展成爲所有瓷類的首領，主導群倫，居於瓷器燒造依據和準則的地位；自身成就更是登峯造極，空前絕後，沒有任何朝代的產品堪與比擬，儼然垂爲後世典範。這一情形，探究形成的原因，前面所述歷史發展演進的自然因素而外，尙有諸多直接的主客觀條件存在。下面則就這些造成明代青花瓷器興盛發達的直接的因素，加以探討。

第三章　明代青花瓷器發達的原因

第一節　青料和瓷土

青花瓷器使用來繪畫花紋的顏料，是一種含有氧化鈷的礦物質，在我國燒造發展的歷史中曾經被使用作過多方面的發色劑，但是因爲史籍缺乏記載，使得實際情形不明。它最初可能從西域輸入，漢代燒造的琉璃中似乎已有它的存在；唐代存世的三彩陶器以及近世發現的釉下彩繪瓷，都出現極爲近似明代青花色調的藍色斑紋，推測大概是當時使用的氧化鐵、銅的金屬鉛釉中，混雜有好像明代使用的青料一類的物質，在攝氏八百多度的低溫中燒出來的顏色；直到宋代以後，有了攝氏一千二百度以上的高溫來熔解長石，其中加上氧化鈷物質，經過還原燄作用，於是才產生藍色的長石釉，這便是天藍釉。

氧化鈷利用於瓷器表面透明釉底坯胎上作繪畫，燒出的便是所謂青花瓷器了。唐代以後，瓷器釉下彩繪裝飾風氣萌芽，宋代逐漸興盛發達；當時可供繪畫使用爲發色劑的氧化金屬物，只有鐵、銅和鈷三類；但是，火溫超過攝氏一千二百五十度時，鐵、銅元素就呈現不安定的狀態，惟獨鈷元素不僅沒有這一現象，反而顯示溫度愈高發色色度愈強；同時鈷的發色性能也特別好，即使成分含量十萬分之一，也能呈現鮮明艷麗的色彩，所以用爲釉下繪畫最爲理想。

最早窯燒如何發現知道使用氧化鈷來作爲釉下彩繪裝飾的繪畫顏料，現在已經無法稽考。予以推測，可能仍是陶瓷工匠在燒造的過程中，嘗試釉彩或彩繪時無意中發現的。當時對於這種可以溶入釉中也可以繪畫釉下坯上的顏料，既不明白其發色的所以然，也無法給它起個名字，以後大家也就在這種無名無稱的狀況下使用著，一直到了明代，才有人把它叫做青料或土青。我國青花瓷器燒造的發展，自創始以迄於元代，都是使用的本國出產的青料（土青）應該不成問題。早期使用的土青，由於含混雜質過多以及不懂得淘煉，加上無法控制窯火高溫，所以發色不純而呈現晦暗，色調成蒼青或青中帶褐，與後世青花面目相去甚遠，這是造成早期青花瓷不受重視的原因。迨及元代，一方面由於經過長期的使用經驗累積，改進淘煉方法與提高窯火溫度，土青發色較前大爲進步，色度變得純淨明亮迥然不同於前；另一方面，從流傳於今的元代青花瓷器實物看來，此時出現別種不同且色度較高的作品，顯示已有性能較佳的外來青料。到了明代，青料已經被視爲青花瓷器燒造發展最不可或缺的先決條件，受到最大的重視，並且廣開來源。

青料，日本人稱爲「吳須」。根據日人內藤匡的研究，世上能夠使用作爲燒造發色劑用途的青料，大致不外下述三類：

一、含有濃藍發色的鈷氧化物，就是後面將會介紹的蘇麻離青（包括回青在內），羅馬人叫做：Smaltum ”；日本人稱爲「花紺青」。

二、「吳須」，也叫做「天然吳須」或「吳洲」，因爲出產中國吳中地方的川原地帶而得名；但在中國的文獻中很難找出其起源。成分以氧化鈷爲主，尚有其它的鐵、錳、銅、鎳等；因爲其中夾雜鐵、錳的含量，使得發色時常變成帶青的黑褐色。明代中葉以後，瓷書及其它文獻記載中，常有稱爲石青、無名異、畫燒青、黑赭石、頂圓子等的東西，事實上都是這種青料的異名；日本名稱則叫「岩紺青」。

三、「人造吳須」，這是近代利用人工合成法煉製成的青料，主要成分爲純粹的氧化鈷，摻拌著粘土、鐵和錳等物質而成；在發色的色調和趣味上，遠不及前二者天然青料的含蓄。

我國歷代燒造青花瓷所使用過的青料，卽屬於第一、二類，而且都出現於明代。明代自初年燒造開始青料使用，迄於明末，時而土青，時而外來青料，屢有更替變換；而且因爲青料的充裕，以及匠工對於所有青料性能的瞭解與使用得法，能夠充分發揮功能和效用，於是造成整個明代青花瓷器燒造的旺盛與景觀的變化多端。下面便談到明代幾種青料的來源和使用性質的情形。

第一種爲蘇麻離青。明人〔事物紺珠〕一書中，說到：

「永樂、宣德二窯，皆內府燒造，以櫻眼甜白爲常，以蘇麻離青爲飾，以鮮紅爲寶。」

文中所說的蘇麻離青，這是有關明代青花瓷器記載使用青料最早的一種；也是一種從國外輸入的青料，一名「蘇泥、麻青」。關於這種青料的來源與傳入使用的情形，由於缺乏史籍的記載，一向衆說紛紜：有的傳說是明成祖時，三保太監鄭和下南洋時，從南洋群島帶回來的，所以認爲開始使用在永樂年間。有的根據現有存世的明初青花瓷器實物考察，研判永樂時的青花色調迥異稍後的宣德，而宣德爲今日舉世公認確實使用蘇麻離青的時代，所以認爲永樂輸入的可能不大，時間應該是稍後的宣德。對於上述兩種主張，筆者的看法，是大凡一種外來新物質的使用，在尚無科學儀器可以從事測定分析的古代，其使用的效果是單憑著使用者在摸索嘗試與逐漸改進的經驗累積建立起來的，中間往往需要經過甚長的時日，上面所說的這項青料使用情形也是一樣。根據這一道理，以今日確知已經完全使用蘇麻離青，而且能夠發揮這種青料性能極致的宣德時青花瓷來看，青料發色要達到如此純熟的效果，可以想見使用經過演進的時間，宣德時傳入固然不可能，永樂至此十數年的工夫也絕對辦不到。何況，再從今日所能見到的永樂青花瓷器中，也可以看到一些發色情況佳者，色調十分近似宣德產品中的發色較差者，顯示兩者使用青料頗有相近處；這種現象，甚至在更早的元代青花瓷中極少的作品上也有發現，這就使得其輸入時間的範圍應該更要擴大了。因此結論，認爲這種外來的青料可能早在元代就已經傳來我國，只是當時主要用在代燒外人訂購的瓷器；其後明初來源中斷，永樂年間隨著青花瓷器漸趨興盛熱絡而大量輸入，開始使用於官窯燒造，然而因爲缺乏對於性能的瞭解與使用技術經驗的不足，以及胎土、釉質和窯火等未能適當配合的影響，發色並不理想，這也是造成在此之前青花色調始終不一致甚至相差懸殊的原因；直到宣德時，燒造獲得豐富的經驗與提昇技術後，才充分發揮出其特色，達到最高的使用效果。同時，這項外來青料的獲得與使用成功，事實上也是激發明代興起青花瓷燒造熾風的最大原因。

蘇痲離青輸出的地方。一些國外研究中國瓷器史的學者，根據西方對於這種青料的英文名稱〝Smaltum〞與南洋群島中的蘇門答臘的英文名字〝Sumatra〞，作一比較，覺得二者字形和發音都非常接近，認爲可能最早來自蘇門答臘，並且取地名作了物名。這種命名的情形，在世界各國許多事物名稱中不乏其例，就拿日本人稱呼我國古瓷器中，至今將北宋時福建建安窯燒造的烏金釉瓷叫做「天目」。這個名字的由來，是因爲日本最早有這種瓷器，乃由一位留宋的日本和尚從浙江天目山寺廟裏帶去的；到了日本無以爲名，想起其來處天目山，於是就取來作爲稱呼，叫做「天目」，一直沿用至今不改；甚至還延引變成了所有這類烏金釉瓷器的泛稱。不過，這種蘇門答臘輸出的青料，當時或許借用地名譯音的名字，隨著青料傳入中國後，便連音帶義的轉譯成了中字的「蘇痲離青」。蘇痲離青來自蘇門答臘，筆者還獲得另一項佐證，卽這種青料尙有的另一名字「蘇泥・勃青」，顯然由兩地產物名合成，其中「勃青」的「勃」，指的是明代南洋另一島國「勃泥」——卽今日馬來西亞的檳榔嶼，當地恰好輸出明朝一種名叫「佛頭青」的顏料，或許因此而獲得「勃青」之名；以此爲證，一水之隔（痲六甲海峽）的蘇門答臘因爲輸出蘇痲離青，於是也有了「蘇泥」名稱，兩者地理位置既近輸出東西又甚相同，因而合稱「蘇泥・勃青」（一稱蘇泥・痲青）。

其次，是蘇痲離青的如何傳入。這種青料於明代前已否傳來中國，已經無法考證；不過，明代時根據資料推斷情形大致如下：其主要傳入的方式，可能蘇門答臘用來作爲進貢明朝的貢品，如〈明史〉「外國志」中「蘇門答臘」條內，卽說：

「蘇門答臘，…………貢物有寶石、瑪瑙、水晶、石靑、回回靑，…………。」

其中的石靑、回回靑卽是靑料。其次是傳入的時間，檢視〈明史〉列朝本紀，首見蘇門答臘和勃泥入貢的是在成祖朝，前後計有永樂三年（公元一四〇五年）、七年、八年、九年、十年、十三年、十四年、十六年、十八年、十九年、二十年、二十一年，共十二次之多，可說終成祖之世絡繹不絕，其後尚有宣宗朝的宣德元年、六年、八年、九年四次，以及憲宗朝的成化十六年一次，再後便終有明一代不見再貢。由此足見上述靑料的輸入主要在於永樂、宣德兩朝，尤其是永樂開始大量輸入的可能性最大，殆與成祖派遣鄭和七次下南洋宣揚國威與打通往來交通有關。這一推斷，印證宣德時蘇麻離靑大盛而後又突告罄絕，剛好與上述入貢盛衰事實相符，足以證明。至於文中所說的石靑和回回靑，是否就是前面說的蘇麻離靑。按石靑本是中國古來繪畫使用最廣的一種礦物質顏料；又晚明時使用燒造靑花瓷的土產靑料，也有稱爲石靑的，此處則不知所指爲何。至於回回靑一名，罕見於一般古籍記載，根據明人筆記文章記敘有回靑一種，又稱回紇大靑，顯示出產地在中東地區；而這種出產於回教國家的回靑，又曾是明代後期靑花瓷燒造繪畫最主要的靑料，因此名播遐邇；那麼此地說的回回靑，顧名思義，顯然是指被認爲同樣出自回教地區的靑料之名稱，然而根據現有存世永樂、宣德靑花瓷觀察，既與後期使用回靑發色不類，也無第二種其它靑色出現，是知此一靑料應該就是蘇麻離靑了。至於其被認爲回回青的原因，則或許跟其來源產地密切有關。

關於蘇麻離青產地的問題，過去也有兩種說法：一種傳說其產於蘇門答臘和勃泥的當地；一種認爲其原出產阿拉伯國家，經過商人帶到南洋群島，然後再轉運到中國。筆者根據有關資料間接顯示，贊成第二種說法。首先，根據南宋趙汝栝的〈諸蕃志〉中記敘有「三佛齊國」，文中說：

「其國物產，除部份之土產外，其餘皆大食諸蕃所產，萃於本國，蕃商興販」；又「其國在海中，扼諸蕃舟車往來之咽喉。」

明馬歡的〈瀛涯勝覽〉書中，也有說到三佛齊卽舊港，也就是後來的巴淋旁（Paem Bang），位於蘇門答臘，與勃泥向來爲阿拉伯（大食）人通商居住的二城市。那麼，這種青料爲阿拉伯地方所產，商人運來此地出售，蘇門答臘和勃泥知道其能燒造瓷器，買下來充當入貢方物，也是不足爲奇的。還有一層理由，是從後來南洋各國學會仿燒中國青花瓷後燒造的產品看來，青花發色蒼暗，與使用蘇麻離青的明代宣德時作品大異其趣，顯示絕非同樣青料所燒，設若蘇麻離青爲該地區的特產，爲何始終不見使用。更重要的，假如南洋各國境內果眞出產這種青料，那麼在整個有明一代，特別是宣德以後，自正統、天順、成化、弘治、正德而嘉靖的一百餘年間，中國和南洋的交通始終暢通無阻，商業往來頻繁，沒有理由從此斷絕了來路，致使後來的青花瓷器發展因爲缺乏蘇麻離青，而被迫改用他種青料代替。都說明了此二地原本便不出產這種青料，後來因爲來源斷絕於是造成無能再有輸來明朝的原因。所以，蘇麻離青產於南洋之說不足爲信，應該以出產阿拉伯一帶爲可靠。至於後來這項商品何以突然停止，或許與阿拉伯人的海上商業勢力急遽衰微有關罷。

蘇麻離青燒造青花瓷的盛行時期爲永樂和宣德。這項青料的構成成分，根據近代人所作化學分析，百分比的情形，是：矽酸佔七〇・八六；氧化鋁佔〇・四三；氧化鈷佔六・四九；氧化鈉和氧化鉀合佔二一・四一，因爲含鈷量高而純淨，所以發色鮮艷美麗，形成這一時期青花瓷器特有的瑰麗璀燦景象。

第二種爲土青。蘇麻離青使用的時間不長，根據〈陶說〉一書中說法，是：

「成化其青已盡，只用平等青料。故論青花，宣（德）窯爲最。」

有人認爲這是因爲宣宗後的景泰帝（代宗），喜歡燒造七寶（又稱景泰藍，卽琺瑯器），將這種自永樂以來貯存的青料消耗殆盡的緣故；所以，成化時只好採用國產的土青——平等青了。這種平等青料，根據存世的成化青花瓷器繪畫觀察所得，是發色的青色彩度淺淡，缺乏其前蘇麻離青所有的眩目的鮮艷感，但是却和其名字「平等」一樣，筆綫色度十分均勻一致。

又根據〈事物紺珠〉書中記載，說：

「正德間，大璫鎭雲南，得外國回青，以鍊石爲僞寶，價倍黃金，已知其可燒窯器，用之色愈古。」

然而從流傳今日的正德朝青花瓷器看來，青色淺淡沉暗而稍帶灰綠感，頗爲接近上述成化時一般的青花瓷色調，而迥然不同於其後正式使用回青的嘉靖青花瓷發色；是以得知回青或許獲致於正德時，但是尚未使用在燒瓷上，當時青花瓷燒造仍舊採用成化以來的平等青。因此，大致說來成化以迄正德這段期間，是明代青花瓷器主要使用土青的時期。

國產的土青，在我國燒瓷史上外國青料未來以前，固然爲青花瓷燒造所完全仰賴；卽使明代，有了外來的產品，但是對於整個民窯以及舶來青料缺乏來源時的官窯而言，仍然是惟一與最主要的使用物；同時因爲明代青花瓷器特別興盛，原料需要的劇增而造成其地位更受重視。所以明代以來，有關青料的記載也較多；但是記敍產地不一，種類名稱有別，也形成複雜的情形。下面便就前人記敍的一些土青名稱，以及它們的產地和特性等，加以介紹討論。其中記載最稱詳備的，爲明末宋應星的〈天工開物〉內「陶埏」一章中，所說：

「凡畫碗青料，總一味『無名異』。此物不生深土，浮生地面，深若掘下三尺卽止；各省直皆之，亦辨認上料、中料、下料。用時，先將炭火叢煅過，上者出火成翠毛色，中者微青，下者近土褐；上者每斤煅出只得七兩，中、下者以次縮減；如上品細料器及御器龍鳳等，皆以上料畫成，故其優每石值銀二十四兩，中者半之，下者則十之三而已。凡饒鎭所用，以衢、信（浙江衢縣、信安）兩郡上中者爲上料；上高（江西上高）諸邑爲中；豐城（江西豐城）諸處者爲下也。凡使料煅過之後，以乳鉢極研，然後調畫水，調研時色如皀，入火則成青碧色。」

不過，根據有關方面的化驗，這種民間俗名「無名異」的東西，只是一種天然出產的含水氧化鐵，某些土壤和岩石中便含有多量的這種物質成分，形成類似半金屬性質的深褐色球狀物，並不能單獨作爲青料，古人有用以入藥。所以，上文中所說作爲青料的「無名異」，或許只是混合有氧化鈷在內的這類土石，古人無法辨識而仍以「無名異」視之。至於這種誤認「無名異」的青料之性能，〈天工開物〉中也有概略的提到，說是：

「回青，乃西域大青者，亦名佛頭青，上料無名異出土似之。」

其次是明廖文英撰的〈正字通〉書中，也有關於青料的記敍，說是：

「廬陵新建，產『黑赭石』，磨水畫瓷坯，初無色，燒之成天藍，蓋今青料也。」

發色可以和外來的回青（佛頭青）相似，足以說明其性能的優良。

再是清梁同書撰〈古銅瓷器考〉書中，說的：

「景德鎭取婺源所產（靑）料，名『畫燒青』，一曰『無名子』。」

「（青）料出浙江金、紹二府所屬諸山，……」。「其色黑黃大而圓者，一名『頂圓子』，爲上者。」

以及朱琰撰〈陶說〉書中，說的：

「青用『陂塘青』，產樂平一方。嘉靖中，樂平格殺，遂塞；用『石子青』，產瑞州諸處。」

對於這些衆說紛紜、混淆難清的青料名稱，清藍浦在所撰〈景德鎭陶錄〉書中，曾經加以分析與解說，並且提出自己一套看法，認爲：

「按赭乃赤色，云黑又云赭，則不得名青料；且新建從未聞產料。」又「按鎭所用乃浙料、廣料或雲南料；昔則『蘇泥・勃靑』、樂平『陂塘靑』、瑞州『石靑』，從未聞取婺邑料；凡料之佳者，名『老圓子』、『韮菜邊』，亦無『畫燒靑』、『無名子』之稱，廖公蓋以傳聞誤註耳。」

文中說法或有所見，但也未足以令人信服，譬如批評前人「黑赭石」名字的不合理，卽是缺乏常識與不究物理，僅執著文字表面產生的誤解，殊不知赭石爲國畫顏料中的一種，其稱赭石意謂這種物質外形近似赭石，前面冠以黑是表示其外貌的顏色，至於稱其靑料則因爲燒後會變成靑色，正如所謂「畫燒靑」，是因爲用以繪畫入火燒後會變成天藍色而得名的情形一樣；何況，以時代而言，廖爲明人而藍爲淸人，相去有間，各地俚名俗稱時移遷境多有變化，淸人有「老圓子」、「韮菜邊」的稱呼，又焉知明人沒有「畫燒靑」、「無名子」的叫法？尤其是一些地方性事物的名稱，爲求表達傳遞方便，多有假藉其特性會意命名，因而兩地常生差異，加以日久傳聞失訛，於是代異名殊之事比比皆有。總之，不論如何，上述前人所說這些靑料名字，無非都可視爲可供燒造靑花瓷繪畫的含鈷物質，應屬於靑料的同物異名，只是因爲產地有別，混合雜質成分不一，引起發色的性能有所差異而已。至於產地分佈甚廣，浙江、江西、廣東、安徽等省境內俱有出產，其中以浙江產品最佳稱上料；江西、廣東產品，色薄不耐火，只可供作繪畫粗器；又最好的是種黃黑色形如小石子狀，處理過程是經過洗滌，入窯煆燒，粉碎等煉製程序，再經專工乳研後，始可應用繪畫。此外，雲南地方也出產一種性質頗優的靑料，俗名「珠明料」，根據淸代使用的情形，其發色穩定，色度適中，色覺屬於中和性，具有與明代末年使用的靑料相同的優點，因此有人懷疑其極可能就是成化時使用的「平等靑」，也卽是其它所稱的「石青」、「石子青」，事實如何？又傳說正德年間大璫從雲南輸入的回青，就是這種上好的「珠明料」，是否如此？則俱有待進一步的研究。

至於清代一些瓷書專著中，也有談論到國產青料情形的，記敍更爲詳盡，文字或與前人所述稍有出入，然而以清代去明不遠而且直接承續發展，溯流探源，具有參考價值，因此抄錄部份於後。如清作者佚名的〈南窯筆記〉書中，記載有青料的產地與煉製的情形，說：

「料有數種，產於浙江、江西、兩廣；以出於白土者爲上品，紅土次之，沙土最下。其製法，選擇好者洗淨，入窯燥一晝夜，乳極細，去其土銹，卽今之畫碗之青花料也。其浙料有元子、紫料、天青各種；而江西有筠州豐城；至本（淸）朝則廣東、廣西俱出料，亦屬可用，但不耐火，繪彩入爐，則黑矣。故總以浙爲上，重則濃紅，輕則淡翠，入爐不辨老少，頭出者稀少難滿，新山出者次之；若江西料差次於浙料；而廣料又次於江西矣。配料之法，浙料爲主，佐以紫料，然不若元子獨用爲全耳。嘉窯有回青料、胭脂胎、鐵胎三種，俱出西洋，今不能得。」

唐英撰的〈陶冶圖說〉書中，則記載有青料煉製的方法，其經過多重手續的情形，首爲「采取青料」，是：

「采者入山得料，於溪流漂去浮土，其色黑黃而圓者爲上青，名頂圓子；攜至鎭，埋窯地三日取出，重淘洗之，始出售。」

這是因爲青料於天然狀態下，是與硫黃或砒素化合含在火成岩或受火成影響形成的岩石中，必須淘洗去無用的雜物；然後埋在通風不良而溫度高的窯地下，在於將其中水分和硫黃等蒸發去；再與磁石、磁鐵混合一起，細細地搥碎，使得吸掉其中的鐵粹；最後使用熱水淘洗，以將殘餘的硫黃完全洗淨，麻煩的手續才算完備。次爲「選擇青料」，是：

「青料擇選，有料戶專司其事。黑綠潤澤光色全者，爲上選，仿古霽青、青花細器用；雖黑綠而欠潤澤，只供粗瓷；至光色全無者，一切選棄。」

再次爲使用青料繪畫的用青方法，將青料乳研調水成墨汁狀，以毛筆醮汁繪於素坯上；由於料汁具有水墨的性能，所以畫時能夠表現與發揮水墨繪畫的效果。最後爲入窯煅燒，則是：

「畫坯上罩以釉水，入窯燒成，俱變青翠；若不罩釉，其色仍黑；火候稍過，所畫青花亦多散漫。青中有『韮菜邊』一種，獨爲清楚，入火不散，細器必用之。」

又藍浦的〈景德鎭陶錄〉書中，也有段繪畫用青與燒法的記敍，說是：

「青料以黑綠而潤澤有光色者，爲上品，仿霽靑器必用之者。若青花淡描，用青之法：先定花樣，畫坯上；然後罩以釉水；釉水乾，入窯燒，陶成，遂現青翠色；若不用釉罩，其色仍黑；或先上釉，再畫釉外，則料燒飛。」

以上所述，雖然大部份屬於清代青料出產與使用的情形，但是明代青花燒造已是體備法全，規模宏具，清代承繼發展也多所遵循，則上述情形應該十分接近且可視爲明代所有，殆無疑問。從這些青料採取、淘煉以及掌握性能運用，所顯示已經具備了高深專精的知識與技術，因此也使得後人對於明代青花瓷發展趨盛的原因，有更進一層的瞭解。

最後關於這項國產的青料之成分，根據近代所作的化學分析，所得幾處主要地區產品的情形，介紹於下：浙江東陽、金華一帶出產的，其成分矽酸佔一八・五六；氧化鋁佔一五・七五；氧化鐵佔一三・九七；氧化錳佔二八・八六；氧化鈷佔五・〇六；氧化鎳佔〇・三五；燒失物佔一七・一七。浙江出產的另一種灰黑色的，矽酸佔一八・三一；氧化鋁佔一〇・〇一；氧化鐵佔六・九六；氧化鋇佔一・八〇；氧化錳佔三・〇一；氧化銻佔一・五八；氧化鈣佔〇・一六；氧化銅佔〇・一〇；氧化鈷佔一・八六；氧化鎳佔〇・三六；（下略）。雲南出產一種淡綠色的，矽酸佔二八・九七；氧化鋁佔三二・八一；氧化鐵佔六・五八；氧化錳佔一九・三六；氧化銻佔〇・二八；氧化鈣佔〇・六六；氧化銅佔〇・五八；氧化鈷佔四・四六；氧化鎳佔〇・〇五；（下略）。景德鎭使用的一種扁桃形土狀小石，矽酸佔二六・九六；氧化鋁佔三六・〇五；氧化鐵佔二・四二；氧化錳佔二四・六一；氧化銅佔一・〇〇；氧化鈷佔五・三〇；（下略）。從這些分析中，可以看出各地產品的鈷含量，相互俱有差別，但是都比前面介紹過的蘇麻離青低，而且其它成分複雜，這便是造成國產土青發色上色度不純且低的原因。

第三類爲「回青」。這是明代後期廣泛使用的一種青料，根據〔天工開物〕書中說法：

「『回青』，乃西域大青，美者亦名『佛頭青』。」

是知也是外來的青料。其出現於明代燒瓷史中，最早見於〔事物紺珠〕書中記載，是正德年間大璫（太監）鎮雲南獲得，知其可以用於燒造；其次是〈明史〉「外國志」中，記敍勃泥（今檳榔嶼）也有輸入明朝佛頭青。這種青料既名「回青」，自然與出產於回教國家有關；檢閱〈明史〉中與回教關係最密切的「天方」，「天方」即今日的阿拉伯地方，明代入貢中國絡繹不絕，紀錄可考的計有：宣宗宣德年一次；孝宗成化間一次；武宗正德間二次；世宗嘉靖時却有九次之多，而嘉靖正是明代青花瓷開始使用「回青」興盛的時候，當時青花瓷裝飾繪畫花紋圖案也出現甚多回教式樣，足以證明來自此一地區可能性最大。所以，回青的使用，大致可以推斷其情形如下：武宗正德以前，已經獲得這種青料，非常貴重珍惜，尚未使用於燒瓷；正德以後，開始嘗試使用；及至世宗時，因與阿拉伯國家往來轉趨繁密，大量獲致進口，於是取代了原來國產「平等青」的地位，成爲官窯燒造青花瓷器使用的新興青料，而且此後終有明未有改變，終將明代青花瓷器的發展帶入第三階段。當時回青的輸入，由於阿拉伯人前來中國，已經不由海道而改經中亞、西域（新疆）陸路，這大概就是何以宋應星的〈天工開物〉中將「回青」稱爲「西域大青」了。

回青作爲青花瓷器花繪的青料，使用起來十分麻煩，而且性質特殊，必須摻和石青效果始彰。其情形根據〈陶雅〉書中記載，說是：

「回青搥碎，有硃砂斑者，曰上青；有銀星者，曰中青，每觔得青三兩。敲青後，取奇零瑣碎，入注水中，用磁石引雜石澄定，每觔可得眞青五、六錢」。「回青淳，則色散而不收；石青加多，則色沉而不亮；每回青一兩，加石青一錢，謂之上青；四六分加，謂之中青。中青用以設色，則筆路分明；上靑用以混水，則顏色淸亮。」
同時由於回靑貴重難得，明代官窯的敲靑工人，常有匿藏盜賣的情事發生；爲此，還迫使當時有位浮梁縣令朱賢，特別想出一種劑量法來加以防範。這種方法，是用打靑工三人，「各付靑一觔，當官搥鍊，再加研淘，令各計得靑若干，有能多滿一錢者賞銀；較三人所得，酌多寡之中，爲之劑量，定得之數」，如此才算杜絕盜賣弊端。另外，在繪畫方面也是措施一樣，器上「畫靑，每晨、午二次，集工役分靑染漬，擇樸者二人，一繪大，一繪小，看畫完，差其多寡同異，付窯帶燒，合格者爲様品，繪畫工凡繪器，顏料加減，色澤程度，悉以此器爲準」，又解決了畫工偸竊問題，防範如此嚴密，足見這種靑料珍貴的一斑。

至於回靑的成分，同樣根據近代科學分析的結果，所得各項百分比如下：矽酸佔六六・二〇；氧化鋁佔八・六四；氧化鐵佔一・三六；氧化鈷佔六・七五；氧化鉀和氧化鈉合佔一六・三一。從上面構成成分看來，與前述所有靑料相比，其所含雜物較任何一種爲少，含鈷量較任何一種爲高，所以發色也較任何靑料濃郁而強烈。根據現有存世的這一時期的靑花瓷器實際觀察所得印象，靑花色調爲堇靑（紫靑）色，濃厚處且近深紫，視覺上予人色彩穠艷奪目眩神之感，造成嘉靖以後靑花瓷器一種異様的風貌。

以上所述，是有關明代靑花瓷器構成因素之一的靑料情形。接下來介紹的，是第二項因素的瓷土。前面第一章敍述靑花瓷器的演進中說過，元代靑花瓷開始崛興，主要得助於漸成全國瓷業發展中心的景德鎭，提供了天然的優質原料——瓷土。到了明代，繼承了這項包括天然原料和利用原料形成的熟鍊技術之基礎，以及配合其它進步的條件，於是能夠在極短的時間內獲得突破性的發展，其中特別是代表了景德鎭特色的優越的特產原料——事實上包括了瓷土和釉料，在改進提昇瓷器胎身的品質上，作了極大的貢獻。

關於景德鎭出產的瓷土和釉料方面的情形，明清兩代陶瓷著述書籍中記載的頗多。首先，談論瓷土情形的，有〈天工開物〉中的記敍，說：

「此（景德）鎭從古及今，爲燒器地，然不產白土。土出婺源、祁門兩山，一名高粱山，出粳米土，其性堅硬；一名開化山，出糯米土，其性粢軟，兩土和合，瓷器方成。其土作成方塊，小舟運至鎭，造器者將兩土等分入臼，舂一日；然後入缸水澄，其上浮者爲細料，傾跌過一缸，其下沉者爲粗料；細料缸中再取上浮者，傾過，爲最細料，沉底者爲中料；旣澄之後，以磚砌方長塘，逼靠火窯以借火力，傾所澄之泥於中，吸乾；然後重用清水調和造坯。」

另外，清人的〈南窯筆記〉中也有記載，更稱詳盡，所說雖爲清代的情形，但是明清兩代燒造事業承傳發展，首尾相接，使用原料與設施具有一貫性，因此參今證古也可藉以考察前朝的一斑，堪補上述的不足。根據書中說法，是景德鎭使用製坯的瓷土，名叫「不子」，是取山中沉坑石骨，舂碎淘澄成素泥，做成方塊晒乾而成；可分上中下三品。作「不子」的石頭，出產於祁門縣內，有祁山、容口、高沙、東埠、平里等處，產品最佳；其次有郭口、婺源的開化、浮梁縣的茶塘和牛坑，產品次之；

另外有箭灘「不子」一種，用作粗瓷器的最下品。但是，「不子」性軟，不能單獨使用，需要配合性硬的「高嶺土」。這種「高嶺土」也叫「明砂高嶺」，是種礬土鹽類。「高嶺土」出產於浮梁縣東鄉，挖掘自深坑，質細如蚌粉而色素白，有銀星入水帶青色的最佳；淘澄後做成方塊晒乾，即名「高嶺」，性極堅硬，以輕鬆不壓手的爲上等；另有新坑出產的，色白堅重有如「不子」狀，也合用。「不子」和「高嶺」和泥的比例，是「不子」七分「高嶺」三分，或者四六分，配搭的不同視需要而定，大致是高嶺愈多性愈硬；配好的和泥，入水淘澄極細，取用漂浮而汰去粗渣，然後和匀如濕麪一般，凡是一切瓷器坯胎的骨子，便使用這種和泥製造；又有踹泥一種，和泥不用澄淘，目的使其保存粗渣，用來製造頂大的器皿如缸、盆之類。

「高嶺」土是種含有多量的矽酸鋁、長石和石英的火成岩；根據科學分析其成分，主要爲二氧化矽、三氧化二鋁和結晶水構成，而三氧化二鋁是種熔點溫度極高的物質，有時高達攝氏一千七八百度，加以其中含鐵極少，因此可以燒出極堅緻而潔白的瓷胎，所以也是世界上公認最優良的瓷土之一。「高嶺土」用來燒瓷，可說是我國瓷器發展史上劃時代性的成就，明代以前是否開始使用，今日難於考證；但是明代使用已在中期以後。在此之前，景德鎮燒造都是採用另外一種特殊的「麻倉土」。這種瓷土，採自浮梁縣新正都的麻倉山，質地非常好，晶瑩如白玉，其中閃爍若金星的，最稱上品。直到萬曆時，麻倉土使用告竭，於是開採同縣境內的吳門托，以至於安徽的祁門，三易其地後，始與「高嶺」土配合爲用。因此，整個明代瓷器燒坯主要使用的便是這兩種瓷土。

其次，說到罩盖坯胎的釉料。有關景德鎮使用釉料出產和製作的情形，〈南窯筆記〉中同樣有記載，說：

「釉，選平里石舂者佳；鎮之小港水舂者爲上，色澤光潤如明鏡，易顯（青）料色，宜描青花；祁邑之昌水舂者爲次，惟甜白宜之，因其肥而耐火，仿古釉色多用之，取其無浮滑之色，殊有舊意。盖釉之本質，取之於石，色澤則發之以水也。」

梁同書的〈古銅瓷器考〉中也記敍，說：

「釉水，謂之堊澤，出新正都，曰長嶺，作青黃釉；曰義坑，作澆白器釉，二處皆有柏葉斑；又出桃花塢，青花白器通用之。」

由是可知燒造青花瓷器的釉，並不同於其它瓷類的釉，而有其特殊的性質和產地。青花瓷釉需要色澤光潤如玻璃，才容易顯露青花的花色；也需要較堆脂般的肥釉爲薄，才不致因過火造成青料的流散。

「無灰不成釉」，這是因爲釉中沒有灰則枯槁無光澤，釉裏加灰，在於煥發瓷器的光氣。灰的產地，在景德鎮南四十里的樂平縣境內；製作的方法，是以青白石和鳳尾草合燒而成。即在石灰窯中，將青白石和鳳尾草交互堆疊成數層，加火燒成灰，將灰放入水中淘澄，以洗去鹼性，是稱頭灰；然後，將頭灰浸漬小便中一、二個月，取出淘洗，所得爲二灰；將二灰配合白朮細泥，注入缸中貯存，即可備用。鳳尾草燒成的植物灰，根據現代科學分析，與青白石燒成的石灰，成分同爲炭酸鈣並無差異；

不過，來自草木植物灰的炭酸鈣，成釉的顏色穩定而有澀味，如果來自石灰性的炭酸鈣，成釉的顏色便顯得光亮而帶豪華感。爲此，有人若留心觀察比較一下明清兩代的青花瓷器，可能會發現兩者釉色稍有差別：前者感覺穩定含蓄，後者感覺閃亮耀眼。據此推斷，或許明代釉中使用植物灰多，清代釉中使用石灰多的原故。同時，釉中灰的多寡，對於釉色的純白度也有直接的影響，灰多則釉色青，灰少則釉色白；青者入火易熟，白者入火難熟。

以上是明代燒造青花瓷器主要使用材料方面的情形。因爲有著性質優越的瓷土，燒成質堅色白的器胎；純淨無色的釉料，燒成透明瀏亮的玻璃釉；性能優良的青料，燒後散發鮮麗的色彩，綜合這些特色，促使青花瓷品質提高而展現誘人的魅力，成爲激發明代青花瓷器燒造勃興的最大原動力。

第二節 「貿易」和「賞賚」的需要

明代青花瓷器興盛發達的另一原因，是國家瓷器的需要超過以往任何朝代。其中一方面是因應海外商業使用的貿易瓷器的大量增加；一方面是應付政府賞賜使用的賞賚瓷器的急遽膨脹，因此造成整個明代瓷器燒造數量的空前龐大。

首先，在對外通商的貿易瓷器方面增加的情形。我國自七世紀的隋唐開始以降，藉著海洋交通的便利，已經和南洋諸國信使往來頻繁；八世紀時，許多阿拉伯人居住廣州經營商業。那時，中國和阿拉伯國家往來的交通路綫有二：一是陸路由新疆、中亞細亞以至波斯；一是海道由廣州出南海，繞過馬來半島，經印度洋到達波斯灣，中國的商品貨物便由這些路綫，經過阿拉伯人之手傳到印度、波斯，再由波斯轉運東羅馬、埃及以及非洲東北部，甚至更遠渡地中海抵達西班牙地方。當時運出的商品中，絲和茶是主要的貨物，隨後瓷器加入並且逐漸佔著重要的地位，與絲、茶共同成爲最大宗的輸出品，在國際市場形成大衆的寵兒；從此，使得我國也有了「絲之國」、「瓷之國」的稱號，例如至今英國人仍將中國與瓷器同稱，叫做「China」。再從近世世界各地陸續發掘出中國古代瓷器的碎片，都是當時輸出各國的貿易瓷，顯示流行地域極爲遼濶，東至日本，西至印度、波斯和埃及。

北宋時，海運日益暢通，對外商業更趨繁盛，東南沿海的廣州、泉州、溫州、明州、杭州、秀州、密州、江陰等通商口岸，都設立「市舶司」，正式進行政府和外商的貿易。南宋時，國家政局偏安而經濟困窘，外船的收入成爲國家財政重要來源之一，所以積極推展貿易，招徠外商。當時對外商業的情形，根據〈宋史〉可以窺見一斑，如卷一八六、「食貨志」中記載，是：

「凡大食、古暹、闍婆、占城、勃泥、麻逸、三佛齊諸蕃，並通貿易，以金銀、錢、鉛、錫、雜色帛、瓷器，市香藥、犀象、珊瑚、珠琲、鑌鐵、鼊皮、瑇瑁、瑪瑙、車渠、水精、蕃布、烏樠、蘇木等。」

南宋寧宗嘉定年間，甚至規定凡買外貨，皆以絹、帛、錦、綺、瓷器爲代價，而不使用金銀、銅錢。相當此時的西方，也有荷蘭人曾將中國的瓷器販往歐洲，售價往往與黃金重量等量相值，尚且發生供不應求的情形，獲利甚大。中國此時期輸出的瓷器，從趙汝栝的〈諸蕃志〉中記載看來，青瓷、白瓷和青花瓷器都有。

元代建國後，版圖跨越亞歐，國際間交通空前的旺暢；對外貿易一仍前代，沿海廣設通商口岸以利進行。從意大利人馬哥孛羅遊記和〈明史〉中記載顯示，自元世祖至元十七年至明初將近百餘年中，福建的泉州儼已成爲當時世界上最大的貿易港口之一，也是中國瓷器的最大輸出口。元朝雖然不久滅亡，但是其所打通的歐亞交通，仍舊繼續維持暢通無阻，帝國所造成的威勢和形象，依然存在影響著世界的每一角落，各地的人民都在憧憬著東方的這一文明大國，殷切期望前來通商。

到了明代，依循前朝舊制，於廣州、寧波、大倉等處設置市舶司，督責通商事務，對外貿易也臻於空前繁榮，瓷器則在貿易貨物中已經取得絕對重要的地位。成祖在位，雄才武略，威德遐被，爲明代國際聲勢最高的時候，四方賓服，萬邦來貢，受命入朝的達三十餘國；同時，派遣三寶太監鄭和下西洋（南洋），歷永樂、洪熙、宣德前後三朝，共七次三十餘年，經過三十餘國，遍歷中南半島、馬來半島、蘇門答臘、爪哇等南洋群島，也到過印度、波斯和阿拉伯，並且遠達紅海東岸的非洲，不僅宣揚國威，更重要的打開交通與建立貿易關係；使得明代和南洋各國通商熱絡的景況，超逾以往任何一個朝代。根據記載資料顯示，鄭和當時帶去充當貿易的物品，是黃金、錦、綺、紗、羅、綾、絹、紵絲、瓷器等；貿易的方式，則是採取「以貨易貨」，以瓷器、絲棉織造品、金屬器物和錢幣等，交換南洋土產或外地轉運來此的香料、染料、藥材、寶石、明珠等；如前面說過的青花瓷繪的蘇麻離青、佛頭青（回青）、石青，以及其它的紅色紫琲（三佛齊產）、紫礦、胭脂石（勃泥產）等顏料，也都是此時輸入明朝的。

明代對外貿易使用陶瓷交換需要物品的情形，〈明史〉「外國志」「琉球」條中記載一事，也可概見一般。書中記敍洪武七年，上箋皇太子，命刑部侍郎李浩，齎賜文綺、陶、鐵器於其國王外，「且以陶器七萬，鐵器千，就其國市馬」。這種政府進行的官方對外貿易而外，更重要的還是民間的通商；明代民間從事通商貿易的，除去少數外國人，絕大多數操縱於中國人之手，爲了避免與解決商務糾紛，明朝政府設置的市舶司即負責管理其事，旨在保障雙方的利益。不過，政府雖然設置法律保護百姓，不過也有許多限制，以民間對外的瓷器貿易而言，根據部份資料看來，似乎官府設有管制，嚴禁百姓私自買賣，如〈明史〉「外國志」琉球同條中，記載：

「永樂二年，山南（琉球）使臣私齎白金詣處州市磁器，事發當論罪，帝曰：『遠方之人，知求利而已，安知禁令，悉貰之。』」

其它又有禁止民間燒造某些瓷器，如〈明史〉中記載英宗正統間，曾禁止民間燒造彩瓷和青花白瓷；以及厲行海禁，如嘉靖間曾禁止寸木下海，二者俱是違者論罪死。這些嚴厲措施表面看來，似乎與民間對外瓷器貿易沒有直接的關係，却反映了民間燒造過份膨脹以及對外通商活絡，引起政府顧慮而予以打擊的事實；然而造成民間這種過份發展情形，基本原因仍然在於貿易瓷的急遽成長。不過，雖云這些限制發生了部份的阻遏作用，但是整個民間貿易瓷的發展受到影響不大，燒造景況仍然興盛蓬勃，也可以從下面兩件事實加以證明。其一，是公元一九五八年，在非律賓描東岸省的加拉水杳社（Catagan Exeavation）地方，發掘了五百零五個墓地，獲得墓葬瓷器五百二十件，其中屬於相當明代永樂至弘治的十四至十五世紀的我國瓷器，共有四百十一件，幾佔全部出土物的百分之八十以上；而明代瓷器中，青花瓷器又佔了二百七十八件，其它是單色瓷八十八件，白瓷十三件，描繪瓷七件，缸胎瓷二十一件，所有這些瓷器經過專家的考定，認爲都是屬於東南沿海一帶民窯燒造的東西，也卽是民間輸出的貿易瓷器；瓷器的數量比例如此高，不僅顯示了明代民間貿易瓷在海外的活躍，尤其展現了青花瓷在貿易瓷中勢力的強大。其二，是伊朗德黑蘭的阿爾代比爾聖廟（Ardebil Shrine）和土耳其伊士坦堡的脫普卡卜博物舘（TopKapu Sarayi Museum），收藏有數量豐富的元明瓷器，都是當時的阿拉伯商人從我國民間購買或定燒回去的，而且更是全屬青花瓷器。明代民間貿易瓷能夠大量輸外傾銷各地，誠爲促進整個國家瓷業發展貢獻極大。

元明時我國瓷器特別是青花瓷器，在南洋各國與其它地區廣受歡迎，以及暢行熱絡的情形，在當時人若干記敍外國風土人情的書籍，如汪大淵的〈島夷志略〉，費信的〈星槎勝覽〉和馬歡的〈瀛涯勝覽〉中，都有活潑生動的描述，可以概見一般。而當日瓷器外銷的路綫，主要分爲兩條：一條是南海水路，貨物以東南沿海民窯的產品爲主，品質差，價格低，銷售對象爲南洋一帶島國的土著，交易可能完全採取「以貨易貨」方式；這類民窯的貿易瓷器，近年南洋各國不斷有大量發掘出土。一條是中亞陸路，貨品以景德鎭的官、民窯產品爲主，燒製精美，價格高，銷售對象爲中東一帶回教國家的王室鉅富。從近世世界各地陸續出土發現的我國古代瓷器和碎片，迄於目前爲止，加以統計，以明代的數量最多，說明瓷器在明代的經濟發展中確實扮演了重要的角色，對於開發對外商業上盡了很大的力量；站在瓷器本身立場來說，這項經濟性的貿易活動，尤其促進燒造技術和品質發展的提昇。

明代對外輸出的瓷器中，商業的貿易瓷器以外，尚有一種賞賜的「賞賚瓷」。所謂「賞賚瓷」，就是朝廷派遣官員出使外國時帶去贈送國君，以及外國使臣前來明朝入貢報聘時獲頒賜的瓷器，（明史）中記載此類事情甚多。如書中「外國志」「琉球」條內，即有：

「琉球，洪武五年正月，命行人楊載以即位建元，詔告其國。其中山王察度遣弟泰期等隨載入朝，貢方物。帝喜，賜大統曆及文綺、紗、羅有差」。「七年冬，泰期復來貢並上皇太子箋，命刑部侍郎李浩，齎賜文綺、陶、鐵器，且以陶器七萬、鐵器千，就其國市馬。九年夏，泰期隨浩入貢，得馬四十四，浩言其國不貴紈綺，惟貴磁器鐵釜。自是賞賚多用諸物。」

又「占城」條中，有：

「占城，…………洪武十六年，貢象牙二百枚及方物。遣官賜以勘合文册及織金文綺三十二，磁器萬九千。」

其它記敍賞賜瓷器，以及外人喜好中國瓷器記事，尚有一併抄錄於後：

「眞臘，…………。洪武十六年，…………復遣使，賜織金文綺三十二，磁器萬九千」。「十九年，遣行人劉敏、唐敬偕中官齎磁器往賜。」

「沙瑤與吶嗶單，皆與呂宋近，…………華人商其地，所攜僅磁器、鍋釜之類。」

「文郎馬神，…………初用舊葉爲食器，後與華人市，漸用磁器，尤好磁甕畫龍其外。…。」

「敏眞城，…………永樂中來貢，其國地廣多高山，日中爲市，諸貨駢集，貴中國磁、漆器，產異香、駝馬。」

「日落國，…………永樂中來貢；弘治元年，其王亦思罕答兒魯密帖里牙復貢，使臣奏求紵絲、夏布、磁器，詔皆予之。」

「失刺思近撒馬兒罕，…………永樂十七年，……賜其酋絨、綿、文綺、紗、羅、玉繫腰、磁器諸物。」「又後因車駕頻歲，北征乏馬，……遣官多齎幣、磁器市之。」

以上爲錄自〈明史〉「外國志」中的部份南洋和中亞國家的情形。這些賞賚瓷器，贈賜國內王公大臣的不計，僅是國外四鄰外夷藩屬所需，動輒逾萬，數量的龐大可想而知。至於當時的外夷對於中國瓷器愛逾於常情，以及不辭勞苦千方百計載運瓷器的情形，也由下述二三事足見一斑。〈明實錄〉英宗紀中記事一則，謂正統年間，皇室光祿寺招待西方人和女眞人飲讌，宴後竟被偷走了五百八十多件盤碗。其它的明人筆記中也有記載，在北京街頭曾經看見韃靼、女眞諸部，以及天方諸國從北京返國的人，販運瓷器多至數十車，每車高至三丈。瓷器吸引外人力量之大，於此可見。外國人熱心殷切蒐藏中國瓷器，尚有實物留存足資考證的，便是前面一再提到的土耳其伊斯坦堡的托普卡卜（Top-Kapu Sarayi Museum，Istanbul），收藏我國古代陶瓷器達一萬餘件，而明代的青花瓷和五彩瓷便有二千六百餘件，幾乎都是正德一朝的輸出品；以及伊朗德黑蘭的阿爾代比爾聖寺（Ardebil Shrine），收藏我國大量的瓷器中，也有四分之三爲明代的青花瓷器，其中官窯和民窯產品俱有。又當時中東、近東一帶回教國家的許多王室巨賈，不惜重價與跋涉長途購買我國青花瓷和其它瓷器，固然多數出於自身喜愛，但是也有若干基於倖利心理；他們將這些中國瓷器轉運出售於歐洲人士，因此賺取大錢。另外，因爲我國距離中東路途遙遠，瓷器又是易碎的物品，除了海船尙稱平穩，陸行車馬顚簸不堪，運輸實在是件困難的大事，於是「窮則變、變則通」，終於讓他們想出一個絕妙有趣的辦法。根據明沈德符的〈野獲編〉中記載「夷人市瓷器」條，說到當時瓷器由景德鎭運出，先是利用裝桶、茭草的方法，運抵北京；由北京起運回國時，再予以改裝，先把瓷器纏細一起排列好，上面撒上泥土和豆、麥的種籽，然後不時灑水，使得豆、麥發芽生長，芽莖便鑽入所有隙縫繼續成長，形成相互纏繞膠著，直到緊密牢固擲地不碎的地步，最後才裝載車馬上路；這種陸運方式，運輸數量雖然難及海運爲多，却是萬無一失，特爲拈出以爲讀者助興。

上述的「貿易瓷」和「賞賚瓷」中，雖然有的已經明白指出爲青花瓷，但是多數並未說明瓷類。不過，前章青花瓷器的初期名稱問題一節中，已有敍述，元末明初的一些航海家，在他們撰寫記敍航海與南洋蕃夷往來貿易的書籍中，都有提到當時博易使用的貨物內的瓷器名稱，如汪大淵〈島夷志略〉中的「青白花瓷」，費信〈星搓勝覽〉中的「青花白瓷」，馬歡〈瀛涯勝覽〉中的「青花瓷器」等，這些名稱已予證明都屬於青花瓷器初期的異名。由此也說明青花瓷器在此時期，已經扮演著貿易瓷中重要的角色，只是當時地位尚居龍泉窯等青瓷之下。龍泉窯青瓷本是我國古代風行最久的外銷瓷器，宋代以後由於內外接踵而來的需求，大量燒造生產影響到產品的粗製濫造，品質與聲譽每況日下，終於導致地位墜落；恰在此時，處於方興未艾形勢的青花瓷，憑恃日趨精熟的燒造技術，配合著景德鎮出產優越的天然原料，躍然奮起急遽地發展成最具勢力的新興瓷類，逐漸地取代貿易瓷中青瓷的地位。到了明代永樂、宣德時，青花瓷器的地位已是如日中天，臻達發展鼎盛的階段；此時期的「貿易瓷」和「賞賚瓷」，絕大多數爲青花瓷器，更是不成問題。因此，青花瓷的興盛造成貿易瓷和賞賚瓷的風行，而貿易瓷和賞賚瓷的廣行又促成青花瓷的產量劇增，此一互爲因果的關係，也是導致明代青花瓷興盛發達的另一主要原因。

同時，除去上述本國瓷器外輸的刺激而外，在造成明代青花瓷器興盛的對外關係上，尚有外來的琺瑯器和瓷器帶給的影響。首先，是元代時由阿拉伯傳入的嵌琺瑯（掐絲琺瑯）器製作方法，至明代景泰年間發展到頂峯極致，由於其與青花瓷使用同樣的青料，因而具有相互激盪的密切關係。其次，是從存世的元末明初青花瓷器的部份，如前面所述現藏土耳其博物館和伊朗寺廟的一些青花瓷缽看來，器形和裝飾花紋俱是純然的回教風味，和波斯出產的白地青花瓷器如出一轍，顯然是模仿當時的波斯樣式燒造的；另外是部份本土風格的產品，在傳統的外貌上也呈現著明顯的外來影響。探究原因，乃是元朝建立起一個空前龐大的帝國，版圖貫連亞歐兩大洲，造成世界各民族間的交往頻繁，當時在東西方商業往來上扮演著活躍角色的厥爲阿拉伯人。他們從中國販運大量的絲、茶和瓷器，轉銷於西方世界各大城市，同樣的也將回敎國家的物產帶進歐洲市場；其中出產於波斯的一種瑩彩絢麗，花紋繁密與形制精巧的瓷器，頗受西方人士的歡迎，在供不應求的情況下，一些投機的商人靈機一動，想到燒瓷技術與規模都遠勝波斯的中國，何不委託代爲燒造？於是携帶來樣品和青料，找到景德鎭的民窯指定仿燒同樣或類似的產品，然後載運回國轉送歐洲出售，這便是前述今日海外流傳所見到的，元和明初燒造而純粹回敎風貌的青花瓷器的由來。還有便是當時一些中東國家，曾經以回敎地區燒造的青花瓷作爲方物進貢中國，史籍中可以找到的資料，有〔中國南洋交通史〕內「古代中國與伊朗交通」一節中記載，卽說：

「忽魯謨斯國。產眞珠、寶石、…………青花磁器…………貢獻方物。」

又〔明史〕「外國志」「魯迷」條也有記載，說是：

「魯迷。世宗三年來貢，嘉靖二十七年、三十三年，並入貢；其貢物有珊瑚、琥珀、金剛鑽、花瓷器、…………之屬。」

凡是可見一般。這些外來入貢的青花瓷器，也給予瓷工觀摩的資料。於是中國瓷工畫匠經過對這些外來瓷器多次的臨摹練習，逐漸地熟悉其裝飾花繪的形式和內容，遷移默化，從各方面獲得啓示和靈感，都能不自覺的運用於燒造本國的青花瓷器上了，最明顯的例子，如採行使用外來的青料，以及元代多數的青花瓷器花繪流露的迥異民族傳統風格與充滿異國情調的面貌卽是。後者這項影響，經過明初以後雖然逐漸地減退與淡化，但是已經深深的浸透與融和，終於蔚成明代發展成的新興的瓷器風格，本質上和形態上俱不同於南宋前的瓷器。尤其是這一形成風貌嶄新的青花瓷，非僅對於曾經給予啓發與催生作用的波斯瓷器來說，是「青出於藍勝於藍」，在燒造技術上後來居上的遠遠超越其成就；而且對於我國瓷器史上整個青花瓷的發展而言，更是這項傑出的瓷器最高特質的完成，到此邁進空前絕後的顚峯時期，其後的淸代瓷業發展雖然號稱全盛，青花瓷方面也只不過承襲遺緒發展而已。

明代的青花瓷器發展，因爲能夠結合各種主客觀因素而獲致至高成就，已經使得中國蔚成當時世界上燒造這項瓷器的中心　非僅輸出大量精美的產品行銷各地，而且還作了技術援外的工作，世界各國都派遣專人前來明朝學習燒製方法。其中受到影響最大的自然是阿拉伯；其次是日本，曾在十六世紀的武宗正德年間，派人到景德鎭學習燒造這項「青肌玉骨青花瓷」；再是意大利，經由阿拉伯人傳去燒造技術，開始在威尼斯地方仿造，嗣後由此間接傳到荷蘭，終於遍及英、法、德、俄等國家。正因爲歐洲各國燒造青花瓷，是由阿拉伯人傳去的關係，所以早先的歐洲人一直稱其爲「阿拉伯的青花瓷器」。

最後，還值得特別補充一提的，是明代因爲因應整個國家瓷器需要的劇增，促進生產而帶動青花瓷器的長足進步；其明顯增加產量的使用性質的瓷器，除了上述「貿易瓷」和「賞賚瓷」而外，尙有一種祭祀用具瓷器數量頗爲可觀。根據〈明史〉中記載，有「今祭祀用瓷，合古意」的話，是知明代祭祀的祭器開始大量使用瓷器；而有明一代歷朝祭祀頻繁，於是形成另外一項龐大的燒造。這些製作精美的供器瓷器，也有不少流傳於今日，足以憑藉想像當日燒造的盛況。

第三節　制度的完備與技術的成熟

談到正題之前，先就與此有關的官窯略作介紹。我國歷史上瓷器的燒造，自唐代開始，就有「官」「民」之分。所謂「官」，是指內廷官府；所謂「民」，是指民間百姓，將兩者使用的瓷器分別冠以「官」「民」字，具有以示區別之意。不過，早期的官、民瓷器的劃分，只是限於使用者的身份不同，在燒製上精細粗糙有所差異而已，都是同樣出自民間窯廠燒造；易言之，就是官府的用器俱是視需要而委託民間窯廠代燒的，卽所謂「官搭民燒」的方式，沒有什麼特殊的意義。但是到了北宋後期，出現了政府自己設置窯廠，專門燒造供應宮廷使用的瓷器。如元末陶宗儀的〈輟耕錄〉一書裏轉錄宋葉寘〈垣齋筆衡〉中記載，說是：

「宋（徽宗）大觀間，汴京自置窯燒造，名爲『官窯』。」

又說：

「中興渡江，有邵成章，提舉後苑，襲故京遺製，置窯於修內司，造靑器，名『內官』。」

這是後世所謂「官窯」的濫觴，也是官窯一詞出現的最早記載。其後的元代，依循前例，在景德鎭也有官窯——樞府窯的設立。不過，在此以前的宋元官窯，恐怕並未建立一定的體制，瓷器燒造也只是「有命則燒、無命則止」的性質。直到明代，官窯才眞正的形成制度與建立規模，發揮出官窯應有的功能。

根據〈陶說〉、〈景德鎮陶錄〉二書中，同有記載，說：

「明洪武二年（陶說作三十五年，有誤，案洪武僅三十一年），始開窯燒造，解京供用。有御器廠，廠東爲九江道；有官窯，窯之名六：風火窯、色窯、大小爁熿窯、大龍缸窯、匣窯、青窯。」

說明明初開始卽設立了官窯，並且已經具有相當規模。尤其許多方面跡象顯示，其後官窯發展急速與不斷擴大，不僅燒造景象盛況空前，而且產品品質優越，成爲領導明代瓷業開拓的主流，儼然這一時期燒造成就的典型與象徵，創造出我國瓷器史上最輝煌的一頁。

明代官窯所以能有如此高的成就，主要在於其爲我國歷史上首度發展成功具有完整的制度和組織，並且由國家政治和財政力量支持的一個燒瓷機構，本身至少具備下面幾項特色。

第一項特色，在管理制度方面。明初甫設立的官窯，世稱御窯，共有二十座，專門燒造供應內廷御用的瓷器，每年定時解送京師，稱爲「歲解」。根據其它資料顯示，當時的御窯屬於地方官府管理。到了永樂時，開始委任中官監燒。迨及宣德間，改派工部的營繕所丞負責督理，後來又改爲饒州府佐輪值管理，並且正式有了「御器廠」名稱，成爲正式編制的機構，其後沿以爲例不出此一範疇。縱觀有明一代，歷朝由於政治盛衰不一，瓷器燒造時停時復，官窯始終能夠維持，主其事者要皆以內監中官負責，佐以州府推官、通判等官員管理，形同制度。另外，是在燒造的御窯數量方面，也跟著朝代往後不斷的增加，特別是燒造青花的青窯，如宣德時已將以前原來的龍缸窯，半數改爲這種青窯，以因應需要量急遽增加的青花瓷燒造，窯的總數也增加到五十八座。到萬曆時，傳說窯數高達三百餘座。

第二項特色，在窯廠組織方面。有關明代官窯御器廠組織和設施，一般瓷書都缺乏記敍；然而清初唐英撰的〈陶冶圖說〉中，却記載有清代廠官窯內部的情形。由於清代瓷業完全承繼明代基礎規模發展，清初去明尚近而舊制猶存，因此堪供參考足窺一斑。根據書中所載其工作劃分與人員編組，如下：

大碗作　房七間，小泥房七間；作頭四人，匠二十二名。
酒鐘作　房三間。（下缺）
碟　作　房八間，小泥房四間；作頭二人，匠十六人。
盤　作　房七間，小泥房四間；作頭三人，匠二十人。
鐘　作　房七間，小泥房四間；作頭二人，匠一人。
印　作　房七間，小泥房四間；作頭二人，匠十六人。
錐龍作　房一間；作頭四人，匠十一人。
畫　作　房一間；作頭四人，匠十九人。
寫字作　房一間；作頭五人。
色　作　房七間；作頭三人，匠十三人。

匣　作　房三十三間；作頭三人，匠二十四人。

泥水作　房一間；作頭一人，匠十八人。

大木作　房五間；作頭四人，匠三十五人。

小木作　房五間；作頭二人，匠十九人。

船木作　房二間；作頭二人，匠十三人。

鐵　作　房四間；作頭三人，匠三十人。

竹　作　房二間；作頭一人，匠九人。

漆　作　房三間；作頭一人，匠三人。

索　作　房一間；作頭一人，匠八人。

桶　作　房一間；作頭一人，匠八人。

染　作　房一間；作頭一人。

東碓作　四十八乘。（下缺）

西碓作　十六乘。（下缺）

以上凡是，包括了瓷器自採淘瓷土、製坯、繪畫、燒窯、細綁以至搬運等工作，一貫作業的人力和場地設施，可謂分工精細而完備。

第三項特色，在人事經費方面。根據上述淸官窯御器廠設置作間的編制人員，加以統計，作頭有四十九人，匠工二百八十五人，若加上不在上述中的風火窯、色窯作頭六人，匠工四十九人，共計作頭五十五人，匠工三百三十四人，拿來比較〈浮梁陶政志〉一書中記敘，說的：

「（明）正德初，置御器廠，顓管御器，陶有匠，官匠凡三百餘，而復募；盖工緻之匠少，而繪事尤難也。」

顯示明代的情形與此大致相近。又據〈浮梁縣志〉中記載，所說明代官窯工作人數，是：

「大小工匠約有五百，奔走力役之人不下千計。」

則知人員規模尤其遠過淸代之上。文中說的工匠，卽是上述編制各作的專業技術性匠工，又稱上工夫；奔走力役之人，則是非技術性的勞力工人，又稱陶夫。

這些工作人匠與其經費的來源，〈陶說〉書中却有記載，是：

「陶夫有雇夫、砂土夫，原派自饒州千戶所；上工夫，編派饒屬七縣，解徵工食，俱奉造徵，停造免編。」

也就是，擔任勞力的陶夫由饒州府千戶所調派，專業技術的工匠則由所屬七縣徵派，所有人員徵調的運送與工作膳食薪資，費用一概由這些地方政府支付，都是奉命燒造時實施，停燒時則免編。這項人事費用，根據前人記敘也約略概見一斑，如〈饒州府志〉中有記載饒州七縣奉造照徵人匠，明淸兩代的情形如下：淸初編造的雇夫、砂土夫和上工夫，共四百八十五名，每名每月工食銀爲七兩二錢，合計每月共需銀三千五百六十餘兩；而明代每人每月工食銀爲三十三兩六錢，若依前述人數少則三百五十左右，多至一千五百人，合計每月共需銀則是一萬一千五百餘至四萬九千五百多兩；再從各種資料顯示，有明一代官窯雖有間歇停燒，但是停燒有限，可以說始終燒造不輟，以長達兩百餘年的明代歷史，經年累月的長期燒造，人事費用著實驚人，至於其它的材料和成品運輸用錢尚不在內。這一龐大難以數計的經費，完全落在饒州府七縣的賦役上，確是一項沈重的負擔。所以神宗萬曆時，爲了應付有增無減的御窯燒造，地方政府已經不勝負荷，於是以增加礦稅；並在三十二年時，實施高嶺土和其它地方瓷土的開採官有化，與青料由政府開採買賣等，目的在於補救這方面的龐大財政開銷；因此造成人民生活陷於極度困苦，有的以逃離本地作爲躲避。明代這項官窯燒瓷導致對於地方百姓形同虐政的措施，到了清初，終於爲清廷下令撤銷，〈景德鎭陶錄〉和〈陶說〉書中俱有記載，說：

「（康熙）十九年九月，始奉燒造御器，差廣儲司郎中徐廷弼、主事李廷禧來鎭，駐廠監督。悉罷向派饒屬夫役額徵，凡工匠物料動支（內府）正項銷算公帑，俱按工給值」。「與市賈適均，運器亦不預地方，一切不妨吏政事，官民稱便。」

從此結束了明代這項分派地方政府負擔官窯燒瓷一切經費的制度。

不過，明代官窯設立的這項籌措經費的制度，以民生而言，確實是造成地方百姓疾苦；然而，撇開此點不論，純以促進瓷發展的立場來說，能夠運用富庶的饒州地區人力財稅，投入官窯燒瓷的發展與生產，這是歷史上任何其它朝代所沒有的事，也才能造成明代燒瓷如此恢宏的規模和景象。

第四項特色，在生產分工方面。前面說過明代官窯御器廠在組織方面，具有完備的分工制度。此外，在生產製作過程上也厲行嚴密繁細的劃分。根據唐英〈陶冶圖說〉中記敍淸初官窯燒瓷過程的項目，是：一、采石製泥；二、淘煉泥土；三、煉灰配釉；四、製造匣缽；五、圓器修模；六、圓器拉坯；七、琢器做坯；八、采取青料；九、揀選青料；十、印坯乳料；十一、圓器青花；十二、製畫琢器；十三、蘸釉吹釉；十四、鏇坯挖足；十五、成坯入窯；十六、燒坯開窯；十七、圓琢洋彩；十八、明爐暗爐；十九、束草裝桶；二十、祀神酬願。又如前述窯廠組織中所說各作，其中每作中再有更精細的分工，例如畫作一項，則又分爲人物工、花鳥工、印板工、宣花工、　花工、溫水工、錐花工、拱花工、堆花工等。至於明代的情形，根據明代憲宗成化間人，曾經作過九江道官員的邵寶，做過一篇「觀陶說」的文章，從其文中所描述瓷器燒造經過繁複手續的情景看來，大致也跟上面的情形相差無幾；再看明宋應星於〈天工開物〉中記敍明代瓷器製作過程，所說的：

「共計一坯工夫，過手七十二，方克成器，其中微細節目，尙不能盡也。」

而〈陶說〉書中，說到明代青花圓器製作，一號動累百千，若非畫欵相同，必定造成參差難以識別，因而「畫者學畫不學染，染者學染不學畫」，「所以一其手，不分其心也」，如「邊綫青箍，出鏇坯之手，識銘書記，歸落欵之工」，則其分工繁瑣的情形，於此更可窺見一般。

第五項特色，在燒造技術方面。正如上述所說，明代官窯由於制度完備，組織嚴密，一切製作燒造俱能厲行繁細精密的分工。這種分工合作的方式，在瓷器製作上是專精技術的滙集，也是熟練速度的結合；不僅足以提高成品的品質，也可以加快生產的產量，不啻與今日的機器生產功能相侔，這是我國瓷器燒造史上代表進步的象徵，也是明代對於瓷業發展的一大貢獻。下面便來說說在促進燒造技術精熟方面的情形。

明代官窯燒造的瓷器，每年供應內廷的歲解額，少則一萬，多則九萬有餘，其它特別加燒在外。這些瓷器因爲宮廷御用，產品重視品質甚於數量，製作惟求精美而不計工費；所以在燒造技術方面，能夠精益求精與推陳出新，於前人既有的基礎與成就上研究發展，藉求有所突破與創造。除了前面說過的製作燒造建立的分工合作，提高了產品的技術品質和生產數量而外，還有便是改進與創始一些新的製作方法，重要的也有下述幾項。其中的第一項爲漿胎的發明，即是擷取瓷土澄泥漂澄最淨的，融和以成泥漿，用以注入成形的模型中凝成坯胎；這種澄凝的漿胎，比較過去的瓷胎、缸胎、石胎和鐵胎的長處，於適合鑄造小巧精緻的器形外，則是緻密體輕而形薄的質地，在承受毛筆繪畫時更爲適順，例如明代青花瓷器中始出現的許多精巧玲瓏的印合、杯、瓶、罐等小器，都屬於這種漿胎的產品；另外則是明代創始的所謂半脫胎、脫胎瓷器，更是非漿胎不足以成功；因此漿胎的發明，堪稱明代燒瓷技術上的一大突破性貢獻。

第二項爲陶車鏇刀的發明。我國瓷器坯胎製作的演進，元代以前尚無進步的鏇坯工具，僅止使用竹刀而已，器胎的薄度因此受到限制；明代的瓷工創始了這項工具，於是從此可以製作薄細的坯胎。製作時，坯胎必須先行陰乾經年，再用陶車鏇刀碾薄上釉，俟乾後才入窯火煆燒；另外，若有燒成瓷器發現漏釉情形，也可使用此法碾去漏釉處，再上釉重燒。

第三項爲吹釉的發明。瓷器坯胎上釉的方法，古時採取以筆搨釉，缺點在於燒成釉面不均勻；嗣後改爲反執器坯直接入缸蘸釉，缺點在於釉厚若堆脂，而且常有漏釉的現象，但是宋元人欣賞陶瓷重古拙渾厚，反以「淚痕」「堆脂」爲美爲珍貴。然而明代人對於瓷器審美的標準，却是講求「以薄爲貴，以輕爲貴，以勻爲貴，以潤爲貴」，這與明人崇尚繪彩瓷器似有密切的關係，因爲釉薄而均勻，則花紋容易透映而清晰；於是發明了吹釉的掛釉法，取代以前的搨釉和蘸釉法。方法是截取徑寸的竹筒，長約七寸，一頭蒙上細紗布，沾取釉汁，一頭對口而吹，少則三、四遍，多則十七、八遍，視器大小而定，如此便得勻薄而光滑的釉面。

第四項特色爲瓷窯的改良。由於陶瓷器燒造的完美，瓷土純粹取決工夫，坯胎精巧成於技藝，惟獨釉水色澤和青料發色，完全資助於窯火，是以〈陶政志〉中記敘，即說：

「窯乾、坯乾、柴乾，則少柝裂沈陷之患；土細，料細，工夫細，則無粗糙汚澤之慮；又必火候均勻，無太過不及，則釉行光瑩，器自完好，要在釉眞匣潔，此燒造之大端也。」

其它如風雨陰霾，地氣蒸濕等等，也都能影響到釉色暗黃、驚裂等種種疵病的產生。所以，明代官窯對於窯的建造十分考究改進，就以專燒青花瓷器的窯來說，明代稱之爲「青窯」，建造體積比較其它別類瓷窯俱小；民窯的青窯形長而濶，每座容納青花小器千餘件，而官窯的較民窯又更小，每座僅能容納小器三百餘件，講究的甚至一窯止燒一器；如此設計與措置，自然與前人說法，所謂「取火候和勻周密，而無欹斜、走煙破璺之失」有關，更重要的，尙在更能掌握青花瓷燒造必備的還原燄。

窯形構造而外，至於天候的晴雨、乾濕、燃料、火溫等，這些足以影響燒瓷良窳好壞的因素，瓷工也都予以注意，有效的改進與掌握，此處卽舉燒火一例。根據〈景德鎮陶錄〉中記載，一般燒窯俱有燒夫，一稱把莊頭；燒夫中又分緊火工、溜火工、溝火工等類，各有專責所司。窯燒中，設若火不緊則不能一氣成熟；火不小溜則水氣不由漸乾成熟，則色不漂亮；火不溝疏，中後左右不能燒透，則生甎所不能免，以上各類燒夫職責，卽在消弭這些弊病。又燒夫中有潑水一法，爲使窯內火路周通，燒不到處能夠火燄回燒，便須仰賴此法，卽在窯身的火眼處，照來燄將水潑去，手法全憑經驗技巧。以上這些進步的設施與技術，固然由於過去前人的經驗的累積，但是明代官窯周詳分工制度下培養的專業精神，促使瓷工能夠研究發展從而獲得，才是決定性的因素。

綜合上述明代官窯制度和組織上具備的特色，以及在燒造技術和設備改進上所獲致的成就，確實大大的提昇了產品的品質與生產的數量，造成燒瓷史上前所未見的景象。

第四節　「官窯」和「民窯」的相互激盪

上節談論的，爲明代官窯本身具備的許多特色。這些特色也是官窯在促進明代瓷業興盛所扮演的重要角色中，屬於主觀方面的一些條件。除此而外，官窯尙且還發揮了一項客觀性的作用，卽其受到與給予同時存在相關環境的影響，因而，造成其本身與間接影響到整個明代燒瓷的發生變化，這便是其與民窯間相互激盪的關係與結果。下面便單就此一方面加以介述。

前面已經簡略介紹過我國官、民窯產生與演進的情形。大致而言，官、民窯的劃分，北宋以前在形式上並不明顯，北宋以後因爲正式官窯的成立始行表面化。不過，雖云如此，各種跡象顯示，當時的官窯並無長時固定的設置，仍僅止於「有命而燒，無命則止」的形態；燒造的產品與民窯比較，除了外形上品質精粗與風格差異而外，精神本質上並無太大的差別，可說俱是同在一個軌道上並駕齊驅的發展。當時兩者產品呈現風格各異其趣，只是反映出士夫和民間百姓兩個不同階層生活喜嗜的不一樣，其實質內涵就如譚旦冏先生在所撰「宋官窯器與民窯器的分野」一文中所說的：前者是「朝著清雅、圓柔、融合自然玄妙的思想，作玉和天象的追求」；後者則是「朝著獷野、強烈、接近通俗平庸的現實，作印花布和地面上的邁步」，可說是既不悖犯也無衝突。所以，官、民窯瓷器燒造的發展，在形態上雖然面貌有殊，精神上却無任何的對立性存在。以上這一情形，一直維持到元代始終不變。

然而，到了明代，這種無形的均勢默契打破了。明代的官窯，在太祖洪武初年成立於景德鎭，原來只是承繼元代一直痺縮不振的官窯基礎，在毫無規模可言的狀況下，依賴著民窯的人才技術，因此燒造上也選擇了崛起於民窯正是蒸蒸日上的靑花瓷作爲主要對象，從而發展起來。但是，正如前節已予介紹過的，官窯爲朝廷專門設立燒造瓷器的機構，憑恃著政府龐大的力量，既有完備的制度，周詳的組織，進步的設施，優秀的人才，又有地方政府無條件的財力人員的支援，無論是燒造的材料、技術、規模等，在在都非民間私人經營的民窯所能比擬與企及，因此在急起直追之下，產品很快便超越了民窯。官窯的這種後來居上的成就，對於扶持其起來的民窯來說，自然是項極大的刺激與震撼，本於人類天生好勝的本能，多少有點企圖挽回頹勢的心理，成爲激勵從事各方面改進的力量，對於促使燒造的進步未嘗不是好現象。以上是明代官窯的成長與民窯的關係，以及兩者間除了自然形成的一種無形的競爭心理外，尙能相安無事的情形。

不久，基於本身的利害關係，官窯和民窯間逐漸地出現了衝突的局面。這是因爲明代官窯急速地發展，崛興的背後隱藏著兩大基本因素：其一、明代的統治者換成漢人，恢復對瓷器的喜好與重視，同時隨著時代進步瓷器用途日廣，大大擴展了政府用瓷的範圍；其二、宋、元以來，瓷器在對外貿易上扮演的經濟角色，愈來愈形重要，明朝政府財政依賴瓷器日益迫切。爲了解決這兩大問題，朝廷於是作爲適當的措施。在對外貿易瓷器方面，實施加緊控制，例如〈明史〉記載資料中，即有明初太祖朝曾經限制外人私向民間購買瓷器的事情，顯示當時貿易瓷買賣已有嚴格規定的一斑。其次在政府擴大用瓷方面，由於明代社會階級劃分十分嚴格，各種事物的使用依據身份俱有一定規定，不容逾越混亂，用途日增的瓷器自不例外。〈明史〉「食貨志」中記載，有：

「元統元年，浮梁民進瓷器五萬餘，償以鈔，禁私造黃、紫、紅、靑、藍、白地靑花瓷，違者罪死。」

文中雖然未有說明爲何採取這項禁令的原因，不言可喩，顯然是跟這些顏色已經劃爲官窯燒造官府用瓷專有有關。這種因爲官府用瓷範圍擴張而無形中縮小民間使用瓷類權利的措施，事實上也等於間接阻扼了民窯的發展。今日在流傳的明代瓷器中，難得見到前期民窯燒造的彩色瓷，或許正與這項禁止民間燒造這類瓷器有關。除了禁止民窯燒造外，政府對於官窯的一些燒造秘方，也嚴禁流出民間；這種措施雖然未見明載，但是經由其它資料顯示，如〈明史〉中記載工部隸屬的「營繕、虞衡司」，其下設有黑窯廠、琉璃廠，負責燒造官用陶瓦，即說到「火器鑄於內府，禁其法式洩於外」；陶瓦之屬尚且如此，何況貴重的官窯御器，自非待言。以上足見官窯為了經護自身的利益，抵制與抑壓民窯的一般。

明代民窯處在官窯這種強大的壓力之下，燒造受到限制而難獲大力發展，對於整個明代瓷業的成長來說，不可否認是種損害；不過影響並不太大，民窯憑恃著強韌的生存能力，在有限的燒造範圍內轉向其它方面發展，在燒造思想和技術上不斷的暗中吸取官窯的優點和長處，藉以改進與提高產品的品質，使得明代民窯的瓷器在瓷器史上大放光芒，同樣獲得甚高的評價和地位。此外，民窯還能夠透過瓷工強烈的感染性，也以本身的特色一直影響著官窯，使得官窯的產品隱約中呈現出民間藝術的風味；這種情形，尤其以明代中葉以後為明顯。

明代中期以後，由於政府賞賚瓷需要數量的急劇增加，官窯的生產供不應求，於是部份指命民窯代燒，由官窯供給原料（青料等）、畫本以及技術。其情形見於〈饒州府志〉卷十一「陶政」中記敍，所說：

「大抵諸器，惟官窯有其制。部限瓷器不與散窯（民窯）；欽限瓷器，官窯每分派散窯，其能成器者，受囑而釋之，不能成器者，責以必辦，不能辦，則官窯懸高價以市之，民窯之所以困也。」

在這種壓力與刺激下，民窯的匠工惟有積極地謀求進步，從官窯提供的樣本和技術中，努力學習與研究官窯的一切方法，甚至不擇手段的盜取其技術和材料，藉以提高本身的燒造水準。另一方面，由於民窯代燒官窯器，藉著這種直接交流的機會，透過民間經驗老到豐富的工匠之手藝，也將民窯的一些特色傳達官窯，於是形成一種燒造上的相互交流與融和。這一情形，似又可分為下述兩方面。

首先，在瓷器的製作和裝飾上，官窯明顯的感染了民窯自由活潑的風氣，裝飾繪畫中呈現出民窯的色彩，如〈古銅瓷器考〉內「論陶器畫彩盛於明」中，說到明官窯畫瓷花樣大半取樣於錦段，寫生與仿古僅佔十之三四，這即是民間工藝的傳統特色。另外根據存世實物以青花瓷器作一考察，比較官、民窯的面貌，在此之前，兩者燒造的產品風格截然不同：官窯展現一種豐姿華韻、氣魄雄渾、格致高雅的氣象；民窯則流露一份簡率樸實、脫略瀟灑、自然平易的風采。在此之後，官窯明顯受到民窯簡樸作風的影響，造型與裝飾流於粗略豪放，尤其是表現於裝飾繪畫方面，生動的運用大量來自民窯花繪的題材和形式，冲淡了早期瓷繪中濃厚的異域氣息，即使有些仍舊採取回教的裝飾式樣，然而表現內容也完全換成了我國的人物、花草、動物、樹石等，這些改變無可否認的俱來自民窯；相反的，民窯同樣也感染了官窯嚴謹格調的習氣，器形一反過去的粗獷簡率，裝飾花繪也變得繁縟複雜起來，甚至有的採用官窯花樣的部份形式和內容，外貌上顯現一份典雅醞藉的趣致，上好的產品看來十分類似官窯所燒。

其次，在瓷器製作的材料方面，前面說過，官窯燒造的器物因爲供應宮廷使用，製作要求品質而不計工費，所以設備與材料都特別考究，例如官窯建造的瓷窯，講求「塗欲密，砌欲固，使火氣全而陶器易熟，不至鬆泄」；官窯窯形體積趨小而容量少，使還原燄充分而燒透，則瓷「色一而器純」；又如官窯器坯必定俟乾經年，然後用車碾薄上釉，則燒成不易璺裂，成器如有漏釉，碾去釉漏處再上釉重燒，所以瓷器釉水瑩如堆脂；再如官窯青花瓷使用的繪畫青料，質佳價昂並且難得。以上等等，都非民窯能力所能辦到，因此促使民窯千方百計透過各種途徑，冀求獲得官窯的技術和材料；就以其中青花瓷器使用的青料爲例，晚期由於回青的珍貴與難得，導致官窯的敲青匠、畫工，甚至督陶的官吏，盜賣以轉賣民窯侔利，蔚然成爲風氣，迫使當時的浮梁縣令朱賢想出種種手段來防範與遏止；由是也可以看出當時民窯處於劣勢下力爭上游，不甘雌伏而企圖與官窯一別苗頭。事實上，正如上面所說的，晚明民窯燒造的一些青花瓷，無論材料和技術方面，都已達到官窯的水準。

綜合以上所述的情形，可以說，明代以青花瓷爲主的瓷業發展，因爲官窯和民窯的對立，而且俱是設廠景德鎭，特殊環境形成的一種日夕親昕，彼此啓發激盪，相輔共存的關係，使得民窯最先孕育了官窯；而官窯憑恃著主觀與客觀的條件，後來居上的超越過民窯，復以本身的成就反饋提携民窯進步。這中間，兩者能夠互相吸取對方的長處，改進自己的缺點，共同提昇了產品的品質和境界，於是才將明代的青花瓷躋登高成就的地步。

第五節　景德鎭的崛興與繁榮

明代青花瓷器趨於興盛發達的原因，最後要說到的，是瓷業中心景德鎭所給予的影響。明代景德鎭的繁榮，與當時的瓷業發展有著密不可分的關係。而有明一代所有的瓷器燒造，不僅全體官窯，而且絕大部份民窯，薈萃此地。可以說，當時全國通用以及運銷海外的青花和其它瓷器，無不是從這裏裝載出發，車馬舟船，絡繹不絕，眞是所謂「器成天下走，行於九域，施於外洋」。其所發生的經濟價值，尤其對於明代燒瓷事業的開展，有著決定性的影響。

景德鎭在地理上，爲江西省浮梁縣屬的一個小鎭，位於信江旁邊。有關浮梁的歷史沿革，根據一般輿地方志記載，大致情形是：漢代至晉，名叫新平。到了南北朝末的陳和隋代，因爲地處於昌江之南，於是改稱昌南，行政上隸屬當時的江州鄱陽郡饒州。唐代武德間，廢棄新平而改置浮梁縣，隸屬江西道饒州。宋代景德間，昌南改稱景德鎭，隸屬江南路饒州鄱陽縣。元代屬於江西饒州路浮梁縣。入明，將饒州路改爲饒州府，浮梁仍爲屬下七縣之一。將浮梁縣的地理環境，根據〈浮梁志論〉中記敍，是「山川秀麗、風俗淳雅，衣冠文物之盛，甲於江右，士矜名節重淸議」；「小民東北務耕織，西南樹木植至沿河一帶，倚舟楫柴土之利，自給無素封之家，亦無流離之苦」。至於人口和物產，根據〈饒州府志〉中記載明代的情形，是「所屬七縣戶口十三萬三千戶，人口三十四萬二千九百餘人；

浮梁縣，男女合計四萬五千人；物產則以瓷、茶爲土產之最。」

景德鎭燒造瓷器的歷史，極爲悠久長遠；自漢至明代地名屢有改變，然而陶瓷燒造出名却是始終如一。〈浮梁縣志〉中記載，說：

「新平冶陶，始於漢世。」

當時燒造的陶器，古名「土脫碗」。嗣後，燒造便不斷絕。南北朝的南朝陳至德元年（公元五八三年），大造宮殿於建康，於是「詔昌南鎭造陶礎，貢獻供用，雕鏤巧妙，而弗堅，再製」，這是當時燒造的陶器之情形。隋代大業中，則曾經「奉命作陶獅、象獸二座，奉於顯仁宮」；同時已經開始燒造青瓷器，到了唐代，則是：

「唐武德中，鎭民陶玉者，載瓷入關中，稱爲假玉器，具貢於朝，於是昌南鎭名聞天下。」

北宋時，眞宗景德年間在此設置官窯，以「奉御董造」青瓷器，因爲生產的瓷器上有「景德年製」的欵誌，從此昌南鎭於是被人稱爲景德鎭。根據〈景德鎭陶錄〉中記載，當時本地所燒造的瓷器，是「光致茂美，當時則效，著行海內，於是天下咸稱景德鎭陶器，而昌南之名遂微」。而北宋彭器資作的「送許屯詩」中，也有涉及讚美景德鎭瓷器的句子，說是「浮梁巧燒瓷，顏色比瓊玖」。迨及南宋，東南地區逐漸發展成爲全國燒瓷中心，新的窯址紛紛崛起，卽在相去景德鎭二十餘里距離，設立的就有湘湖、瑩田、湖田等窯；三窯自五代以來便已燒造青瓷，至此趨於極盛。不過，根據〈南窯筆記〉書中說法，這三處瓷窯，因爲位處山僻，挽運維艱，所以難於久傳而逐漸衰微下去；惟獨景德鎭由於地位兩江都會，舟車物力通便，業陶者多於是居焉，因此能夠繼續興盛發達，燒造的瓷器品質也日益進步。到了元代，景德鎮出產的青白瓷，已經享有「饒玉」美稱，元末蔣祈在〈陶記略〉中形容其特色，是「潔白不疵」，「其視眞定紅瓷、龍泉青秘相競，奇矣」。而在當時瓷器燒造發展的地位上，其更成爲全國執牛耳的中樞重鎮，除了元廷工部將作署下設有的「浮梁瓷局」，在此設置「樞府」官窯而外，民間的民窯傳說就有三百餘座；所燒造的瓷器，青瓷、白瓷和水青瓷以外，便是方興未艾的青花瓷了。以上所述，是景德鎮在明代以前瓷器燒造發展的大概情形。

明代開始，根據清人〈南窯筆記〉中所說，「有明以來，始命官監督，立廠珠山，與作供御諸器」；其它有關瓷書也俱多記載，太祖洪武初年，朝廷便正式設立御窯於此，固定燒造歲解瓷以供御用，並且瓷窯劃分類別設置專燒，青花瓷器已成其中主要項目。永樂、宣德以後，景德鎮急遽膨脹發展，燒造瓷器產量劇增，產品日精，儼然成爲歷倒歷史上一切名窯的窯廠；同時，所出產的青花瓷器也已經取代所有瓷類的地位，唯我獨尊，領袖群倫，蔚爲瓷器中最大的瓷類。

景德鎮的所以能夠崛起明代，帶來燒瓷上的空前盛況，予以分析原因，主要有下面四項。

一、歷史政治背景和外來文化的影響。前面已予介述景德鎮的興起，自漢迄於明已有千餘年歷史。在這段長遠的演進歷程中，北方的黃河流域經常處在社會動亂下，一些歷史悠久的著名窯廠，受到戰火蹂躪與異族摧殘，燒造時有時斷，盛衰隆替變化不定；而景德鎮遠處偏僻的南方，兵燹難及，窯火始終未斷，燒造上積蓄了深厚的基礎。另外是歷代以來，北方中原文化南漸，科技與藝術等逐漸崛興於長江流域；景德鎮鄰近江南與水運交通便利，朝夕親闋，分享到這項文化的薰習；尤其是北宋亡國於金，南宋政權成立於臨安，北方諸大瓷窯多數遭受破壞與癱瘓，瓷工紛紛流離避難江南，景德鎮以新興崛起的大窯，接納了這批優秀人才以及與其俱來的優良技術，大大的提高了燒造的水準，造成南宋以後發展上呈現的突飛猛晉的形勢。其次，從南宋以來，特別是元代時，隨著國勢的強盛而與國外通商的日益頻繁，與外文化藝術往來交流也更形密切，外商輸進了外國燒瓷的技術和原料，例如青花瓷的裝飾繪畫的花樣和青料，便是一項空前的大收穫，使得我國原有的燒造獲得突破性的進步，形式和內容更爲充實豐富起來。在這一方面，中亞的阿拉伯、波斯以及印度和西藏，都扮演過積極性的角色。

二、地理環境優良和原料出產豐富。景德鎮位於鄱陽湖東北部的信水北岸，依山環水，氣候溫和，風景秀麗。前面說過，自漢代開始燒陶以來，不曾受過兵燹戰禍太大的毀壞，燒造一直未斷，世世代代累積的經驗，滙成了燒瓷技術的總和。同時，前面介紹青料和瓷土一節中，也說到明代燒瓷前後使用的瓷土，有舉世聞名的「麻倉土」和「明砂高嶺」土，這些都出產在景德鎮附近的新正都、吳門托、祁門等地方；又青花瓷繪畫使用的國產土青，也出產於鄰近的金華、衢州、瑞州、新建等處；至於其它如調配釉汁的釉土、燒製釉灰的鳳尾草等，附近都有豐富的產量；而當地的清澈而較重的水質——硬性水，更是適合瓷器燒造的需要；此外特別是燒瓷最需要的理想燃料——松柴，由於松柴燒瓷色白，煤柴（炭）燒瓷（北方使用）色黃，而境內松林分佈蘊藏豐富。上述這些優良的條件，都能爲明代燒瓷充分地把握與利用。

三、交通發達與水運便利。景德鎭的地理位置，剛好在歷史上唐宋以來所謂的大使路上，由此東出祁門、歙縣，便是繁華富庶的江南；北面經鄱陽湖出長江，水道可以暢通全國；南下順贛水可以直達嶺南，稱得上交通四通八達，解決了與燒造有關的繁重運輸問題。譬如燒瓷使用的松柴，都出產於周圍三百里以上路程的鄰縣，最遠的南康遠達四百里，完全仰賴便利的水運來運輸，所以當時有「陸柴」、「水柴」之名稱。至於燒成的瓷器產品外銷，由於陸地運輸量小而且容易破損，費用昂貴，更是非安全穩當運量大的水運莫辦。

四、官窯的建立與皇室的重視。前面已經介紹過明代的官窯，幾乎全部設置於景德鎭，而且窯的數量隨著朝代不斷地增加。官窯燒造的產品，性質上分爲兩種：一是欽限瓷，爲宮廷御用的瓷器；一是部限瓷，爲賞賚使用的瓷器。明代中期以後，上述所有瓷器需要數量急遽增加，官窯生產不敷供應，曾經指命部份民窯代燒欽限瓷，稱爲「青窯」，雖有燒成不合標準的產品作爲商品出售，足見民窯燒造水準相侔官窯；因此促使民窯的相應增加設立，同時也刺激其燒造技術的提昇，造成產品品質的升級。所以，官窯的設立在帶動景德鎭瓷業繁榮上，有著最直接的影響作用。

除了上述這些主要原因外，其它尚有的：例如唐宋以來幾個著名的名窯，至此毀壞的毀壞，沒落的沒落，就連享譽海內外幾世紀聲望歷久不衰的龍泉窯，也由於大量需求而採行應點式生產的結果，造成〈竹園陶說〉中所說的：「青色、土堊、火候，均不及前矣」，流於粗製濫造，使得長久保有第一貿易瓷的地位，遂被新興的青花瓷器所取代；又如元代以後，青花瓷器應運崛興，使得長久看慣青瓷、白瓷的人心理產生新奇感，刺激購買慾而帶動起消費市場，造成這一新興彩繪瓷的風行與暢銷。以上直接促使青花瓷器盛行的原因，也是間接造成以出產青花瓷爲主的景德鎭興盛繁榮的因素。

最後，這裏也約略介述一下，明代景德鎭的繁華熱鬧的情景。這一明代最大的瓷業中心，根據前人的形容，是「轂擊肩摩，四方雲集，巷連鱗接，萬戶星稠，誠江右一大都會也」；又曾經駐住過當地的法國傳道士登退爾科爾（Dentrecolles），曾讚嘆地說過：

「景德鎭者，周圍十方哩之大工業地也，人口近百萬，窯約三千；晝間白煙掩盖天空，夜則紅焰燒天。」

言辭雖有浮誇之嫌。不過，明代瓷業興盛發達最高的時期，景德鎭所有的窯廠，民窯不計，單是官窯就有三百座，年產歲解瓷器數十萬件，確是不爭的事實，由此足以窺見其繁華景象的一斑。下面再特別收集摘錄一些時人與清人描述當地的文字，藉供讀者參考。

明宋應星〈天工開物〉：

「若夫中華四裔馳名獵取者，皆饒郡浮縣景德鎭之產也。」

清王澤宏〔鶴嶺山人詩集〕中記敍：

「浮，於饒稱望邑；景德一鎭，屹然東南一雄，觀業陶者於斯，貿陶者聚於斯；天下之大，受陶之利而舉以景鎭名。」

謝旻〔外記〕中，說：

「景德，江右一巨鎮也，隸於浮，業製陶器，利濟天下，四方遠近，挾其技能以食力者，莫不趨之若鶩。」

黃墨航〔雜誌〕：

「昌江之南，有鎮曰陶陽，距城二十里，而俗與邑鄉異，列市受廛，延袤十三里許，煙火逾十萬家，陶戶與市肆，當十之七八，土著民民十之二三；凡食貨之所需求，無不便五方，藉陶以利者甚衆。」

〔陳淯集〕：

「浮，處萬山之中，而景德一鎮，則固邑南一大都會也；殖陶之利，五方雜居，百貨具陳，熙熙乎稱盛觀矣。」

〔楊竹亭集〕：

「浮梁提封僅百里，土宜於陶，以致陶之美，陶之人，及陶中所有之事，凡皆半於浮，則景德一鎮，洵浮之要區矣。」

繆宗周「兀然亭詩」：

「陶舍重重倚岸開，舟帆日日蔽江來。工人莫惜天機巧，此器能輸郡國材。」（兀然亭有二：一在鞍山，此乃指肇建者。）

沈懷清「窯民行詩」：

「景德產佳瓷，產品不產手。工匠來八方，器成天下走。陶業活多人，產不與時偶」。「食指萬家煙，中外賈客藪。坯房蟻至多，陶火觸牛斗。都會可比雄，浮邑抵一拇。」

第四章　明代青花瓷器發展的情形

明代瓷器的燒造，由於政府開始便設立了官窯，從事專業性的組織經營，開頭卽展現出活絡的情形。其後，官窯一方面不遺餘力的擴張本身設施，燒造思想與技術獲得精益求精；一方面作出種種的限制，壓抑民間燒瓷的成長和進步，造成一種獨佔壟斷的發展形勢。因此，使得官窯不僅掌握了整個明代瓷業發展的契機，而且燒造景象盛況空前，規模恢宏，數量龐大，品質精良，在在顯示這一時代瓷器燒製的最高成就，而青花瓷器的情形尤其如此。所以，探討官窯青花瓷器的發展，足以窺見明代整個燒造情形，堪稱明代瓷業的代表。

明代有國，共經歷十六帝十七朝，合計一百九十五年（公元一三六七～一六六二年），政府官窯的燒瓷事業，大體可說始終維繫不斷。但是，基於各個朝代年祚的久暫，政治的隆汚，社會的安危不一，瓷器燒造的景況不盡相同，其間甚至出現盛衰消長差異極大的現象。

一般說來，在明代所有朝代中，永樂、宣德、成化、弘治、正德、嘉靖、隆慶、萬曆等朝，瓷器燒造發達而輝煌，前人記載斑斑可考；製器產品，甚至流傳今日極多，足資印證。至於其餘朝代，其中洪武一朝，因爲開國甫成，百政待舉，燒瓷一事雖然重視，但是未作全力推動；而且規模草創，生產有限，不過仍有產品存世。此外，有的享國年祚苦短；有的處於動盪不安；有的國勢日蹙衰微，導致官窯瓷器的燒造，不是數量奇少，便是燒少停多，甚至完全停頓，造成產品短缺，實物留存今日的已是難得一見，比起上述諸朝情形，眞不啻天壤之別。所以，後世凡是討論明代官窯燒瓷的發展歷史，不談則已，要談率皆以上述八個朝代爲代表；尤其是，明代青花瓷器的發展演進，自太祖洪武草創奠基，永樂朝開始嶄露頭角，宣德時已經呈現定於一尊，燒造上執衆瓷牛耳之局面，儼然成爲整個瓷業發展的象徵了；其後的各朝，都能維持此一形勢不變。上面情形，也正好反映了這一方面的狀況。

另外，明代青花瓷器的燒造，經過前後幾近二百餘年的漫長歲月，中間固然由於政治的興革，人事的變遷，社會的改變，以及國勢的盛衰等變化，反映於演進的發展上，因而造成上述各個朝代景況的不一。尤有甚者，更因爲整個燒造發展過程中，所使用的材料、設備、技術、畫工等輪換更替的關係，也使得產品形成數種差異明顯的面目。其中造成影響最大的，便是前面已經介紹過的青花瓷器賴以繪畫燒出青花的青料，由於前後使用共有不同的三種，它們的性質迥然有別，導致繪畫方法與產生的發色效果也不一樣，於是形成三種截然不同的風格。這一青花繪畫與色調風格上的差異，比起政治朝代所呈現的不同來，更是顯得特色突出。

因此，整個明代青花瓷器的發展，可以根據上面所說的兩項特色，綜合起來加以劃分三個時期，各爲：

一、永樂、宣德朝（公元一四〇二～一四三五年）——使用青料爲「蘇麻離青」，可以稱爲明代青花瓷器的早期。

二、成化、弘治、正德朝（公元一四六五～一五二一年）——使用青料爲「平等青」，可以稱爲明代青花瓷器的中期。

三、嘉靖、隆慶、萬曆朝（公元一五二三～一六一九年）——使用青料爲「回青」，可以稱爲明代青花瓷器的晚期。

至於不在上述中的其它朝代，如永樂前的洪武，青花瓷器燒造雖然極爲有限，但在瓷業發展上開啓明代風氣，具有繼往開來的意義；而且產品十分接近永樂早先所燒，應有介述的必要，併入早期加以說明。永樂前的建文（惠帝）在位甚短，共計四年；永樂後的洪熙（仁宗）時間更短，僅及一年，兩朝瓷器俱不見流傳後世，從略不述。宣德以後的正統、景泰和天順，雖然製器存世罕覯，前人記載燒造情形明白可考，而且近代學者研究認爲其風格接近宣德，容有部份產品混雜上述朝代的無欵燒器中，所以也歸納於早期論說。至於萬曆以後的泰昌、天啓、崇禎諸朝，國勢日趨衰弱，政府應付政治問題自顧不暇，瓷器燒造日見萎頓，青花瓷器雖然仍有上品佳作，已是屬於委託代燒的民窯產品；而且，從整個青花瓷器發展的形勢而言，此一時期的官窯完全萎縮退化，重新返回官搭民燒的原始路子，民窯恢復取得了整個國家燒造的領導地位。因此另以民窯一節來加以特別介紹。

根據上面情形，玆依照朝代的先後順序，將各個時期發展的情形，分別加以敍述。

第一節　早期發展的情形

一、洪武朝

明太祖（朱元璋）消滅元朝，平定全國，一統天下後，偃兵息武，修政養民，致力於社會安定和經濟建設，恢復民間各種生產事業，特別留心手工藝品的發展。所以，洪武初年，卽在江西景德鎮元代原有官窯的舊址上，設置了所謂的「御窯」，命令工部員外郞殷廷珪監督窯務，從事燒造供應內廷御用的瓷器。這可說是明代朝廷設立官窯的開始。

關於明太祖設立御窯的時間，前人文獻記載有兩種說法。一種說爲洪武三十五年，清朱琰的〈陶說〉和梁同書的〈古銅瓷器考〉記載卽是。如〈古銅瓷器考〉中，便說：

「明洪武三十五年，開始燒造，解京供用，有御器廠，廠東爲九江道；有官窯。」

一種說爲洪武二年，清藍浦的〈景德鎮陶錄〉以及近人吳仁敬、辛安潮合編的〈中國陶瓷史〉記載卽是。如〈景德鎮陶錄〉中，說：

「洪武二年，設廠於鎮之珠山麓，制陶供上方，稱官窯，以別民窯。」

比較兩種說法，筆者認爲以上洪武二年可靠性大，洪武三十五年恐係有誤。原因是：第一、太祖洪武朝僅及三十一年，沒有三十五年，或許有人解釋爲這是明人因避成祖忌諱，不承認其前的惠帝正統地位，史書文獻多將其年號建文刪去，建文四年併入洪武計算，因此合爲三十五年；設若如此的話，明代官窯瓷器的出現，應在惠帝而非太祖時；然而今日所見明代瓷器中就有「洪武年製」官窯款字的實物存在，顯示與事實不符；此外，〈明史〉中記載有洪武二十六年制定用瓷禁規記事，若無官窯焉用如此，說明了太祖朝確實已有官窯。第二、根據〈明史〉太祖本紀中記載，太祖於元順帝至正二十二年，就已平定僞漢陳友諒，收復了景德鎭所在的鄱陽湖地區，筆者認爲他基於復甦生產與開發經濟的政策，當急之務便是恢復此地的燒瓷事業，首先予以設置官窯，其時間定於洪武二年已是保守的推斷，絕不可能延遲到三十幾年以後辦理。

洪武初設立的御窯，根據前人的記載，共分爲：大龍䍃窯；青窯；色窯；風火窯；匣窯；大小熿窯等六種，合計二十座。其中所謂的龍䍃窯，是專爲燒造大瓷缸，有的一窯每次僅燒一器；青窯，是專爲燒造青花小型瓷器；色窯，是專爲燒造顏色瓷器；風火窯，是專爲燒造一般性瓷器；匣窯，是專爲燒造燒窯中盛放坯器的裝匣；熿窯，是專爲熿烘上釉後的坯器，以及燒成的瓷器間有漏釉者經上釉再重燒的。從以上這些燒窯的性質看來，顯示此時間瓷器的燒造，仍是偏重實用性器物生產，尙屬於奠基形態的階段。

當時官窯瓷器發展的情形，則可分幾方面來說。

首先，根據一些文獻記載，反映出當時瓷器使用的觀念，如〈明史〉「輿服志」中論器用，說到：

「器用之禁，洪武二十六年，定公侯一品、二品，酒注、酒盞金，餘用銀；三品至五品，酒盞金；六品至九品，酒注、酒盞銀，餘皆瓷、漆、木器，不許用硃紅及抹紅、描金琢龍文；庶民酒注錫，酒盞銀，餘用瓷、漆；百官床面、屏風、槅子，雜色漆飾，並不許朱紅金飾。」

可以看出，仍舊保存著元代器用重視金、銀、金屬的遺習，瓷器尚居卑下不重要地位，比較後來用瓷廣泛熱烈的情況，不可同日而語，足以窺見燒造不發達的一般。探究此一情形的原因，不外是：明初國家甫行底定，朝廷傾力於民生建設，無暇顧及這些介乎實用與藝術間的工藝生產，缺乏更好的東西可以取代原來的精美金屬器具；尤其是太祖本人生活儉樸不喜奢華，使用器具惟重實用，避免勞民傷財而未積極燒造，官窯生產瓷器數量有限，一切儘量維持前朝舊有遺物使用。

其次，根據少數時人記敘，顯示當時流行瓷器的種類。如明初曹昭〈格古要論〉（書成於洪武二十年，即公元一三八七年）中，談到通行瓷器有「青色及五色花者」，但是作者認爲很「俗氣」；又有「青黑戧金者」，多爲「酒壺、酒琖」之類，却是十分可愛。這種說法也見於後人記載，如清藍浦〈景德鎭陶錄〉卷五敍明洪武窯瓷一節中，說是「有青、黑二色，以純素爲佳」，瓷器的特徵爲「土骨細膩，體薄」。可惜二書中俱未說明，這些瓷器到底屬於官窯抑或民窯產品，同時也沒有提及青花瓷名，表示這種當時尚屬崛起不久的瓷類新秀，還未受到一般文人的注意。

再者，同樣根據前人的記敘，如〈景德鎭陶錄〉中所載，說到當時燒造瓷器，是「製器必坯乾經年，重用車碾薄，上釉，候乾入火；釉漏者，碾去（原釉），再上釉重燒之」，所以燒成的產品，「汁水瑩如堆脂，不易茅蔑」，顯示當時對於燒造品質的講究。

以上，足以看出洪武朝瓷器發展情形的一斑。不過，本朝卽爲明代瓷業肇端開始，瓷器燒造本來有限，加上去今歲久時遠，流傳多所捐毀，產品保存下來的更少。根據筆者所知，今日存世所有明瓷中，具有正式年欵或被認爲洪武官窯的作品，計有：一、近年在南京城內原屬明洪武朝故宮遺址的玉帶河淤泥中，挖掘到不少的瓷器和碎片，其中有單色釉瓷、紅彩瓷和青花瓷等；經過學者所作這些瓷器的研究報告中，說是「胎土潔白細膩」，「釉質匀凈」，「裝飾繪畫以及製作造坯都很考究」等，認爲屬於當時官窯燒器的成分極大。二、現在台北國立故宮博物院收藏的明代官窯瓷器中，標名洪武朝的有十件，都是些盌、爐、壺、盤之類，體形極大；釉色僅有釉裏紅和青花二種(彩版26、27)，數量爲七與三之比。這些有限的瓷器實物，可說爲研究洪武官窯燒造，提供了最直接的實際瞭解。

根據上述中提到的極少幾件青花瓷器，筆者親眼看過只有故宮收藏的三件，珍貴難得而具有代表性，有加詳細介紹的必要；因此，特將〈故宮瓷器錄〉中著錄文字，抄錄於下：

青花四季花卉大碗（圖版29）

歛口，深壁，矮圈足，器內口沿下畫轉枝花葉一週，青綫四道，週壁畫纏枝四季花，碗心畫牡丹一枝，邊飾回紋一週，青綫三道；外面口沿下畫勾雲一週，青綫四道，週壁畫纏枝牡丹，底邊畫雲頭花，加飾青綫二道，足飾回紋一週；器表白釉帶灰，青花色澤暗淡；底足均未施釉，塗有紅色厚汁的護胎釉。

青花蓮花式大盤（圖版30）

盤作十六瓣蓮花形，侈口，寬唇，淺壁，矮圈足；口唇上下均畫波濤紋，週壁內外各畫蓮花十六枝；盤心畫菊花三株，由外各加飾邊緣；胎骨厚重；白釉帶灰；花紋呈青黑色，深淺不勻；盤底全部露胎，塗有護胎的淺紅色薄汁。

青花蓮花式大盤

盤作十二瓣蓮花形，侈口，寬唇，淺壁，矮圈足；口唇上畫轉枝靈芝一週，上下加飾雙青綫；外壁各畫牡丹、蓮花等十二枝；盤心畫繞枝花卉五朵，邊飾青綫二道；外面口沿各飾青綫二道；底足全部露胎。

考察上面三件實物，對於這一時間的官窯青花瓷器，可以歸納出幾項特色。在器物器形方面，大率爲實用的碗、盤、壺、爐之類，而且體形巨大粗樸。在器物胎釉和青色方面，胎骨厚重，玻璃釉色澤渾膩不清，或許因爲窯火溫度未臻理想的關係，因此也導致胎和釉色均泛現混濁的微灰青色調，同時玻璃釉下作爲繪畫的青料發色不佳，色度趨於暗淡，甚至變成青黑色（彩版28），與此燒製性質一樣同屬釉下彩繪的釉裏紅的情形更差，都予人視覺上產生一種凝重沈悶的感覺。在器物裝飾花繪方面，作爲繪畫使用的花樣，有植物的四季花、牡丹、蓮花、菊花、番蓮、靈芝、蘭草、芭蕉、竹石，以及幾何圖形的回紋、雲雷紋、勾雲紋、波濤紋、如意紋等；繪畫構圖的經營，以單獨或二方連續模樣爲主，採用纏枝、轉枝或嵌塡方式布局，花紋繁密規整，筆致則顯得拘謹板滯。綜合上述情形看來，這些都與類似的元代青花器十分接近，顯示仍未脫離元代燒造風格的影響。這種情形，也正是造成這兩個時期的青花瓷器，若干方面混淆不清，甚至有的本朝產品誤被認作元代物的原因。

不過，儘管如此，洪武朝燒造的青花瓷器在表現手法上，某些地方也明顯流露出企圖掙脫舊有規範，開創樹立新貌的跡象，作品展現了一份更加成熟的造型美。在這裡，彷彿已經看到偉大的明代青花瓷器時代即將來臨前初露的曙光。

二、永樂朝

太祖去世後，因為長子懿文太子早死，於是由次孫允炆繼位，建號建文，在位四年，便被叔父燕王所逐。燕王棣自行登基，後世稱為成祖，建號永樂，並且將國都自金陵（南京）遷往燕京（北京）。成祖在位，共計二十二年（公元一四〇三～一四二四年），文治武功俱足稱述；尤其在發展國力方面，對外開拓海外勢力，功業彪炳，聲威顯赫。他曾經派遣太監鄭和下西洋（今南洋地方），前後七次，終永樂一朝未完，到達國家五十餘，最遠抵達非洲東海岸，宣揚明朝德威而外，還有便是打通中國與南洋間的交通，從此兩地商業貿易往來頻繁。永樂朝打開了海外往來密切的關係，對於當時與其後最重要的影響：其一、對明代經濟發展中佔有極重要性的對外商業貿易，具有開發的作用與貢獻；其二、隨著對外貿易的發達暢旺，帶來各類工藝產品需要的增加，其中特別是瓷器，刺激與促進生產的發展。

永樂朝官窯瓷業的發展，在時間上銜啣洪武，直接承繼前朝基礎，燒造本質上應該無甚改變。然而，根據前人文獻記載與存世實物看來，外觀却令人產生極大差異的感覺：無論瓷器燒造的規模和數量，特別是在產品方面呈現的新貌和品質進步，比較其前的洪武和元代燒造物，殆不可同日而語。

在燒造瓷器的數量方面，根據實物比較，以台北國立故宮博物院藏品為例，在所有明代瓷器中，永樂朝計有二二九件，雖然不足與其後的宣德、成化、嘉靖、萬曆等燒造極盛朝代比擬，却遠超過洪武朝的一〇件。而這些瓷器在器形方面，作一統計，計有：盌二〇九件，數量最多，其中又分葵瓣口盌一三〇件，高足盌五六件，半脫胎盌二件，小盌二一件；壺三件，又分扁壺二件，三繫把壺一件；梅瓶一件；葵瓣口杯五件；葵花瓷六件；半脫胎盤三件；三繫蓋罐二件，看來不僅形制增加，製作上除實用功能而外，也注意到藝術審美性的表現，造型追求式樣的變化。而在這方面，似乎又朝著仿古與創新兩個方向發展，例如器形中的葵瓣形器和梅瓶，即在模擬宋瓷的傳統形式；三繫把壺和扁壺，則是追求創新的風格。此外在製作器形上，更表現逐漸脫離洪武朝的厚重作風，發展出一種輕重兼顧與平穩適當的格調。例如此時間最有名的，便是脫胎器的創始，如藍浦的〈景德鎮陶錄〉中，便說：

「永樂年廠器，土埴細，質尚厚；然有甚薄者，如脫胎素白器，彩錐拱樣始此。」

這種白色的瓷器，器身薄如卵膜，有似無胎，因而有此「脫胎」名稱由來；而器面雕鏤著精緻的暗花，後人名之錐拱花樣，創思實出於宋代定窯刻花瓷的遺意，造型工巧，精美絕倫，清人有詩形容，說是「只恐風吹去，還愁日炙銷」，的確適當不過。這項坯胎製作技術方面的傑出成就，為其後的瓷器燒造奠下良好的基礎，如多種的彩瓷皆以此為底胎發展而來，允稱本朝對於明代燒瓷進步的一大貢獻。

在燒造瓷器的釉色方面，根據前人文獻記敘，如明王世懋（公元一五三六～一五八八年）〈窺天外乘〉書中談明瓷，說是：

「我朝則專設於浮梁縣之景德鎮。永樂、宣德間，內府燒造，迄今爲貴。其時以櫻眼甜白爲常，以蘇麻離青爲飾，以鮮紅爲寶。」

另是黃一正的〈事物紺珠〉中，也有同樣的記載。文中所說的「櫻眼甜白」，卽甜白釉瓷（彩版29）；「蘇麻離青」爲飾，卽青花瓷（彩版31、32）；「鮮紅」爲寶，卽後世所稱的祭紅瓷（彩版30）。上述三種瓷器，皆見流傳於今日；此外，不見前人敍及的，尙有一種翠青瓷（彩版33）。這些面貌明顯有別的釉色瓷，同樣以台北國立故宮博物院的藏品爲例，考察存世數量，在器身書有本朝年欵的二二九件瓷器中，計有甜白二一九件，佔去絕大多數，證實了上面引述前人文中所指，這種瓷器盛行當時的說法；其餘則分別爲祭紅六件，青花二件，翠青二件。從實際觀察這些釉色的特徵；佔數最多的甜白，釉色瑩白素潔，配合「脫胎」的坯胎，顯得特別高雅絕俗，因此成爲本朝燒造中最膾炙人口的瓷器，也爲後世樹立模仿燒製的典範；而祭紅色澤厚潤，雖然比不上其後的宣德朝所燒，却遠勝其它的產品；再是青花，由於作爲釉下裝飾繪畫的青料，此時使用一種國外引進的蘇麻離青，發色逈異從前，使得產品脫胎換骨，展現前所未見的新容貌。

永樂朝發展燒造的青花瓷，雖然在產品數量上不及甜白，在身價貴重上難逮祭紅；但是在洪武奠下的基礎上，承繼著前朝方興未艾之勢開展，已經建立起相當的規模，其產品成就受到時人與後世的推崇頌揚，給予相等的評價，例如清人〈南窯筆記〉中有論「官窯名品」，論及永樂一朝時，卽拈出「甜白脫胎、青花二種」，足見一斑。可說已爲明代青花瓷器時代綻開了輝煌的遠景，有關其實際發展的情形，則可分爲下面幾方面述敍。

首先，是青花瓷器器形方面。永樂燒造瓷器種類雖多，然而青花尙非主要發展項目，燒製器物器形俱少。以台北國立故宮博物院收藏明代官窯瓷器之富，舉世無匹，惟永樂朝的青花瓷，根據〔故宮器瓷錄〕中著錄，僅有二件，特抄錄於下：

青花花鳥扁壺

小圓口，短頸，腹部扁圓，平底無足，頸飾兩弓形耳；口沿下飾青綫二道，頸畫靑竹兩枝；腹部兩面各畫梅花一株，上棲白頭翁一隻，旁飾竹枝；壺肩及底邊各畫花葉紋一週，靑綫二道；兩耳均飾靑綫邊；薄胎白釉；青花較濃；壺底全部露胎。

壺高二七・三公分，深二六・四公分，口徑三・四公分，底縱七・三公分，底橫一一・五公分，腹圍五九・五公分。

青花花卉扁壺（圖版31）

小圓口，短頸，腹部扁圓，矮圈足，頸飾兩弓形耳；口沿下畫雲頭紋；腹部前後畫各式六角形圖案，加飾花卉、波濤等紋，兩側及耳畫各種花卉；足畫雲紋及小花一週。

壺高二四・一公分，深二一・三公分；口徑三・五公分；足徑七・四公分；腹圍四五公分。

至於其它出版物如〔故宮名瓷圖錄〕中，標題本朝瓷器的，則有青花花卉大盌、青花四季花卉大盤、青花四季花卉壺（圖版36）、青花茶花扁壺（圖版33）、青花人物扁壺（圖版32）、青花趕珠龍梅瓶、青花牡丹花梅瓶（圖版39）、青花番蓮天球瓶（圖版38）、青花鳳凰三繫把壺（圖版37）、青花雙龍高足盌（圖版40）、青花花果菱花式杯（圖版43）、青花四季花卉蓮瓣大盤（圖版42）、青花四季花卉菱花式盤（圖版41）等，將近二十餘件，這些青花器想來大概都是自院藏無欵的明瓷中，以風格接近而提升歸屬本朝的作品。此外，根據前人文獻記載，有關本朝的青花瓷器，如〈博物要覽〉中記敍，說：

「永樂年造壓手杯，中心畫雙獅滾球，爲上品；鴛鴦心者，次之；花心者，又次之。杯外青花深翠，式樣精妙。」

而別書中記載，這種壓手杯的形狀，是「坦口折腰，沙足滑底」，而且杯心所畫雙獅滾球的球內，有用小篆書寫「大明永樂年製」、「永樂年製」的字樣；這種同樣的字欵，可見於今日存世的本朝甜白和祭紅器上；同時，這項器心繪畫書寫朝代字欵，在目前所見存世古瓷中以本朝出現最早，實爲後世若干官窯及民窯部份燒瓷上此一形式流行的肇端。這種杯子因爲製作精美，足與後來歷朝燒造的若干佳器媲美，而被後世瓷器賞鑑家視爲明瓷的珍品。如〈長物志〉內記載，卽說：

「永窯細欵青花杯，成窯五采葡萄杯及純白薄如玻璃杯者，今皆極貴。」

還有，〈陶雅〉書中記敍永樂窯器內，說到尙有一種青花長方式橫盂，形制尤稱特殊，可惜都已不見流傳今日。

綜合以上看來，本朝青花瓷在燒造器物方面，仍舊局限於盌、盤、壺、瓶、杯等少數器物，却能追求形制的變化，呈現豐富的式樣美；造型也依然帶有初期的雄健風格，但是已由樸拙趨向靈活，粗細兼具，製作工謹，從此開啓宣德朝製器追求精美的風氣。

其次，是青花的發色方面。根據前人的記敍，永樂朝使用作爲青花瓷裝飾繪畫的青料，是種由南洋蘇門答臘地方輸入的蘇麻離青，其輸入情形與特性，在前面第三章第一節中已有介述。這種外來青料的發色，與國產的土青迥然有別。然而，從上述存世的少數實物實際觀察所得，永樂朝青花瓷器的青色，呈現明顯不同的兩種：一種爲帶有灰褐的青色（彩版31），十分近似洪武朝產品的色調；一種爲青色深翠凝重（彩版32），有的地方接近靛青，有的地方接近青褐，反而與其後宣德朝燒器的發色彷彿，顯示出自兩種不同的青料所燒。此一現象，試加分析，可能是：永樂一朝年祚較長，前面介述南洋進口的蘇麻離青，輸入時間已屆中期，在此之前，青花瓷燒造繪畫所使用的青料，還是元代以來傳統的土青，因而燒出的青花發色，自然與使用同樣青料的洪武朝產品相同；在此之後，開始嘗試這種新到的蘇麻離青，然而缺乏經驗與客觀條件不足，尙無法發揮理想的性能，不過已經顯露出其特色，所以外貌看來，色相十分接近蘇麻離青使用成熟的宣德朝燒器。這一事實，反過來也加強了前面第三章第一節中，筆者對於蘇麻離青輸入時間所作推斷的可靠性。更由此，可見永樂朝在釉下彩繪的青花瓷燒造演進的過程中，爲國產土青過渡到蘇麻離青的一個轉捩時期，對於明代的瓷器發展歷史，具有非凡的意義。（參閱圖版43ａ花繪題材內容）

永樂朝官窯的青花瓷器，在明代瓷器發展史上佔有重要的地位，清代以來許多瓷評家就曾給予肯定的評價。如朱琰的〈陶說〉中，論永樂窯青花瓷，即說「在宣（德）、成（化）之下，嘉（靖）之上」；其它如梁同書的〈古銅瓷器考〉、藍浦的〈景德鎮陶錄〉中，也持同樣的看法。上面這些對於本朝青花瓷的推崇，無疑的，主要來自那無以名狀的美麗青色的感受，發而爲讚美與欣賞。不過，筆者認爲蘇麻離青經過煅燒還原後的色相，固然有種難以言喻的美感魅力，但是那要達到發色的飽和程度；而永樂朝青花燒造使用蘇麻離青，尚未步入完全成熟地步，無論發色與繪畫俱嫌生澀滯板，其青花繪畫所表現的宏麗活潑氣象，平心而論，非僅不足與宣德、成化相埒，就連嘉靖、萬曆也難企及；因此其成就不在散發的感人魅力，在於開啓其後有明青花瓷器發達登峯造極的貢獻上。由於有了本朝在蘇麻離青使用方面累積的經驗，才能促成其後的宣德朝於短短的時間內，將青花瓷發展出一番空前絕後的興盛局面來，開創瓷業史上一個最輝煌燦爛的偉大時代；在這點上，誠然是永樂朝作了宣德朝的先驅。另外，還值得一提的，卽在近世發掘出土的明瓷中，發現一種帶有永樂字欵的青花夾彩盖碗，形式巨大，裏外繪畫著龍紋，爲從前所未見，使得今日研究青花瓷後來衍生的複合彩瓷的誕生問題，時間可以提早到永樂朝；加上其存世的單色釉翠青瓷產品，可說是開後來青花加彩、霽青釉瓷的權輿。

最後，略敍一下本朝瓷器生產的情形。永樂一朝享祚不短，然而瓷器燒造數量不多，青花瓷尤其稀少。予以探究原因，可能有下：本朝官窯設置歷史尚不太長，規模還未十分開展；燒造重心主要放在甜白脫胎、祭紅器上；青花燒造發色劑的蘇麻離青，尚在使用試驗階段，以上可說都是因素。此外，朝廷一再頒行燒造方面減燒、禁燒的措施，例如明楊士奇〈東里別集〉中有記事二則，一是「永樂二十二年八月十五日所下卽位詔」，其中說：

「…………抄造紙劄，燒造瓷器，採辦梨木板及諸品海味果子等項，悉皆停罷。…………。」

一是「洪熙（仁宗）元年正月十五日郊祀覃思詔」，其中說：

「…………幷江西饒州燒造磁器官窯，仍前禁止外，其各處山場，…………。」

明代各朝祭祀慶典活動頻仍，這種逢遇重大慶典卽行頒布禁令，不見文獻記載的尙多，也足以影響到當時燒造瓷器的減少產量。

三、宣德朝

成祖死後，由長子高熾繼位。根據〈明史〉本紀記載，高熾生性仁慈，可惜在位一年，便因病去世，後世追諡仁宗；於是，由他的長子瞻基接位，卽廟號的宣宗。

宣宗登基後，建號宣德。有關宣德一朝的政事，由於太祖創基立國，成祖開疆拓土，前後經過近六十年的生息休養，至此正如〈明史〉作者所說，已是「國勢初張」，國力富足。同時，宣宗爲人英才睿略，有心勵精圖治；而朝中輔佐大臣，如蹇義、夏原吉、金幼孜以及有「三楊」之稱的楊士奇、楊浦、楊榮等人，都是明代歷史上出名的政治名臣，集一時人才之盛。所以前後雖然僅止十年，然而「綱紀修明，倉廩充羡，閭閻樂業」，海內呈現一片昇平景象。尤其是在文化藝術方面，因爲社會經濟繁榮與人民生活富庶，加上宣宗和王皇后喜愛此道，親自參與活動，倡導風氣不遺餘力，更是顯得蓬勃興盛。例如宣宗本人嗜好並且擅長繪畫，大力提倡與獎掖的結果，使得明初內廷設置的畫院，至此發展達到頂峯極致，無論畫家的傑出與畫學的成就，都允爲有明之冠。這種朝野上下造成的濃厚的藝術風氣，影響所及，也促成手工藝術方面的發達。當時盛行的手工藝，計有銅器、瓷器、雕漆和緙繡等，俱能成就輝煌，炳耀千古；其中尤以瓷器一項，享譽最高。

宣德朝瓷器的發展，在時間上緊鄰直接永樂朝，製器面貌上也保持若干相像的地方，因此過去一般人多將兩者相提並論，合稱「永」「宣」。然而事實上，宣德朝瓷器燒造的規模恢宏與成就突出，特別是產品呈現的瑰麗氣象，都遠非永樂朝所能比擬的。

宣德朝燒造瓷器突趨興旺，盛況空前，探究原因，也有下述數點：一、永樂朝奠下基礎在前，本朝坐收水到渠成、高屋建瓴之效於後；二、瓷器在日常生活中逐漸取代其它器具，特別是明朝祭享宗廟的祭器，本朝開始大量使用瓷器，瓷器地位急遽重要；三、受到當時社會濃厚的藝術風氣的激盪，激起廣大群衆對於這項富有高度藝術性的瓷器之興趣；四、官窯的制度和設施，經過不斷擴張改進，至此趨於完善。其中特別是最後一項，官窯的制度和措施；也就是自明初設置一直負責燒造事務的御窯，有關其設備、管理與作業，直接關係著官窯瓷器的生產，顯得更爲重要。因此，下面便單就這方面的情形，先作一述敍。

前面說過，明代自太祖洪武二年，設立御窯於景德鎭，燒造瓷器解京以供御用，開始正式有了「官窯」。而且根據前人文獻記載，當時的御窯派遣工部管理。然而，到了宣德朝，此一工作已經改由內府太監負責，而且這項內府太監監理燒瓷的制度，此後實施的歷史頗爲長久，對於明代官窯瓷業的發展有著密切的關係，可謂影響深遠。但是有關其正確創始時間，文獻迄無明白記載；惟依間接資料如明代宦官制度，加以推斷。如根據〈明史〉記載，太祖一朝對於宦官限制極爲嚴厲，禁止一切私下結納外臣與出京行動；成祖時，因爲帝位得力於宦官內助，對於宦官寵信與重用，永樂初年已有開始派遣太監外出辦事的紀錄。再據〈景德鎭陶錄〉卷八中引述詹珊記文記載，有「洪熙間，少監張善曾祀祐陶之神，建廟廠內」的記事，更明白指出派遣太監從事燒瓷工作，至遲出現在宣德前的仁宗朝了；而仁宗在世僅止一年，那麼這項措施創始永樂間的可能性最大。然而，正史正式記敍則在宣德朝。如〈明實錄〉中記載，說「宣德初，始遣中官（太監）張善前往饒州（景德鎭）督陶，燒造奉先殿几筵龍鳳紋白瓷祭器，前後四十四萬餘件」。踰年，張善以罪伏誅，乃罷去中官，改以營繕所丞督理工匠。營繕所隸屬工部，卽元代以前所謂的將作司，據〈明史〉「職官志」中記載，與同部中的虞衡司共管陶冶，職掌爲典管、經營、興作等事宜；其下本置有黑窯廠、琉璃廠，專門燒造建築使用的瓦器之物；現在畀以秉理燒造御用瓷器的景德鎭御窯，也可說原是本份內的事；因此，官窯恢復了明初原由工部管理的辦法。另外，根據其它記載說法，明代凡陶甄之事，分爲「歲供」和「暫供」兩種，顧名思義，「歲供」爲每年固定解送；「暫供」則是臨時進貢性質，景德鎭御窯解京御用的瓷器，想來應該也是如此。同時，這一改屬工部營繕所丞管理御窯的措施，從別的資料看來，似乎終宣德朝未有變動過。再是，這時也正式成立所謂「御器廠」（按〈明史〉「職官志」宦官條內、〈景德鎭陶錄〉卷五內說法，爲成立於正德年，筆者認爲時間過於晚後，疑係宣德之誤，特予以改正），以管理製作與御窯燒成的御器；而先前的御窯，從此稱爲「廠官窯」，僅負責御器窯燒的事宜；而且此時廠官窯的數量，也作了調整與增加，將洪武初設原有的二十座，擴充到五十八座，又把原本燒造大瓷缸的龍缸窯，半數改爲專燒青花小器的青窯了，足以反映本朝大事增產青花瓷器發展情形的一斑。以上這些興革措施，使得明代官窯在趨向制度完善化上更邁前一大步，也直接促進本朝燒造的興盛。

宣德朝瓷器燒造的情形。本朝在短短十年中，官窯瓷業發展突飛猛晉，出現前所未有的恢宏氣象，不僅產品數量龐大；例如前述宣德初年燒造奉先殿祭器，一次即高達四十四萬件。其它如器物種類繁多，裝飾釉色複雜，展現變化無窮與新奇詭麗的面貌，也是其它朝代罕見難覯。有關這方面，則可根據現有存世的實物，分爲兩方面來論述。

燒造的器物方面。本朝官窯瓷器流傳今日，就以台北國立故宮博物院一處藏品爲例，即有一九〇〇件，數量高居有明藏瓷之冠。再將這些瓷器，作一器形和其數量的統計，則有：盌九二六件，其中又可分盌（一名蓮子盌）五六四件，大盌一二件，小盌五件，淺盌一〇件，合盌（一名盖盌）三四件，高足盌一六八件，高足盖盌二件，牡丹花式高足盌八件，仰鐘式盌二件，蓮瓣盌一二件，菊瓣盌一件，牡丹花瓣盌八件，葵瓣口盌一〇〇件；盤五五六件，其中又分爲普通圓盤五二八件，牡丹花瓣盤二〇件，菊瓣盤八件；碟一〇五件，又分圓碟五三件，蓮花瓣式碟五二件；壺一七件，其中又分僧帽壺三件，蓮瓣滷壺二件，扁壺七件，玉壺春壺二件，執壺一件，貫耳壺一件，瓜式把壺一件；瓶二四件，其中又分爲紙搥瓶一件，天球瓶二件，梅瓶三件，獸耳環瓶一件，折方瓶（一名方勝瓶）八件，貫耳瓶一件，鳳凰瓶一件，葫蘆瓶一件，棒槌瓶一件，瓶二件；鍾一一一件，又分鍾五件，高足鍾一〇六件；杯二一件，又分杯一三件，小杯八件；琖二件；罐一三件，又分盖罐一〇件，罐二件，鳥食罐一件；洗六六件，又分圓洗五六件，牡丹花式洗五件，葵瓣式洗五件；水盛一件；印泥盒一件；鳥形硯滴一件；鏤空花薰一件；花澆一七件；燈四件；漏斗一二件；缽式缸一件；豆一〇件；渣斗二件；花囊三件；三足爐二件；甒二件。以上顯示本朝瓷器燒造，不只使用器物種類範圍擴大，器用品類繁多，由實用生活發展到精神生活；而且器形造型複雜，在舊有形式上推陳出新，仿古創新兼有，如仿鈞窯的弦紋三足爐，仿哥窯的牡丹花、葵花和菊花瓣式器皿等，均爲模仿宋元名窯樣式而來；創新的形制更多，非但前朝有所不逮，既使後代也難望項背，如其中的僧帽壺、折方瓶、鏤空花薰等，皆爲本朝獨一無二的器物，新穎奇特，美不勝收。

燒造的釉色方面。仍然以上述台北國立故宮博物院收藏本朝的瓷器爲例，從釉色種類和其數量，作一分析統計，所得如下：甜白（彩版 34 ）二〇八件；寶石紅（彩版 35 ）八〇件；祭紅（彩版 36 ）一九一件；霽青（彩版 37 ）二二二件；翠青（彩版 38 ）八〇件；嬌黃釉（彩版 40 ）三件；翡翠（彩版 41 ）三件；紫金釉（彩版 42 ）六件；窯變玫瑰紫（仿鈞窯）一件；仿哥窯灰青釉（彩版 41 ）一件；仿哥窯月白釉一件；青花（彩版 44 ）一〇〇一件；釉裏紅（彩版 43 ）六三件；青花釉裏紅（彩版 45 ）六件；青花抹紅（彩版 46 ）四件；黃釉青花（彩版 47 ）三件；霽青綠彩（彩版 39 ）二件；青花加彩（彩版 48 ）五件；漆面刻花描金一件。所展現五顏六色，絢彩雜陳的景象，同樣爲明代其它朝代產品所沒有。而且從數量的多寡看來，似乎仍舊承襲永樂遺風，以發展青花、紅釉和甜白爲主，配合著其它新發明的色釉，在燒造的技術上進步顯著。其中的甜白釉，不僅燒製器物種類多，如盌、盤、碟、鍾、杯等，樣樣俱全，而且色澤和雕飾精美絕倫，無怪乎明代以來即獲得瓷評家的頌揚，如明谷應泰的〈博物要覽〉中，記載本朝的這類甜白茶琖一種，便說：

「光瑩如玉，內有絕細暗花；器底有暗欵，隱隱橘皮紋起，雖定瓷何能比方，眞一代絕品。」

可說已將這項興起永樂朝，脫胎宋代定窯雕花白瓷的瓷器，發展到登峯造極的地步。

次是紅釉瓷，也是繼承永樂祭紅的基礎，加以大力開拓，能夠突破原有成就，使得是項產品不僅數量驟增，品質大爲提高，色調產生衍變深淺不一，於是有寶石紅和祭紅之分；顏色紅色的稱寶石紅，鮮紅的稱祭紅，均以釉水瑩厚如堆脂爲特色。本朝官窯包括了寶石紅、祭紅和釉裏紅的紅釉瓷，由於燒造特殊，色澤鮮艷，寶光內斂。其燒法根據一些瓷書，如〈南村隨筆〉中記載，說是以西紅寶石末入釉，因而有寶石紅一名稱的由來。這種說法，以現代燒瓷知識考證，並無科學的根據；想來傳聞臆說，無非在於強調其珍奇稀罕，增加其神秘性，然而也足以說明燒造的難能可貴。所以，明代以來鑑賞家中推崇這種瓷器的人極多，如明人〈博物要覽〉中記敍本朝名瓷，特別提到一種器身畫有紅色魚形的紅魚靶杯，說是：

「以西紅寶石爲末入釉，魚形自骨內燒出，凸起寶光。」

又清人的〈南窯筆記〉中，也記錄有「霽紅龍魚」一種，爲白釉紅魚紅龍。文中所述這些繪畫著紅色魚和龍形的靶杯，雖然已經不見流傳，但是類似形式的器物，却有不少存世。在台北國立故宮博物院收藏的本朝瓷器中，有種「釉裏紅三魚高足（靶）鍾」，器身通體潔白晶瑩，點綴著三尾鮮紅欲滴的紅色魚，紅白相映，分外嬌艷，看來可愛尤勝那些全紅的寶石紅和祭紅器，令人觀賞之下，興起無限遐思。另外類似這種式樣而繪畫內容不同的這類紅釉瓷器，尚有釉裏紅三果高足盌、高足鍾，釉裏紅三魚高足盌，釉裏紅雙龍戲珠盌等，都能予人產生同樣的視覺美感效果，確實稱得上瓷器中具有高度審美性的藝術品。本朝這項興盛發達的紅釉瓷，燒造的器物也是甚多，有盤、碗、杯、壺、滷壺、瓶、鍾、洗等，數量甚且超逾甜白，高超的燒製技術，一直成爲後世追擬與模仿的對象。

再是青花瓷，呈現的景況尤爲突出，非但產品後來居上，數量躍居衆瓷之首，而且超越其它瓷類的總和甚多；同時燒造的器物品類浩繁，紋飾縟美，色相瑰麗，奇詭鬱勃的情形，固然前朝不曾有過，其後歷代亦難得見。

至於其它的彩釉瓷，如霽青、嬌黃、翡翠、紫金，乃至仿古哥窯的灰青和月白釉色，以及模擬雕漆器的漆面刻花描金等，加上所有這些色釉相配爲用的複合彩瓷，皆爲前朝沒有而本朝新興流行的瓷品，蔚成本朝瓷器燒造一片彩色繽紛的奇景。

綜觀以上，可以明顯看出宣德朝官窯的燒瓷大業，在其前永樂朝既有的基礎上因應拓展，發揚舊有與開創新機，提昇了所有原來瓷器的品質，也創始發明了許多新品目。同時，在燒造上無論創新與守舊，俱能本著研究發展的態度，結合實用與審美的思想，發揮求新求變的精神；因此使得每種瓷類透過質地的改良，釉色的衍生，器形的演化，紋飾的因變等，達到興革滋蕃，進步不可以道里計。在所有這些瓷類中，尤以青花瓷器進步最大，表現最爲出色，允執本朝燒造瓷器牛耳，值得加以特別推崇。

宣德朝青花瓷器的蓬勃興盛，也試爲分析原因，主要有下：一、官窯自明初成立以來，經過將近六十年的發展歷史，其間特別是永樂朝積極的拓展，培養與訓練出大批專業人才，累積起豐富的燒造技術，爲本朝所有瓷器特別是需要結合各種優秀條件的青花瓷，提供了良好的條件；二、永樂時自國外傳入的青料——蘇麻離青，經過長時試用經驗的結果，至此能夠完全掌握其性能，充分有效發揮其美麗的色彩魅力；三、本朝繪畫藝術風氣濃厚，影響所及，手工藝術應運而興，尤其是與繪畫具有密切關係的青花，更因受到重視而崛興；四、本朝的瓷工和畫匠特別優秀，慧心巧思，繪畫素養精湛。於是，造成青花瓷的急遽成長，形成後來居上之勢，超越原來領先的甜白，蔚爲本朝發展最快的瓷類。

至於如何發展的情形，根據現有存世的實物，以及前人文獻著錄記載，分爲器形、青色和花繪三方面，加以述敍。

器形方面。本朝燒製的青花瓷器，器形種類複雜，造型新穎奇特，前人多有記敍讚美。如〈博物要覽〉中記載本朝出色的青花器，拈出有青花龍松梅花把杯，青花人物海獸酒杷杯，竹節杷罩盖壺，輕羅小扇撲流螢茶琖，滷壺小壺，啟口花尊，青花白地坐墩，燈檠，燭台，幡幢，雀食缾，蟋蟀盒等；又如〈陶雅〉中，也說到有：

「印合之一龍一鳳者，以青花爲絕品，惟宣德有之，成化（朝）尚避三舍。」

其次根據流傳存世的實物，上述台北國立故宮博物院收藏的明瓷中，有器類繁雜與數量龐大的本朝瓷器；在其總數一九〇〇件，青花非但佔去一〇〇一件之多，而且所有器形幾乎俱備齊全。根據所作統計，其器形與數量的情形，如下：盌（一名蓮子盌）（圖版44）四五〇件，高足盌（圖版45）五五件，牡丹花式高足盌（圖版46）八件，牡丹花瓣式盌三件，葵瓣口盌一〇〇件，合盌（即盖盌）（圖版47、48）二八件，大盌（圖版49）一二件，小盌三件，淺盌（圖版50）一〇件；盤（圖版51）九〇件；碟二件；壺一件，僧帽壺（圖版52）一件，執壺（圖版53）一件，扁壺（圖版54）七件；靈芝瓶（圖版55）一件，天球瓶（圖版56）二件，梅瓶三件，獸耳環瓶一件，折方瓶（圖版57）八件，貫耳瓶（圖版58）一件，鳳凰瓶四件，葫蘆瓶一件，棒槌瓶一件；鍾（圖版59）二件，高足鍾七八件；圓洗（圖版60）五五件，牡丹花式洗（圖版61）五件，葵瓣洗五件；水盛一件；鳥形硯滴（圖版62）一件，印泥盒一件；鏤空花薰（圖版63）一件；燈（圖版64）四件；漏斗（圖版65）二件；花澆（圖版66）一七件；鳥食罐（圖版67）一件；缽式缸（圖版68）一件；罐二件，盖罐（圖版69～72）一〇件；豆（圖版73）一〇件；渣斗（圖版74）二件；花囊三件；二件；三足爐（圖版75）一件；圓筒式花插一件。以上這些器物，以用途言，包括了飲食、容器、洗滌、陳設、仿古、文房用具等項；而且其中許多器形，如牡丹花式高足盌、葵瓣口盌、大盌、淺盌、執壺、扁壺、圓筒花插、天球瓶、梅瓶、獸耳環瓶、折方瓶、貫耳瓶、鳳凰瓶、葫蘆瓶、棒槌瓶、甒、盖罐、豆、渣斗、花囊、印泥盒、水盛、鳥形硯滴、鏤空花薰、花澆、牡丹花式洗、葵瓣洗、燈、漏斗、鳥食罐、鉢式缸等，俱爲本朝所有瓷類中獨一無二，青花瓷中僅有的器形；尤有甚者，其中的高足鍾、僧帽壺、鉢式缸、天球瓶、折方瓶（方勝瓶）、貫耳瓶、鳳凰瓶、棒槌瓶、燈、鏤空花薰、豆、花囊、鳥食罐、漏斗等，更爲有明其它朝代瓷器中缺乏的東西，益發顯得本朝瓷工們的匠心獨運，別出巧思。同時，器形中的陳列與文房用具，如洗、瓶、尊、豆等的大量增加，式樣變化多端，也看出燒瓷已由以往純粹實用，趨向實用與審美二者兼顧；而蟋蟀盒、鳥食罐的存在，則反映出宣宗生活享樂的一面。

本朝青花瓷器燒造在器形製作方面，於傳統形制遞嬗衍演，能夠發揮創造功能，推陳出新，發明了許多新奇的樣式，展現一片繁富象紛空前絕後的景象，根據下面所作國立故宮博物院收藏明代各朝官窯青花瓷器形比較表，也可概見一斑。

故宮藏明官窰青花瓷器類數量統計一覽表

器	類	洪武	永樂	宣德	成化	弘治	正德	嘉靖	隆慶	萬曆	小計	故宮藏瓷總數	附註
飲	盤			八九	八七	七四	一〇六	七九		六〇	四九六	二〇九五	青花夾彩四〇件含八方盤一件
	碗	一		五一四	七六	一四	一九	一〇六	二	六九	八二一	一四一七	青花夾彩八三、小盌二〇
	高足碗			六三	一四					六	八三	二八七	另青花夾彩八

食器												
鐘式碗						一	一三			三四	六八	
葵瓣口碗			九六						二〇	一一六	二七五	另青花夾彩二五
杯				三六			六八		一四	一一八	三四九	另青花夾彩一六三
高足杯										一四	一九	一四件均爲青花夾彩
鐘				二八			一八		四〇	八六	一六三	
高足鐘			八一							八九	一一一	另青花夾彩九
蓮瓣口鐘							一〇			一〇	一〇	
壺			一				三			四	九	
鹵壺				二		一	一			三	三	
扁壺		二	七		二					一一	一一	
參壺					二					二	二	
僧帽壺			一							一	二	
執壺			一						一	二	二	

洗滌器具	八方洗									一	一	一	
	圓洗			五五	一						五六	五九	另三件爲成化青花夾彩
	洗			一〇			三	二		一	一六	三一	包括龍紋洗雙魚洗
容器器具	長方盒									三	三	四	另一件爲隆慶銀錠式盒
	甒			二				一		一	四	四	
	三繫蓋罐			一〇	一					一	一二	一四	
	罐			一〇	三		一	一〇		一	一六	一四一	另有成化青花夾彩一五件
	渣斗			一			一六				一七	三	
	壜									三	三	三	
具	鉢式缸			一							一	一	
	菊瓣口小碟							三			三	三	另八方碟四
	碟			二				四四		一四	六〇	二四四	另成化青花夾彩一八
	提梁壺								二	一	三	三	含六稜提梁壺一

		1	2	3	4	5	6	7	8	9	10	11	12
陳設用具	撒口瓶				一						一	一	
	葫蘆瓶			一				四		三	八	九	
	棒槌瓶			一							一	一	
	筒式瓶							一			一	一	
	蒜頭瓶							五			五	九	
	鳳凰瓶			三							三	三	
	貫耳瓶			一							一	一	
	折方瓶			四							四	四	
	方勝瓶			四							四	四	
	獸耳環瓶			一				一〇			二	一二	
	天球瓶			二							二	二	
	梅瓶			三				二		五	一二	一三	
	瓶			一				一		二	四	四	

	用	房	文	器				供				和	
	水盛	硯滴	花囊	長方盒	豆	爵	尊	八卦方爐	三足爐	鐨	鏤空花薰	燈	燭台
	一	一	三		一〇		八		一		一	四	
										一			
						一			一				
						一			三				
						一	一	一	一				三
	一	一	三		一〇	三	九	一	六	一	一	四	三
	三	一	三		一〇	三	一二	二	七	二	二	四	三
								另一件為八卦圓爐			另一為萬曆六角方薰		

具	印泥盒			一							一	二	
其	花澆			一七							一七	一七	
	漏斗			三							三	三	
它	鳥食罐			一							一	一	

（本表係採自譚旦冏先生撰「明青花瓷的靑和花」一文）

青色方面。青花瓷的青色，是構成此項瓷器特色最主要的因素；也是本朝青花瓷器最受世人矚目與推崇的地方之一。前面已經介紹過，宣德朝燒造青花瓷繪畫花紋使用的青料，是由南洋地方進口的蘇麻離青；而且經過永樂一朝的試用經驗，已經能夠完全掌握其性能。這種青料，根據現代科學所作化驗分析結果，證明其成分中所含氧化鈷量非常高，百分比達六・四九，高出一般國產土青甚多，因此經過窯火高溫還原燄煅燒，便能發出鮮艷明亮的青藍色，中國人過去習稱爲青色；同時除氧化鈷而外，其中還含有適量的氧化錳等其它雜質，能夠產生中和色度的效果，使得發出的青色色調變得蘊藉含蓄，而呈現一種華麗沈鬱的韻味；加以當時流行搨釉法，燒成的玻璃釉質厚溫潤，深重的青彩散聚在那凝厚的透明釉層中，於是形成本朝青花瓷器特有的風貌。有關宣德朝青花瓷器，美麗的青色配合溫潤的厚釉，加上繪畫的生動有致，明代以來便獲得大衆的激賞，瓷評家紛紛加以頌揚。如明張應文的〔青秘藏〕中，便說：

「我朝宣廟窯器，質料細厚，隱隱橘皮紋起，…………。青花者，用蘇勃·泥青（蘇麻離青），圖畫龍鳳、花鳥、蟲魚等形，深厚堆垛可愛。」

清人的〈南窯筆記〉中，說：

「青窯雖出於永樂，而宣德爲盛，…………極其精雅古樸，用料有濃淡，墨勢渾然而莊重，青花有滲青鐵皮鏽者。」

又梁同書的〈古銅瓷器考〉中論宣德窯，也說：

「然宣（德）窯選料、製樣、繪畫、題欵，無一不精」。「它如妙用種種小巧之物，尤佳，描畫不苟，蟋蟀澄泥盒最爲精絕，此明窯極盛時也。」

凡是，莫不在讚美本朝青花器的青料發色，器形製作，以及裝飾畫繪的優異出色。

這項青料的發色，再根據存世瓷器實際觀察所得，呈現的色調截然有異，歸納可以分爲兩類。一類色相接近永樂朝部份燒器中的佳品，爲凝重穩定的深翠青色（彩版49），惟不同於永樂的是有明顯的滲青現象；就是在同一青色筆劃中，於深淺不同色暈外，尙出現近似黑色斑紋的黑青小點；其狀彷彿像墨筆畫在上礬的紙張，偶有漏礬處，墨水透過漏處聚集而形成許多小墨點。事實上，這是由於研磨不勻的蘇麻離青料，調水作畫時，筆劃顏色出現厚薄不一外，還羼雜著研磨未全碎的粗糙顆粒；於是，燒後筆綫產生濃淡不同的青色面，粗顆粒則因未熔解而成凝結狀的靛黑色斑點，有似燒焦鐵鏽的瘢痂一樣，疏密不一的散聚器面，斑駁鬱茂，這便是前引〈南窯筆記〉中，所稱的「滲青鐵皮鏽者」。

這種靛黑色斑點，嚴格地說，本係燒造上的一項瑕疵，但在視覺上增加青色的蒼鬱幽邃感，引人遐思，反被認爲是種色覺的美感；如前書中卽有「宣窯青花，滲青爲上」的說法。一類色相爲明亮艷麗的靛青色（彩版50），但是色塊呈流動散開的狀態，濃淡不一，有如暈開的墨瀋一般，散布於厚厚的玻璃釉層裏，輕的似雲翳，重的如寒鐵，上下左右，層疊堆垛，產生無限深邃的空間感，又恰像那水墨淋漓的宣紙畫一樣。造成這種特殊發色現象的原因：一是器坯未經十分乾透，卽行施加青料繪畫，經火產生溼氣而散渙；二是窯火溫度過高，超過攝氏一千二百五十度時，蘇麻離青卽呈現不穩定，流散或隨火揮發。同樣屬於燒造上毛病，却也成就青花瓷的另一番面貌和趣致。上述兩類青花瓷的青色，俱能令人視覺上產生無限的快感。

此外，造成本朝青花瓷器吸引力，還有一項不可或缺的因素，卽當時崇尙的厚釉。前人瓷書記敍明瓷，論及本朝的瓷釉，多稱「汁水瑩厚若堆脂」，而且給予多種不同的名字，或叫「蜜淋釉」，或叫「橘皮釉」，或叫「粟紋」，顧名思義，足可想像其膩厚的特色。這種厚釉，有玻璃的瀏亮，玉的溫潤，映襯著潔白的瓷胎，明項墨林在所撰〈歷代名瓷圖譜〉中，形容所見宣德窯瓷，說是「其素如積雪，釉色瑩白如羊脂美玉」；再配飾那幽蒨的青藍色，從存世瓷器實物看來，寶光內斂，藍彩煥發，具有一種異樣的美麗，委實好看。形成這種玉潤蘊藉的原因，則是由於厚釉的表層有著隱隱突起的細微凹凸，猶如無數不規則的縐褶，光綫透入釉層發生內部反光，循著不同方向反覆往返折射，而形成蘊歛不散情形，所以從釉面外表看來便顯得光潤厚澤；而上述青料散暈的青色，也同樣滲入這種溫潤的厚釉中去，聚散在透明的脂玉般的體層內，「翠色凝黛」，「青花翠光奪目」，令人觀賞之下，怦然心動，禁不住興發幽思遐想。是以，如〈留青日札〉和〈長物志〉書中，記敍宣德窯器時，都說是：

「隱然如橘皮，紅花（釉裏紅）、青花（釉裏青），俱鮮彩奪目，可與宋之汝、官窯相敵。」

花繪方面。指的是瓷器所施裝飾花紋與繪畫表現。若說前面的蘇麻離青的美麗發色，爲宣德朝青花瓷器受到世人矚目的原因；那麼，是項瓷器上以青料繪畫出來的花紋，則是另一項廣泛爲人喜愛的項目；而且所受歡迎與讚賞的程度，甚至還在青料發色之上。有關這項花繪的情形，又可再分下述幾方面說明。首先是花繪裝飾的形式，青花瓷器既以繪畫爲裝飾的主體，繪畫所施部位多爲器物的表面，於是產生內外兩面均畫，與僅畫外面一面的兩種形式；一般說來，這兩種形式俱流行本朝，而以單畫一面的爲多。花紋繪畫以外，也與其它瓷類一樣器上書寫朝代字欵，書寫的地方通常在器底，部份瓶、壺、洗之屬則在口沿下，盌在器心中央，合盌之類則在器和蓋內俱有；欵字均以青色雙綫畫成正方或圓形作界欄，字樣有「大明宣德年製」與「宣德年製」兩種，字體一律爲正楷；這一形式也爲其後各朝樹立榜樣，奉爲官窯瓷燒造的典則；同時由於「人存政在，人亡政息」，每一朝代均有專人書欵形成各自的風格，因此這一表明燒造朝代的字欵，倒成爲後世考據鑒定歷朝官窯瓷器的佐證之一。

其次是花繪的題材，繁富佚麗，蔚成本朝青花瓷花繪內容最大的特色。清人〈南窯筆記〉中記敍本朝青花瓷繪，即說：

「龍鳳、人物、詩句，俱成宣窯一種，極其精雅古樸。」

然而，根據存世實物觀察結果，複雜繁縟的情形遠過前人所述。即以台北國立故宮博物院收藏的本朝青花瓷器爲例，就其花繪題材內容作一分析，歸納有下：人物圖形，包括人物、山水人物、仕女、山水仕女、兒童嬰戲等；動物圖形，包括龍、鳳、龍鳳、海獸、獅、魚等；植物圖形，包括靈芝、番蓮、牡丹、蓮花、梅花、牽牛花、四季花卉、松竹梅、蕉葉、葡萄、花果等；文字圖形，有藏文；祥瑞圖形，則有八寶、雲紋等。以上這些豐富的題材，加以統計數量，以與明代其它各朝比較，可列表如下：

題材		洪武	永樂	宣德	成化	弘治	正德	嘉靖	隆慶	萬曆	計	附註
動	人物			三二	二〇			二		一九	七三	原名人物、山水人物、三友人物等
	仕女			一五	六					五	二六	原名仕名、山水仕女、三友仕女
	兒童			一〇	三九			四五		四	九八	原名兒童、嬰戲圖
	仙人							七		一三	二〇	原名仙人、八仙慶壽
	龍			一〇八	四二	三一	八九	九八	五	二	三九三	原名龍、雲龍、穿雲龍、九龍、雙龍花果、團龍、龍戲珠。
	鳳			二三	七			二三		九	六三	原名鳳、鳳凰、雲鳳等
	龍鳳			六	三			二四		八	四一	係龍鳳同繪一起
	麒麟							六			六	

植			物									
牡丹	番蓮	靈芝	魚	蝶	鳥	鴛鴦	鶴	羊	八駿	獅	四靈	海獸
					一							
二九	二三二	七	一二							三		二五
一	一一	二		六	二五							一
一	三	四										
五	二四		一二	二	二〇	五	四三	二一	二	一八	二	
八	一〇		一		一							六
四四	二八〇	一三	二五	八	四七	五	四三	二一	二	二一	二	三二
		原名靈芝、四靈芝葡萄、靈芝八寶等	原名蓮塘魚戲、魚藻等	原名花蝶	原名花鳥	原名蓮塘鴛鴦	原名雲鶴、雲鶴壽字等	原名三陽開泰		原名雙獅、獅子		

文	物											
壽字	果	瓜	葡萄	蕉葉	松竹梅	花卉	牽牛花	梅花	茶梅	葵花	菊花	蓮花
						一						二
						一						
	一三三		一	二	二三	一九九	四	一				八
	八				一三	一七				四	六	一八
	五六											
	四一					一						四
一	五	五			三	一八			一		一〇	二
二	三二				一	一三				二		
三	二六五	五	一	二	三九	二五〇	四	一	一	六	一六	三四
原名「壽字」「萬壽」	原名「花果」	原名「瓜瓞」			原名歲寒三友	原名花卉、四季花						

字	梵文				八	一		三		七六	八八	
字	藏文			二	四						六	
字	波斯文						七				七	
吉祥符號	八卦							七		一	八	
吉祥符號	八寶			一五	二三			六		四	四七	
吉祥符號	如意雲							一六			一六	
其他	仙山樓閣				一四						一四	
其他	年年豐登					四				二	六	係畫宮燈、蜂、魚等

（本表採自譚旦冏先生撰「明青花瓷的青和花」一文中的「故宮藏明官窯青花瓷花繪題材及數量一覽表」）

從表中看來，本朝青花瓷花繪題材的內容，雖然不像前面所述器形種類的繁雜，獨佔有明各朝鰲頭；但是仍居內容豐富的少數朝代之一。同時考察題材的數量分佈與繪畫表現，也呈現了幾項特色：一是植物類圖形最多，佔本朝青花器總數一〇〇一件中的六二九件，遙遙領先，顯示瓷繪裝飾仍未完全擺脫元代遺習；另一方面，植物中的番蓮二三二件，又高居本類榜首，而且受到這種外來裝飾花卉的影響，衍變演繹出來的轉枝、纏枝畫法格外流行，如本朝始創的牽牛花、葡萄花紋，即一明例，又展露出強烈的異國風貌。二是動物類圖形，主要爲幻想的象徵祥瑞的奇禽異獸，而以象徵至尊的龍和鳳最多，造型夭矯騫翔，神采動人，是類花紋最能予人神秘高貴之感。三是人物圖形，以仕女畫最稱突出，描繪仕女休閒生活情狀，或吹簫引鳳，或秉燭夜遊，或水榭納涼，或蕉葉題詩，或焚香拜月，或庭院遊憩等，俱能曲盡其態，其餘的嬰戲圖等，也都繪畫得栩栩如生。四是上述所有題材，在經營構圖上，除少數單獨佈局外，多數是相互配合爲用，如此更增加了畫面的變化，顯得格外繁縟而熱鬧。

最後，談一談花繪繪畫藝術的表現。正因爲前面所說的，宣德朝青花瓷的器形、花繪題材繁多複雜，在繪畫的處理上特別需要用心和技巧。這一方面，也表現出了本朝官窯畫工的靈思秀慧，匠心獨運，巧妙地利用器形與器面的特性，配置以適當的圖案花樣，而達到統一和諧的效果。例如有種青花折方瓶，爲本朝獨創的形制，似圓似方的外形，不適合任何圓或方的圖樣裝飾，却能選擇形狀亦圓亦方感覺一致的牽牛花加以搭配，顯得十分和諧而自然，創造一種特殊的美感效果，成爲本朝瓷器中新穎醒目的作品之一。這項花樣與器形的搭配適切，使得兩者相得益彰，花繪顯得更生動活潑，器形襯托得更趣致橫生。另外，是在同一形式器物的裝飾上，花繪圖樣都儘量要求變化，例如洗中之一的圓洗，以花繪花紋的不同，就有青花雲龍圓洗，青花牡丹圓洗，青花雙龍圓洗，青花歲寒三友圓洗，青花靈芝圓洗，青花番蓮圓洗，青花花卉圓洗等，可謂善盡變化能事，予人目不暇給、美不勝收之感。還有，便是繪畫上表現的精湛技藝。本朝的青花瓷器，氣象恢宏奇肆，贏得古今人士一致的好評，推許爲明代青花瓷器之冠，主要歸功於燒造器物形制的新穎多變，色相的瑰麗高雅，紋飾花繪的繁佚富美，然而更重要的，還有畫工表現的高妙畫藝。本朝的繪瓷畫工似乎具備他朝同業所不及的特別的藝術涵養；他們秉持著繪畫的熱忱，把握住物質的條件，如青料、釉水和窯溫的特性，各種裝飾圖形花紋的機能，運用智慧和思想，從事創作屬於自己的風格；無疑的，他們在這方面獲致極大的成功。本朝畫工在花繪方面所締造的風格，根據繪畫題材內容的不同，歸納可以分爲兩種：一種爲使用外來的花紋和圖樣，主要有纏枝番蓮配合幾何形圖案，以及由此衍生的使用本國花卉植物採取轉枝模式的花樣，可說仍舊沿襲著元代以來的回教式的裝飾格局，帶有濃重的圖案化意味；然而在畫法上，已有揚棄過去畫面侷促擁擠的複雜構圖，趨向舒暢開朗布局的明顯跡象；使筆運用簡練渾重的綫條，在較大空間的器面作輕快酣暢的揮灑，作品予人產生一份嚴整而不嚴肅的感覺。一種爲使用一般的傳統繪畫形式，內容包括仕女、嬰孩、故事人物、山水、花卉、仙山樓閣等；也許因爲瓷器燒造背後的支持者——在位皇帝的宣宗，本人是位傑出書畫家的緣故，這類題材的圖畫都繪畫得極有筆墨情致；明代著名鑑藏家項元汴（墨林），在所撰〈歷代名瓷圖譜〉中記敍，曾見一件摹仿北宋大家郭熙畫的古松、叢石、蘭芝等的宣德朝青花瓷器，評論其畫藝優於當時畫院畫家的作品；另從今日傳世的本朝青花瓷器上繪畫觀察所得，情形也確實如此，小小一幀畫幅，立意造境意趣俱高。又上述兩種繪畫，表現的題材內容風格容或有差異，然而用筆的效果與趣致，給人的感受却是一致，卽青花色濡淋漓恣肆，綫條沈勁豪放，繪畫具有雄渾古樸的氣勢。

綜合以上所述，對於宣德朝官窯的青花瓷的特色，可以作一總結論：本朝青花瓷器的燒造，在取材與製作方面，因爲瓷土淘煉精良，製坯技術進步，是以器形製作精美。在運用青料和釉汁方面，能夠充分發揮蘇麻離青的性能，這種青料由於發色彩度高而色度中和，具有自然散暈作用，摻雜著粗糙顆粒，燒後產生見淺見深、或濃或淡的色調外，尙伴生滲青的現象，配合著厚質的玻璃釉，於是形成特殊的發色景觀。在花繪題材和畫法方面，由於技藝優越的畫工，能夠善體上述材料的特性，運用靈活的想像，取材豐富的素材，從而創作出大量生動美麗的花樣；這些花紋圖樣的畫法，不採精工細描，多作粗筆寫意；繪畫時確實把握用筆，落筆務使綫條粗細濃淡適得其所，點染勾勒各應所需，淡墨朽稿，濃墨提點，一如紙上作畫施爲；於是燒成後的繪畫，色瀋淋漓，濃淡交融，筆蹤渾化，形象脫略，令人觀賞之下，逸興遄飛，不啻欣賞宣紙水墨畫之感受。

宣德朝的青花瓷器發展，除了上述在燒造技術與藝術方面，能夠突破固有成就，使得這項瓷器本身在瓷類中地位有所提昇，大放光彩，躍登衆瓷之首；此外，更能夠拓植擴張燒造的領域，那便是利用青花與其它釉彩結合、交配而產生許多其它的新瓷品。這項青花與其它釉彩配合燒成的瓷器，此地姑且稱爲青花複合彩瓷，根據近世出瓷器遺物顯示，這種瓷器至遲明初洪武年間已經出現，永樂朝不見發展，至此始突起崛興；而且從流傳存世的本朝這類瓷器看來，非但品類不少，燒造頗爲進步與成熟。本朝生產的青花複合彩瓷，目前所見到的品目，有下：

青花釉裏紅（彩版45）　顧名思義，是種結合氧化鈷和氧化銅釉下繪畫，經過窯火還原燄燒成的複合釉下彩繪瓷，花繪呈現青色和紅色兩種色彩。根據前人記敍和存世實物觀察，這類彩繪瓷繪畫的內容，多數作釉裏紅的趕珠龍和海獸，配上青花的雲水和各種圖案。例如台北國立故宮博物院收藏的本朝瓷器中，即有「青花釉裏紅趕珠龍合盌」一種，盌與蓋面各畫鮮紅色的趕珠龍二條；其餘部位飾以朵雲，蓋頂畫八瓣圖案，邊緣畫雙匝綫，器底邊畫蕉葉一週，上下加畫匝綫九道，以上均用青色畫成。

黃釉青花（彩版47）　利用青花與本朝始創的嬌黃釉結合而燒成的彩繪瓷，即前人瓷書如〈南窯筆記〉等記載中，特別提到的「靑花塡黃地」器。根據存世實物觀察所得，其燒法是先以青色繪燒好花紋，再用嬌黃釉塡滿青花以外空白，經過二次烘燒，即成黃底青花瓷。如國立故宮博物院收藏本朝瓷器中，有種「黃釉青花果盤」，盤內壁繪畫青色折枝花果四種，盤心花卉一枝；盤外壁繪畫青色轉枝牡丹花；內外邊緣均加飾青綫十匝，以上花紋以外隙地即全塗敷嬌黃釉一層。

青花加彩（彩版48）　是利用青花配以其它繪彩，方法是先用青料繪畫好花紋部份，敷上透明玻璃釉入窯燒成一般的青花器；然後在花紋預留部位的玻璃釉面上，使用別的彩料繪畫以完成整個畫面，再入烘窯低溫重燒一次，以固著彩料而成。所以，這屬於一種釉下彩繪和釉上繪彩複合的繪彩瓷。以台北國立故宮博物院收藏的本朝瓷器中，一件「青花加彩游魚盤」來說，盤心繪畫青色番蓮一枝，邊緣畫青色雙綫；盤外用青色勾勒波濤紋，紋上加塡綠彩，再添飾黃彩游魚六尾，即成。一般說來，宣德朝的青花加彩瓷使用的色彩，僅見綠、黃二種，所以一般瓷書記載，稱有「三彩」；而〈古銅瓷器考〉中，甚至有「宣窯五彩，深厚堆垛」的說法，然而存世實物均不曾見到。青花加彩瓷，經過本朝大力推廣，其後各朝不斷改進，彩色加多，花樣翻新，於是有「三彩」、「五彩」、「鬥彩」等的大行其道，流行寖廣。

至於，另有一種霽青綠彩，表面看來，不屬於青花複合彩瓷；然而廣義地說，這種通體一色深藍的霽青，是以青料和玻璃釉混合調成的單色釉，應該視爲青花的衍生瓷類，所以霽青綠彩也不例外，仍歸屬於青花複合彩繪瓷中。

綜觀以上這些青花變體的複合彩繪瓷器，都燒製十分出色，特別在色彩和花繪方面，有的幽蒨典雅，有的雍容華美，有的鮮艷穠麗，各能展現撩人的風采和姿色；爲本朝原已繁花簇錦似的燒造景象，更增添一片彩色繽紛。同時，也因爲這些花色繁富的彩瓷，成功地獲得大衆的喜愛與欣賞，爲明代此後瓷業發展找尋到一條新的途徑，努力邁向多彩瓷器的拓展，日趨茁壯興盛，終於贏得與青花瓷携手並駕齊驅，朝著我國瓷器史上彩繪瓷的鼎盛時代前進。

宣德朝燒造的青花和其它瓷類，在發展上獲致如此輝煌的成就，享受世人極高的評價與推崇。然而，從某些方面看來，如宣宗在位僅及十年，整個燒造期間不長久；而且跡象顯示，中間曾經發生多次涉及燒瓷的停罷採辦事情，如〈明史〉宣宗本紀中記載，有宣德元年，「令中官在外採辦者還，並罷所市物」；五年，「罷採買，卹工匠」；十年，「罷採買、營造諸使」等記事，而楊士奇〈東里別集〉裏，收錄的宣德十年正月卽位詔中，則明白記敍有「亦停罷窯器燒造」。以上足以說明燒瓷並未獲得全力發展。設若當時時間較長與不曾間斷的話，盛況與成就當不止如此而已，乃可想而知；那麼，後世今人所見又將是另一番景況了。

正統、景泰、天順三朝

宣宗亡後，長子祁鎭繼位，是爲廟號的英宗，朝號正統。

正統共計十四年（西元一四三六～一四四九年），政治上大致可分前後兩時期：前半期，因爲承接宣宗太平盛世之業，加上「三楊」、胡濙、張輔等前朝老臣的忠心佐輔，所以綱紀不弛，政治安定，海內富庶，朝野清晏；後半期，由於寵信王振，擅權開釁，激起社會不安，內則盜賊作亂，外則瓦剌爲患，內憂外患之餘，加上天災頻仍，弄得國家疲憊不堪。最後，終於導致了正統十四年御駕親征瓦剌，在土木堡兵敗被擄，朝廷大臣基於維持社稷、安繫人心，不得已於匆忙中擁立其弟祁鈺登位，結束了正統一朝。

祁鈺卽位，卽廟號的景帝，改朝號景泰。景帝爲人頗能篤任賢能，勵精政治，奈何國家根柢早壞，外有強寇壓境，內有小人掣肘，始終難有作爲。景泰八年（西元一四七五年），大臣石亨、徐有貞等人，趁他養病南郊齋宮時，迎接英宗復辟。

英宗重行登基，改號天順，在位八年（西元一四五七～一四六四年）而卒。

總計英宗、景帝三朝，前後共三十年（西元一四三六～一四六四年），時間不謂不長，而且緊接宣德盛世之後，因此藝術方面表現也頗爲可觀。

至於這一時間官窯瓷業的發展，根據前人文獻記載零星片面情形，如〈明史〉「食貨志」中記敘，說：

「採造之事，累朝侈儉不同，大約靡於英宗，繼以憲、武，至世宗、神宗而極。其事目繁瑣，徵索紛紜，最鉅且難者，曰採木歲造；最大者，曰織造，曰燒造。」

其中燒造的主要項目卽燒瓷。又同書中景帝「本紀」記載，有景泰五年，「命減饒州歲造瓷器三分之一」；以及「器用志」中記敍，說英宗時有浮粱民進瓷器五萬件，令償以鈔，而下禁令「禁私造黃、紫、紅、綠、青、藍、白地青花諸瓷，違者罪死」。而〈明實錄〉中更有詳細記載，說英宗時宮殿告成，曾命造九龍九鳳膳案諸器；接著又造青龍白地花缸，王振認爲有璺，遣錦衣指揮杖責提督官，並敕令中官往督更造。至於其它，尚有〈景德鎭陶錄〉中記載，說宣德初設置的以營繕所丞督陶，至英宗正統初年撤罷，「繼以兵災，議寢陶息民」等。以上種種，皆爲敍述當時燒瓷的措施與情形，顯示此期間官窯瓷業發展熱絡景況的一般。尤其是，衆所周知景帝景泰一朝，因爲燒造早先西方傳入的琺瑯器，臻達登峯造極地步，致使這項與青花瓷使用同樣青料發色劑而關係密切的燒造物，被人稱爲「景泰藍」而不名，更足作爲說明這項盛況的有力佐證。

然而，有關當時所燒造的產品情形，不僅前人文獻與著錄歷代瓷器的書籍裏，皆付闕如；尤其令人費解的，旣使流傳今日存世豐富的明瓷中，竟也未發現一件帶有兩朝欵字的遺物。因此，造成一些研究我國明代瓷器發展史的外國學者，對於此一期間瓷器的燒造抱持懷疑的態度，特別稱之爲「中斷時期」。不過，筆者對於上述看法不表贊成，認爲兩朝繼續燒造應屬事實，只是緣於下面理由，所以產品少與不見流傳。

一、明代初年以來強盛的國勢，至此已經出現不安的局面。根據〈明史〉本紀中紀載，英宗最先在位的元統十四年中，在外迭遭阿台朵兒只伯入寇肅州，蒙顧十六洞賊，特別是雲南麓川蠻等屢次叛變，長年征戰，軍費消耗不貲；在內有山東、河南、陝西、京畿、江西、浙江、江蘇、湖廣等地，連歲發生水旱災和地震，災民流離失所，賑饑與減免稅糧應接不暇，國帑負擔沈重；再加末年福建、浙江、江西的礦賊和廣東的猺賊作亂，影響到地方的收入。其次是景帝在位的八年，也始終未得安寧，瓦剌與貴州、湖廣苗族的繼續擾邊作亂，山東、河南、江西、浙江和雲南等地，依然水旱患頻繁。至於英宗復辟後的天順八年內，則是前面所述情形未見改善，此外朝中人事傾軋，政局更為不穩。因此，前後三十年，國家一直處於外禦盜寇，內卹災黎的狀況下，雖然沒有造成政治危機，但却形成財政的困絀，於是間接影響到燒瓷減少，乃可想而知。前面引述前人記載資料，說到英宗正統初的「繼以兵災，議寢陶息民」；嚴禁私造瓷器；以及屢屢停罷採造等情事，便是最好明證。因此，可知這時間雖然承接前朝熾盛之勢，燒瓷仍具相當的規模，但已不及宣德遠矣。

二、當時所燒數量有限的這些瓷器，並且一反過去器身書寫朝欵的習慣，因此成為後世難以確認時代的產品。這種說法，乃是部份研究中國瓷器史的外國學者的主張。例如向以收藏並研究中國古瓷器著名的英國戴維德夫人（Mrs. Darid），便認為在今日存世豐富的明代瓷器中，有一部份缺乏欵識的作品；這些為數不少的無欵瓷器，以青花瓷為例，在製作的形制和裝飾的花繪看來，極為近似又不完全相像宣德燒器，顯然是宣德以外朝代的產品，自然以時間上緊接相鄰與風格上極力模擬宣德的這一期間的可能性最大。此一推斷，雖無確鑿證據可資證明，但也無法完全推翻，其中確有幾分道理存在，值得加以研究。台北國立故宮博物院收藏明瓷中，這類性質的瓷器就有很多，眞實情形倒底如何？尙待進一步的研究。

最後，綜合明初至此這段期間，歸納青花瓷器的發展情形，作一結論。首先，是開創明代帝業的洪武朝，承繼元代瓷業發展的遺緒，順應新興釉下彩繪瓷方興未艾之勢，選擇這項青花作爲開拓的對象之一，奠下了燒造的丕基。其次，承繼基礎發展的永樂朝，因爲燒造重心放在其它瓷類，青花瓷尙未受到特別的注意，却已光芒隱現，展露出崛興的契機。再者，迨及宣德一朝，由於經過前面長時間燒造累積起豐富的經驗，受到其它瓷類相應發展進步的刺激，尤其是作爲青花瓷器特色的裝飾花繪材料的青料——蘇麻離青，使用經驗趨於完全成熟，終於使得這項日益茁壯的瓷器，遽然而起，沛然而興，蓬勃鬱茂，燒造的規模與產量，均躍登官窯瓷器之首。從此，青花瓷不僅在明代瓷業發展演進中，領袖群倫，居於瓷器燒造的先導地位，扮演著技術開啓的角色；而且本身成就尤形成特殊的風格，即使用的蘇麻離青發色色調與性能奇異，畫工因應其特殊機能，所作裝飾繪畫的形式，變化多端的器形，繁富美麗的花繪等，迥異其前與後來各朝使用其它青料燒成的產品，形成明代青花瓷器發展過程中一個特色明顯的階段；因此，稱之爲明代青花瓷器的早期。

第二節　中期發展的情形

一、成化朝

英宗死後，繼位爲廟號的憲宗。

憲宗，名見深，是英宗的長子；登基後，改年號成化，在位二十二年（西元一四六五～一四八七成化一朝，政治昇平，文化藝術氣氛濃厚，足以媲美宣德。瓷業發展方面，更是振衰起敝，非僅恢復了宣德以後衰退將近三十年的盛況，而且所燒造的青花和其它瓷器，品質精良，面目獨具，成就輝煌光前映後，成爲明代瓷器史上最享盛譽的有數朝代之一。

成化朝重振燒瓷事業，發展趨於興盛發達，予以探討原因，有下：第一、憲宗卽位後，適如〈明史〉本紀中所說，正是「時際休明，朝多耆彥」，而他又能「篤於任人，謹於天戒，蠲賦省刑」，因此「閭里日益充足，仁、宣之治於斯復見」；而政治的修明及於文藝，於是各種藝術於焉復甦。第二、成化享祚先後達二十三年，長於永樂以來任何一朝，文化藝術能夠長久持續而穩定的發展，容易獲得較大成就與建立明顯風格。第三、正如前人評敍明代列朝，說到成化「雖爲太平無事，而晏安則易躭怠玩，富盛則漸啓驕奢」，憲宗生活趨於奢侈享樂。第四、憲宗與前面的宣宗一樣，本人喜愛並且擅長書畫，宸章暉煥，頗具能妙，而妃子王貴妃也富有藝術修養，二人的喜好與提倡，促使社會藝術風氣更趨熱烈。第五、新任御器廠的督陶官朱元佐，深諳燒造之道，注意產品的品質。基於上述幾項因素，於是明代近似「中斷」的瓷器燒造，又重新展現蓬勃活躍的景象，並且開創出另一番嶄新的面貌來。

關於成化朝青花和其它瓷類發展的情形，同樣的分爲以下幾方面論述。

首先，是官窯的措施與管理情形。前面已述，明初設置景德鎮的御窯，其管理由最早的工部負責，至永樂時改派太監督燒；至宣德初改回由工部營繕所丞管理；英宗正統初罷撤營繕所丞，再恢復派遣中官的制度，以後未聞有改，可能一直維持未變，以上可說是以往主持官窯燒瓷負責者的情形。及至本朝，根據〈明史〉「食貨志」中記載，有說是「成化間，遣中官之浮梁景德鎮，燒造御用瓷器」，可見仍舊襲此一辦法；同時其它方面資料顯示，派遣太監充任「饒州燒造官」的這一措施，直到成化二十三年始裁撤掉。另是本朝燒瓷始終未斷，其間涉及停燒情事也不多見，如〈明史〉憲宗本紀中記載，僅有：成化十六年三月，「以歲歉，減光祿寺供用物」；成化十八年閏八月，「倉副使應時用請罷饒州燒造御器」；成化二十年正月，「詔減貢獻」等而已，說明燒造的時間極長，所以無怪同書中記敍，說是本朝燒造「最多，久費不貲」。此外，本朝派往督陶的中官，著名的一人便是朱元佐；由於他個人對於燒瓷頗有興趣，負責盡職，從事整頓御器廠，熱心研究，提高製器品質，促進燒造生產；特別是能夠揣摩投好皇帝皇后的心理，在形色設計上反映他們的喜嗜，使得本朝官窯的瓷器面目煥然一新，外觀上散發著更高的藝術性。

其次，是瓷器燒造的器形和釉色的情形。本朝燒造的瓷器器形，仍以台北國立故宮博物院藏品爲例，在總數五八七件中，杯佔一九九件，其中又分半脫胎杯一二件，八方高足杯一件，高足杯一五件，普通杯一七一件；盌佔一六六件，其中又分脫胎盌三件，普通圓盌一一〇件，小盌八件，淺盌九件，高足盌四件，大盌七件，葵瓣口盌二五件；盤佔一二九件；罐一件；蓋罐一七件；碟一八件；圓洗四件；鍾佔四四件，其中又分鍾二八件，高足鍾一六件；瓶二件，其中瓶和撇口瓶各一件；壺一件；滷壺二件。從以上看來，瓷器的種類和數量雖然遠不及宣德朝繁多，器形則呈現明顯的特色，就是造型小巧的器物，如杯、鍾之屬，大量增加，顯示瓷器喜嗜的改變。成化燒瓷趨向精巧玲瓏，前人記載民窯有燒造一種薄如竹紙般的甜白瓷，俗名眞脫胎器，可見整個時代風氣的一斑。

在釉色方面，總數五八七件器物中，有：甜白（彩版 52 ）二八件（器形有盌、杯、盤）；霽青（彩版 53 ）一八件（器形有盌、盤）；嬌黃（彩版 54 ）二一件（器物有盤、盌）；仿哥淺青釉（彩版 55 ）三件（器形爲杯）；青花（彩版 60 ）二五四件（器形有盌、盤、杯、罐、壺、鍾、洗、瓶）；釉裏紅（彩版 56 ）八件（器形有瓶、盌）；描紅（彩版 57 ）二件（器形爲杯）；油紅（彩版 58 ）二件（器形爲杯）；綠彩（彩版 59 ）一〇件（器形有盤、盌、壺）；黃釉青花（彩版 61 ）一五件（器形爲盤）；青花紅油（彩版 62 ）二件（器形爲杯）；青花加彩（彩版 63 ）一八件（器形爲杯）；五彩（彩版 64 ）六件（器形有盌、盤）；青花鬥彩（彩版 65 ）一九四件（器形有蓋罐、圓洗、盌、杯、碟）；青花綠彩（彩版 66 ）一件（器形爲滷壺）。除了上面這些存世實物所能見到的釉色，另據前人記載，如清高士奇的〈高江村集〉中有「均窯餅歌」一首，注中說：

「成窯雞缸、寶燒盌、硃砂盤，最精致，價在宋瓷上。」

則知尚有「寶燒」和「硃砂」二種。不過，依據前人解說，此地的「寶燒」，即宣德朝使用西紅寶石末燒成的寶石紅；所謂「寶燒盌」，可能就是現有存世成化瓷中的釉裏紅三魚盌；至於「硃砂」，可能就是現存的描紅瓷之類。以上這些釉色，除了青花複合彩瓷較前複雜外，其它未脫宣德燒造的範圍。

綜觀上面所述，本朝官窯瓷器燒造，數量雖然不及從前的宣德，然而品類繁多，色彩繽紛，堪稱得上鼎盛的朝代之一。所燒器物中，屬於前朝舊有的固然多數，純粹此時新創的也不少；不論新舊，俱能步武前朝遺制和規模，踵美增華。尤其是在製作的形制和釉色方面，經過再經驗再思想的提煉，新審美新意匠的凝聚，式樣和彩色視前俱有顯著的改進與創新，表現出與宣德朝燒器迥然有異的面貌。其中，似乎又以青花和青花複合彩瓷，呈現的這項特色最為明顯；新穎而突出的風格，獲得世人普遍的一致讚譽。

本朝的青花瓷器發展的情形。前面已有所述，本朝在明代青花瓷發展演進歷史的分期中，屬於第二階段的中期的開始，燒造的器物甚至成為此時期的代表。造成這一情勢的最大原因，便是在青花瓷燒造的青料使用上，本朝完全不同於從前。根據前人瓷書記載的說法，宣德朝使用外來的蘇麻離青，至此已經用罄，而代替以一種名叫「平等青」的國產土青。至於蘇麻離青用罄的原因，書中都無記敍說明，筆者推測可能有下：一、前面數朝不斷燒造青花瓷器的結果，使得這種青料存量日見減少；二、由於景泰年間大量燒造「七寶」，所謂「七寶」，即琺瑯器，同樣使用這種青料爲發色劑，加速提早枯竭；三、這種青料後來來源不繼，於是不得不仰賴國產的平等青代用。這種平等青料，由於成分與蘇麻離青有別，因而發色色調上產生顯著的差異；尤有甚者，因爲發色性質特殊，瓷器花繪與造型而作因應的變化，導致產品的燒製藝術均與前截然不同，形成本朝的青花瓷器的獨特風貌。下面便同樣的分發色、器形和花繪三方面，對於本朝的青花瓷器作一探討。

青料的發色方面。成化朝燒造青花瓷器使用作爲花繪顏料的平等青，是種國產的土青，由於成分中鈷的含量低，以景德鎮一般使用的爲例，含氧化鈷的百分比只有五・三〇，並且裡面　雜其它的氧化金屬，入火煆燒還原後呈現的青色（彩版 67 ），比較以前的蘇麻離青發色，既缺乏那種滲翳散暈的性質，也短少斑駁陸離的瘢點特徵，而且色度低且暗，沒有明顯的色階層次的變化，看似深淺一致，這也許就是「平等青」一名的由來；然而，呈現的狀態却是十分清晰穩定，作爲繪畫所形成的形象，點劃之間纖細畢現。正因爲平等青的發色具有這層特性，使得本朝青花瓷的畫工在裝飾繪畫時，不得不捨棄永樂、宣德以來使用的粗筆重色，甚至堆垛積壓青料的畫法，另行尋求新的表現途徑，於是採用一種細描勻染的方式（彩版 68 ）；即運用清勁勻細的筆綫，勾勒出花紋圖樣，然後輕敷薄染的罩以淺淺的淡青，予人淡雅清麗之感，結果形成本朝青花瓷的另一番景象和風味。此外，這項新青料的特性，同時再度激發青花與彩繪的結合，開創一種精工細致的繪畫風格，造成青花複合彩繪瓷燒造的熱絡風氣；這些別開生面的瓷類與青花瓷一樣，帶給觀者視覺上清新雅逸的美感。以上可說是由於青料的發色，所造成成化青花瓷給人的第一印象。

器物的形制方面。前面說過，本朝燒造的各類瓷器，器物大致與以前各朝無太大差別，不出盌（圖版76、77）、盤（圖版 78 ）、杯（圖版 79 ）、罐（圖版81、82）、洗（圖版 83 ）、鍾（圖版84）、瓶、壺（圖版87、88）、印盒（圖版 89 ）之屬；青花與青花衍生的複合彩繪瓷，生產數量大，幾乎包括這些器物殆盡，其中又以杯、盌、鍾、盤佔大宗；此一情形，從前面所附「故宮藏明代官窯青花瓷器器類數量統計一覽表」，卽可獲得瞭解。再根據這些現藏台北國立故宮博物院的本朝青花瓷，加以考察與分析，這些器物的項目與形制的變化，看來不及宣德的繁雜，其中却有三四種，如杯（圖版79）、鍾（圖版 86 ）、滷壺（圖版 87 ）、饋（圖版 81 ）等，形制爲以前同類器物中所未見，顯示了本朝在製作方面仍有所創新與發明。此外，本朝青花瓷器燒造，不僅與其它瓷器一樣，在瓷質方面精益求精，所有產品質地純潔細潤；而且在造型方面，也傾向兩項特色發展：其一是致力於小巧器形燒造，如上述故宮博物院收藏的本朝瓷器，根據〈故宮瓷器錄〉著錄，以杯子爲例（圖版90～103），統計明瓷中總數有三四九件，本朝卽佔一八三件，其中又分青花三六件，青花夾彩一三三件，其它一四件；至於其它的器類，如高足杯、鍾、洗、碟等體型小巧器物，本朝所燒造的數量，也較大型的盤、盌爲多，足以說明此一趨勢。同時這項事實還顯示了兩點意義：卽特別發展酒茶器的杯、鍾之類，製作精美與大量燒造，反映出憲宗生活講究奢靡的一斑，以及對於瓷器審美觀點的轉化，由雄渾變爲秀美。其二是器形製作偏向輕盈單薄，這種趨勢非僅限於小巧精緻的酒茶器，卽使大型的盤、盌亦復如此；這與其前永樂、宣德製器比較，相形之下，可說是大異其趣。由於這種對比明顯的差異，本朝瓷器輕薄精巧的特色，於後世瓷評家評論明代各朝瓷器時，多被拿來與製器厚重的永樂朝相提並論，視爲風格趣致迥異的兩類瓷器典型，如〈南村筆記〉中，便說：

「永樂尙厚；成化尙薄。」

〈通雅〉中也說：

「永樂窯貴厚；成化窯貴薄，前後規制不同。」

其中特別是些精巧玲瓏的小器，普受世人的讚賞與推崇，馳名古今，飲譽中外，成爲本朝與此時期燒造的代表作品。如〈博物要覽〉中論成化官窯，即舉例數種，說是：

「成窯上品，無過五彩葡萄甏口扁肚靶杯，式較宣杯妙甚；次若草蟲子母雞勸杯，人物蓮子酒琖，五彩供養淺琖，草蟲淺琖，青花紙薄酒琖，五彩齊箸小楪香合，各製小罐，皆精妙可人。」

上述這些本朝可愛的製器，其引人入勝處，固然在於繪畫的美妙生動，而器形的惹人憐愛尤在繪畫之上；其中多數且在現存世的本朝瓷器中尙可見到。例如台北國立故宮博物院收藏的，本朝衆多形式不一的杯子中，有種侈口，口徑約七至八公分，矮身高約三至四公分，平底帶極淺圈足，器身以青花鬥彩繪畫大小雞，飾以牡丹、蘭草坡石等的杯子，看來就是上文中所說的草蟲子母雞勸杯（圖版 99 ）。另有種歛口，口徑約六公分多，身高三・七公分，淺圈足，器身以青花鬥彩繪畫歷史人物故事的杯子看來就是文中所說的人物蓮子酒琖（圖版 96 ）；又有種大侈口，口徑八公分多，身高四・七公分，壁深四公分，高圈足，足徑三公分餘，器身以青花鬥彩繪畫纏枝葡萄的杯子，則是文中所說的五彩葡萄甃口扁肚靶杯（圖版 101 ）了；至於其它，尚有一種斂口，身更高，矮圈足，瓷身鬥彩青花繪畫嬰孩遊戲，加飾湖石樓樹（圖版 97 ）的；一種侈口 唇，高身，矮圈足，器身以青花鬥彩繪畫葡萄、桑椹各一株，再飾以坡陀淺草的杯子（圖版 98 ）等，凡是種種，形式不一而足。這些式樣有別的酒杯酒琖，雖然屬於青花鬥彩，同樣的造型也多運用於青花器製作，每一樣式俱能在器壁弧綫與裝飾花繪上力求變化，展現不同的外貌；然而玲瓏剔透，精巧有致，使人喜愛不忍釋手，獲得的讚美則是一樣。

成化朝青花瓷和其它瓷類的發展，在器形上崇尚體薄輕巧造型，追求精工秀麗的美感，在整個明代燒瓷中獨樹一格，探索這種品味形成的原因，除了是燒造技術演進下自然形成的精藝之結果外；還可說是當時的皇帝個人特殊的喜愛，以及皇帝崇尚奢靡生活而產生的藝術審美觀使然，這點只要從當時的繪畫也流行著同樣的風氣，便可獲得證明。此外，尤其不能不令人發生聯想，同時更是受到平等青的特殊發色性能的影響。因爲這種青料發色淺淡，瓷器製作太大的話，器面繪畫範圍過廣，色度的單薄與筆綫的纖細，均不足顯現繪畫的氣勢，受到此一限制，不得已才在器形方面尋求因應之道，於是縮小體形與減薄器壁以便青花花色的彰顯，藉收統一和諧的效果。無疑的，這點獲得十分成功。

裝飾的花繪方面。成化朝的青花瓷器（包含了青花複合彩繪瓷），除了上面巧思靈慧設計的器形造型，精致秀美，受到後世廣泛喜愛與稱道；另外，還有能夠發揮與表現藝術創作的地方，同樣贏得世人一致的欣賞與推崇，便是器面裝飾的花繪。正如前面所說過，本朝使用作爲繪畫的青料——平等青，燒後因爲發色淺淡而匀淨，畫成的筆綫穩定而清晰，爲了適應這項特性不致妨礙色覺上青色的發揮效用，於是在製作器物方面，大量燒造小型的酒杯、琖、鍾之類，造型趨於小巧輕盈。另一方面，便是在裝飾花紋的繪畫上，採取薄釉精工的方式，創造青花瓷繪的另一形態。根據存世的本朝青花和青花複合彩繪瓷器，加以仔細觀察，予人明顯的印象，是：在瑩白細潔的瓷面上，薄薄的透明玻璃釉裏，點綴著筆致精工，色彩典雅，形象生動的各種圖形花樣，配合那小巧的器形，整個看來洋溢著一種清麗脫俗的美感，帶給人心靈上無限的歡愉。這便是本朝燒造的青花與青花複合彩瓷器，外觀上予人感受，與其它朝代產品最大差異的地方。至於花繪的內容特色之情形，似乎又可分爲下面兩項，加以論述。

一、繪畫的題材內容（圖版105）。根據前面所作「故宮收藏明官窯青花瓷器花繪題材及數量一覽表」中顯示，本朝青花瓷器（不含青花複合彩瓷）總數二六六件，從花繪圖形的種類和數量來看，雖然比不上宣德朝的繁富，却居其它各朝之前。這些花繪圖形數量分佈的情形，是：動物類最多，雖僅佔六門，却有八四件，其中龍有四二件，花鳥有二五件，爲最夥；而且花鳥入瓷繪，似爲本朝首開其例；同時根據〈陶雅〉書中記敍，說是「成廟喜鴿，而貴嬪喜小狗，故當時瓷盌多畫此二物」，此足以說明上述瓷繪花鳥、動物多，以及題材流行與否實和當權在位者喜嗜有關的原因。植物類居次，雖然也僅及九門，却有七九件，其中蓮花一八件，花卉一七件，爲最多；引人注意的，是宣德盛極一時的蕃蓮，至此僅得一一件，顯示此一適合水墨粗筆沒骨式畫法的題材，時移境遷，因爲受到青料改換與器形轉變的影響而漸趨衰落；另外，也根據前人記敍，本朝瓷繪中有「過枝花」一種，花自彼面達於此面，枝葉連屬極其整齊，事實上就是首尾相接的轉枝花紋，也卽是一種完全的二方連續模樣的圖案形式，在此時期的瓷繪中偶有出現。人物類再居次，佔三門六五件，比起宣德朝有顯著增加，內容與形式也更趨於考究，題材極富變化，著名的有下述幾類：㈠以詩句入畫，有種「高燒銀燭照紅粧」，與宣德朝畫的「輕羅小扇撲流螢」，同被譽爲明瓷中的絕唱；㈡以歷代文人韻事入畫，畫題則有「周茂叔愛蓮」、「陶淵明賞菊」、「竹林七賢」、「流觴曲水」、「王羲之觀鵝」等；㈢以仕女嬰孩入畫，這類題材增加更多，嬰戲圖有三九件，仕女圖有二〇件，兩者竟合佔五九件，誠爲本朝瓷繪的另一大特色。至於其餘項類，則有梵文八件，藏文四件，標記文字二二件，以及新出現的吉祥紋樣四件，新穎奇特，俱能別開生面，引人興會。綜觀以上本朝青花瓷繪的題材內容，其中以人物、花鳥類的大量增加，最爲突出醒目。這一現象，顯示了下面幾項意義：第一、說明裝飾性質的瓷繪藝術，逐漸地揚棄以往的圖案模式，而取代以純粹繪畫格局的思想，正日益增長，因此繪畫式的題材與形式突趨加多。第二、表示了這類以骨筆勾勒爲勝的繪畫題材，較適合平等青料來表現。第三、透露出裝飾藝術逐漸趨向於生活化、人性化取材的訊息，所以畫工喜歡採用這些充滿人性溫馨，親切可愛的花鳥、人物入畫。以上可說是本朝青花瓷繪表現在題材上的最大特色。（參閱圖版78～104）

二、繪畫的技藝方法（圖版106）。本朝的青花和青花複合彩繪瓷器，花繪高妙傳神，自明代以來，便獲得瓷評家一致的評價，譽爲明代燒瓷最高成就的作品之一，自然應該歸功於當時從事這項繪畫，具有藝術修養與豐富想像的畫工們。從今日存世的實物看來，那些淸麗美秀的花繪，無論是構圖的設計與經營，似乎都像經過精心刻意的構思一樣。首先是在畫面的處理上，已經放棄圖案化的形式而採用繪畫性的佈局，所以畫面顯得活潑自由。其次是畫面的空間，處理得疏密勻當，予人視覺上一種明朗疎宕充滿舒暢的快感。再是由於畫工技藝熟練精湛，匠心獨運，運用筆墨作畫的方法，通常有二：一爲純粹的勾勒畫法，只以青色筆綫勾畫出花紋的形象；二爲勾畫出花紋輪廓後，再施以淡青敷染或塡以其它彩料，兩者要皆以用筆綫條爲主，而且所成綫條簡宕洗煉，捉勒有力。尤其難得的，是所有繪畫於曲盡技能，傳達筆墨韻致而外，對於前述的使用各類題材，俱能作深刻的體會後加以表現，於掌握人物的情態，傳達事物的意境，透露人間生活的氣息，無一不展現於作品中。所以，觀賞這些精美的青花瓷繪畫，不管大小繁簡，都帶給觀賞者情致盎然，趣味雋永的感受。以上也正是本朝青花和青花複合彩繪瓷散發著無限的魅力，贏得前人讚譽最多的地方。例如淸高士奇（澹人）在所作「成窯雞缸歌」，注中說：

「成窯酒杯，名式不一，皆描畫精工，點色深淺瑩潔。」

淸人〈南村筆記〉中，則說：

「成窯用色，深淺頗有畫意也。」

近人許之衡〈飲流齋說瓷〉中，也說：

「青花藍色深入釉骨，畫筆老橫，康熙猶當却步也。」

「成化人物，多半畫筆高古疎宕。」

「成窯如畫鞦韆仕女，鬥龍舟，周茂叔愛蓮，五子相戲，八吉祥，西番蓮，錦灰堆（花卉）等，皆開清康、乾之先路，尤以畫人物各器，所畫人物多筆意高古，純以程孟陽（嘉燧）之筆意，足爲世珍也。」

「明瓷人物，以淡青者爲精，描青而加塡五彩者，亦殊可喜。」

頌揚瓷繪精妙，舉實例加以說明，則有竹園的〈陶說〉中記敍，說是：

「成窯畫筆，古今獨步。嘗見青花筆筒一個，高四寸四分，口徑三寸，瓷細白，釉薄如紙，底口沿邊均有極細錦紋陪雕。筒身繪古戰士二，一人跨馬執刀，一人騎兕彎刀，馬狂奔而兕猛逐，戰士則從容接戰，不露驚恐意；配以浮雲、老樹、碎草、遠山，意氣發揚，筆勢飛動。盖丹青妙手寄其心力於瓷片之上，故能筆細如髮，用青如用墨，點染描畫，各臻其妙也。」

以上凡是，無不在說明成化青花瓷的普受喜愛，其引人入勝處，首在花繪與畫技高妙的動人。

綜合前面所述，明顯的可以看出，本朝燒造的青花瓷器，由於受到客觀條件的限制，却能因應形勢，別開生面的拓展出新格局，以新的形式和內容，博得世人的喜愛與喝采，從而給予無上評價，形成明代瓷器中的新寵，也贏得瓷器史上重要的一席地位。不過，終究因爲受到先天不足的限制，即前面說過的其所使用的青料——平等青，性能優越不及前朝的蘇麻離青，在發色上缺乏那種淹勃鬱茂的氣象和深沉幽邃的趣致；繪畫時雖然經過畫工的慧心巧運，求得技藝方面的突破，發展出一種精謹細致的筆墨，藉以彌補色覺上的缺憾，因而開創明瓷中青花的另一種婉約秀麗的風貌；然而平心而論，畢竟因爲感覺上缺乏一份撼人心紘的魅力；因此，二者比較起來，正如明谷應泰於〈博物要覽〉中，說的：

「青花，成（化）不若宣（德）。」

一般評論，也多將本朝置於宣德朝下，認爲藝術效果上有所不逮。

不過，本朝雖然在青花瓷的藝術性評價上遜於宣德，但是在青花複合彩繪瓷方面，却能勝過前朝，綻放著前所未有的光彩。青花複合彩繪瓷器，嚴格地說，不應該歸屬於青花瓷的範疇；然而其由青花瓷與其它彩瓷結合而成，可說是青花瓷衍生的一種瓷類，兩者具有密切的關係，其成長情形足以反映出青花瓷的發展，對於青花瓷的研究具有重要性。有關這種瓷器形成與成長的情形，前面已略有所述，明代彩繪瓷起始何時，現在已難稽考，不過存世遺物顯示，明初太祖洪武朝已經出現；宣德朝青花複合彩繪瓷燒造相當進步，當時燒製趨盛的原因，主要爲釉上釉下繪彩燒造的思想與技術，俱已十分成熟發達，各種釉色彩料，如青花、釉裏紅、礬紅、礬青、綠彩、嬌黃釉等，一應成就空前；在各種瓷類彼此燒造的思想激盪與技術融合之下，於是產生互相配合而成複合彩繪瓷的崛起，而且日趨蓬勃興盛。當時燒造的與青花有關的瓷類，卽有青花釉裏紅、黃釉青花、礬青綠彩、青花加彩等，這些複合彩瓷的特色，前面已有介紹。宣德方興未艾的青花複合彩繪瓷，經過其後一段時間發展，到了本朝，隨著青花和其它瓷類的復興而重現活絡，而且景況熱烈較前有過之。

另外，本朝青花複合彩繪瓷的興盛，本身也有幾項原因：一是有如前面說過，本朝青花瓷的花繪因爲適應平等青料特性的關係，發展出一種著重筆綫表現的畫法；而這種畫法，也正好適合工筆的彩色畫。二是由於彩繪瓷色彩繽紛，較富視覺上的快感，更易引起大衆喜愛。三是藝術演進自然趨向求變的結果。基於以上，於是引發這項複合彩繪瓷的應運而興，並且逐漸演變成超越純粹青花瓷的形勢；後世瓷評家評論明瓷時，多有提出彩繪瓷作爲本朝燒造的主要代表，例如明王世懋的〈窺天外乘〉書中，卽說「至成化間所燒，尚五色炫爛」，便可見一般。

本朝的青花複合彩繪瓷器，根據過去瓷評家的說法，除在器形、質地、燒造技術方面，具備與青花瓷同樣的水準和優點外，在裝飾花繪的畫工精妙方面，則甚且遠出青花之上。當時的畫工在繪畫方面竭精殫思，踵美增華，極盡講究之能事，從下面的事例便可想見大概情形的一斑。〈古銅瓷器考〉中記載成化窯瓷，談及製作，卽說到繪畫調彩的方法有三：一、用香油，由於油便於渲染；二、用膠水，由於膠便於搨刷；三、用清水，因爲水便於堆填。這些不同的方法，各具不一的功效，如此善盡物性以竟事功，由是足見畫工繪畫的耗心費思。至於畫工作畫時表現的精湛技藝，以及題材內容的豐富美妙，則又在這項材料講究之外，前面論述青花瓷器中已有介紹，此處不再贅言。所以，前人對於本朝複合彩繪瓷器的評價，不僅高出同時燒造的青花器，說是「成杯茶貴於酒，采貴於青」；而且也凌駕明代其它朝代諸瓷之上。有關這方面的稱頌讚美的文字，明代以來記敘甚多，此處也摘錄部份，例如明谷應泰〈博物要覽〉中論明瓷，比較成化與宣德兩朝產品，說：

「青花，成不若宣；五彩，宣不若成。宣窯五彩，深厚堆垛；成窯用色深淺，頗有畫意。」

清梁同書〈古銅瓷器考〉中，說：

「古瓷畫彩，成窯為最，畫手高，畫料精，其點染生動，有出於丹青家之上者。」

「成窯以五彩為上，酒杯以雞缸為最，上畫牡丹，下畫子母雞，躍躍欲動；五彩葡萄鷩口扁肚靶杯，式較宣杯妙甚；次若人物蓮子酒琖、草蟲小琖、青花紙薄酒琖，名式不一，點色深淺，瑩潔而質堅；五彩齊箸小碟、香合，各製小罐，皆精妙可人。」

清人〈南窯筆記〉中，說：

「成窯淺描五彩，精彩絕倫。」

藍浦〈景德鎮陶錄〉中，說：

「成化廠窯燒造者，土膩埴，質尚薄，以五彩為上；青用平等青料，不及宣器；惟畫彩高軼，前後以畫手高，彩料精也。」

而〈蓉槎蠡說〉一書中，對於本朝的青花複合彩繪瓷更是推揚有加，據以作為評斷明代各朝燒瓷成就的依據，認為「首成（化），次宣（德），次永（樂），次嘉（靖）」，可說是評價最高者。

至於本朝燒造的青花複合彩繪瓷的種類。由於這項瓷器係承襲宣德舊有規模，在良好的基礎上發展，而能踵事增華，推陳出新；所以燒造品類繁複，體製穎巧，面目多變。根據今日存世的實物看來，其品類可以分爲兩類。一類爲前朝原有燒造，計有黃釉青花、青花釉（裏）紅、青花加彩；然而在燒製上俱能摻加新的內涵和形式，表現出前人未有的藝術手法和境界。就拿其中的釉（裏）紅爲例，國立故宮博物院的藏品中，有種本朝的青花釉紅番蓮杯，器身所畫番蓮花，是由釉裏紅的花瓣和青花的葉子組合而成，已經不似宣德朝作品的花紋，俱以單色完成的方式；這種新穎的搭配，加上精工細致的描繪，確實是藝術表現形式的一大進步。又如青花加彩瓷，宣德朝有這類的一種游魚盤，器身以青花勾勒出波濤紋，然後上面加塡綠彩，再另繪飾六尾黃魚，畫法顯得簡單粗略；然而本朝製器却展現精進的新貌，有種青花加彩人物杯，器身一面畫的周茂叔愛蓮圖，一面畫的陶淵明賞菊圖，人物樹石俱用青花畫成，惟有衣服、松針、菊和蓮花，分別塡以黃、紅、綠彩，彩色鮮麗醒目，似有畫龍點睛之妙，恰好顯示出愛蓮賞菊的題意，格調高雅，情思深遠。至於黃釉青花的情形，也是如此。一類爲本朝新創，計有五彩、鬥彩，這也是最受後人激賞的兩種本朝彩瓷，特別加以介述：

五彩　所謂五彩（彩版 64 ），事實上屬於上述青花加彩瓷的一種，只是加添的彩料更多，通常爲礬紅、黃、綠、紫、翠五色，有時加上青花而成六色；同時這些彩料透明與不透明俱有，厚薄不一，有的互相重疊，於是又合成有橙、深紫、草綠等間色，使得色相顯得更加豐富，衆彩繽紛，炫麗耀眼。至於五彩配燒的方法，據〈南窯筆記〉中記載，是礬紅用皀礬煉燒，以陳者爲佳；黃色用石末鉛粉加入青粉配合燒成；翠色則有京翠和廣翠之分。五彩的畫法，是以各種彩色繪畫出不同的個別花紋圖案，而組合成畫面。繪畫最常使用的花樣，則有四季花卉、雲龍、蓮塘鴛鴦等。

鬥彩　又稱作逗彩或豆彩（彩版 65 ）。根據前人的解釋：所謂逗，卽彩法駢連有如逗幷；所謂豆，卽豆青色之部份佔全彩之五六。但是，不管鬥彩、逗彩或豆彩，均在明人的瓷書中見不到，而是清代始有的附會臆測的稱呼，而且說到它與其它五彩、填彩的不同。如清初人的〈南窯筆記〉中，便說：

「成（化）、正（德）、嘉（靖）、萬（曆）俱有鬥彩、五彩、填彩三種。先於坯上用青料畫花鳥半體，復入彩料，湊成全體，名曰鬥彩。填彩者，青料雙鉤花鳥、人物之類於胎坯，成後，復入彩爐，填入五色，名曰填彩。其五彩，則素瓷純用彩料畫填出者是也。」

依照上文中說法，鬥彩與填彩（卽加彩）畫法大同小異，都是先在素坯上使用青料勾畫出花紋圖樣的輪廓，惟一差別在於部份與全部之分，然後入窯燒成青花，再按輪廓部位的需要加填各種彩料以完成全圖，重入低溫烘窯中烘烤以固著彩色不掉；然而，五彩則是在燒好的素瓷上，完全使用彩料繪畫重燒而成，與前二者明顯不同，而且嚴格地說來，五彩因爲並無使用青料繪畫的地方，不應歸屬於青花複合彩繪瓷才對，不過目前存世傳稱的五彩瓷中，也有的部份與所謂鬥彩、填彩近似，局部花紋是採用青料畫成，所以在未作重新嚴格劃分清楚之前，仍依舊名將其暫列青花複合彩繪瓷內。這三種看似接近的複合彩繪瓷器，若欲仔細明白劃分，則可簡扼解釋如下：五彩，瓷面組成的花紋，是由不同的彩色個體畫成，色彩感覺特別穠艷強烈；鬥彩，彩料除了按青花輪廓填入而外，也有在青花輪廓綫條外加以點染，或者在青花綫條上加罩覆蓋彩料，更有作爲勾勒界定青花邊框的，方法不一而足，烘托渲染不受輪廓的局限，可以自由發揮畫家的技藝，所以從整體看來，華美佚麗，縱橫變化，各臻其妙，頗有相互爭妍鬥艷之感，筆者認爲這點恐怕才是「鬥彩」一詞的眞正來意。

本朝的鬥彩瓷燒造的數量非常龐大，以故宮博物院藏品爲例，件數僅次於青花，堪稱空前絕後；而且器形無所不有，以杯、鍾、罐、盌、碟爲主，內中又以杯最夥（圖版 90～100 ）。這些式樣名款不一的杯子，正如前人所說，形制小巧細薄，胎質堅緻瑩潔，配上花繪的「點色深淺」，「描畫精工」，特別是花紋的變化多端，彩色的透明亮麗；其題材內容，則有蓮花、花蝶、蓮塘鴛鴦、梅蝶、故事人物（卽前人所謂高士杯）、嬰戲圖（卽前人所謂娃娃杯）、團花鳥、團花果（卽前人所謂錦灰堆）、葡萄（卽前人所謂滿架葡萄）、番蓮花、番蓮梵文（卽前人所謂西番蓮梵書）等，每一作品無不是筆致流暢遒美，色彩明淨艷麗，造境就彷彿一首小詩，洋溢著濃郁的抒情意味，典雅俊逸，引發觀賞者發自內心的喜悅和歡忻。因此，明代以來，這類杯子便是成化瓷器中最負盛名者，備受收藏家和瓷評家的珍視與寶愛，就以其中器面繪畫大小雞和花草的雞缸杯（彩版64）爲例，前人記敘極多，稱讚有加。如明沈德符〈野獲編〉中記載，說：

「窯器，初貴成化，次則宣德。杯琖之屬，初不過數金；頃來京師，成窯酒杯，每對至博銀百金，爲吐舌不能下。」

清朱彝尊〈曝書亭集〉中記載，也說：

「嘗以月之朔望，觀京師慈仁寺集。貴人入市，見陳瓷盌，爭視之，萬曆窯器，索白金數兩；

宣德、成化欵者，倍蓰；至雞缸，非白金五鎰市之不可，有力者不少惜。以陶器而得玉之上價，其貴重如此。」

寂園〈陶雅〉中記載，更說：

「雞缸最爲出色。雞缸又名鬥雞可口，神宗時已極貴重，一對值錢十萬。」

而時至今日，價值更逾常情。不數年前，香港蘇富比國際古董拍賣公司，曾經公開拍賣出一件成化窯的雞缸杯，售價竟高達港幣四百八十萬元，實在令人匪所思議。

最後，談一下本朝瓷業發展對於當時與後世的影響。瓷器燒造在我國具有悠長的歷史，明代以前早就發展成爲一項政府經營性事業，明代這種情形尤爲顯著。明代由於皇帝喜愛瓷器，隨著朝代演進的一朝甚於一朝，英宗時因爲燒造數量漸多，朝廷耗費形成負擔，已經開始引起大臣的注意與擔心，曾有請息陶之議。迨及本朝，憲宗躭溺物質生活享受，對於瓷器的興趣更高於以往，恢復燒造熱烈的活動而外，製作特別趨於考究，結合了前朝脫胎、青花和彩繪瓷器等的成就於一起，開創出一種精工雅致的新風格，其情形已見於前面介述的本朝瓷器發展的景況中。此外，當時燒造品質講究，從前人記敍的故事一則，也可窺見一斑。清人〈蜨階外史〉一書中記載，說是：

「津門古董店，鬻花瓶，久不售。瓶高與人等，成窯五彩，極陸離。一日，有人問價，索制錢五十緡，其人出錢付之，携至街心，持石擊碎，觀者如蟻，咸謂此人殆瘋顚，俄敲底破墜金一餅，約百兩，懷之揚揚去，一市盡駭。盖瓶過高，非金不能穩，前明御用物也。」

而當時官窯瓷器燒造，過程分工手續繁瑣，需要大量人工與產品造成浪費的情形，時人也有詳細生動記敍。如曾在成化間做過江西提學副使的邵寶（西元一四六〇～一五二七年），對於景德鎮燒瓷十分熟悉，根據親身經歷瞭解寫過一篇「觀陶說」，在文中述敍了陶瓷器燒造的艱辛過程，特抄錄原文部份於後，是：

「邵子觀於景德之陶，歷群工所咸造焉，客或嘆曰：『吁！陶之爲器，其難矣哉！方其取土於山，猶夫石也，碓而粉之；澄之以水；濾之以渠；浥之以甓；和之以漿，始可以揉而規之。又必削其未整焉，因以壞者什一；磨其未澤焉，壞者什二；潤之以膏，飾之以采，內諸火而出焉，壞者什五；其幸不壞者，璺隙疣玷，又什之三。蓋自始規而至成器，以獻於尙膳，其不得與焉者多矣。然取土而舁者若干人；碓者若干人；澄者，濾者，浥者，和而揉者，削者，磨者，潤而飾者，納諸火者，各若干人，凡越工者十，而后器斯得其成也。其獻之上，不過備一御耳。……。」以上，足以說明當時瓷器燒造的不易，也道出了窯民的困苦。本朝這種不惜耗費人力金錢，追求燒造瓷器的精美，從此蔚爲官窯的侈靡風氣，以後各朝競相仿效，甚至企圖超越，積極燒造有增無已；固然有助於明代整個瓷業的發展與提昇，但是也日益形成國家財政的負擔，終於演變成爲一項政治性問題。

二、弘治朝

憲宗死後，由第三子祐樘繼位，改號弘治，這便是廟號的孝宗。

孝宗生性恭儉，勤政愛民，〈明史〉本紀中說他，是「競競於保泰持盈之道，用使朝序清寧，民物康阜」；尤其能夠視民如傷，體恤百姓疾苦；所以，即位後，一掃成化奢靡的風氣。根據〈明史〉中記載他，在位十八年間，曾經屢次採行罷減內府採辦供御物料物品，罷去上元燈火，停止蘇松、浙江、陝西、甘肅、福建等地織造，減免各地被災稅賦，禁止內外奢糜等等措施，以撙節國家財力的浪費。燒造瓷器一事，歷朝以來向爲內廷採辦的主要項目之一，不言可喻，自然首在停減之列；而且〈明史〉孝宗本紀中，明白記載罷除燒瓷或與燒瓷有關的文字，即有三次：一、弘治三年九月，「禁內府加派供御物料」；十一月，停工役，罷內府燒造瓷器」。二、弘治十五年三月，「罷饒州督造瓷器中官」。三、弘治十六年十一月，「罷營造器物」。加上成化晚歲以來，便有屢罷燒造情事。因此窺視弘治一朝燒瓷，比起成化顯有萎縮現象；事實上考諸今日存世本朝瓷器，數量遠不及其前興盛的朝代，足以證明。不過，雖云如此，本朝終因直接承繼成化，流風未戢，典型猶在，燒造仍舊能夠維持相當的規模。

弘治朝所燒瓷器的情形。本朝在燒造的制度和設施方面，皆承襲前朝無所改變；然而在燒製器物呈現的景觀上，已有明顯差異。根據現藏台北國立故宮博物院的本朝瓷器考察，首先在器物方面，無論種類和數量，比較宣德、成化均有減少。如器形只有盤、盌、鍾、壺、瓶等，面目顯得貧乏單調；最令人費解的，成化盛極一時的杯琖，至此不見一件；這些少數器形的分佈，在總數六〇九件中，則是：盤佔四六四件；盌佔一三〇件，其中又分普通盌一一七件，小盌一二件，高足盌一件；鍾一〇件；

壺分扁壺、爹壺，各佔二件；梅瓶佔一件，不僅數量比例懸殊，內中盤、盌佔去絕大多數，更顯示燒造著重純粹實用性質。其次在釉色方面，雖然外貌表現較器形豐富，品類有甜白、嬌黃、翠綠、青花（彩版70）、釉裏紅、描紅、綠彩、紫金釉、三彩（彩版69）等，但是數量多寡不一，分佈的情形是：甜白一三二件；嬌黃二七六件；翠綠二件；青花三九件；黃釉青花五四件；釉裏紅一件；抹紅三件；描紅二件；紫金釉四件；綠彩八一件；嬌黃綠彩一三件；三彩二件。其中樸素無華的嬌黃、甜白和綠彩等單色釉瓷的大量劇增，反之，繪飾精工的青花和彩繪瓷的相對銳減，特別是前朝風靡一時的五彩、鬥彩之屬，竟然全告消失，也表明瓷器裝飾的傾向簡單化。綜合上述兩項事實看來，本朝燒造瓷器的器形趨於實用與裝飾傾向簡化，具有同一意義，正好說明前面所說孝宗生活儉樸與不喜奢華的一面。再是在質地方面，器物造型要皆體薄質細，胎土凈膩瑩白，玻璃釉色略帶微綠色調，這些特徵則極接近成化產品，表示在燒造材料上與前朝無有改變，一脈相承。

至於其中的青花瓷器的情況。前面所說，本朝瓷業發展，燒造主要在於實用與樸素的瓷類，因此造成此期間整個瓷器外觀平淡與貧乏之感，這情形又特別顯現在青花瓷方面。本朝青花瓷的燒造，不但數量銳減，產品品質也大不如前。比較其前後各朝景象，可以說本朝不僅爲明代整個瓷業發展過程中的衰滯時期，同時也是青花瓷成長的輝煌歷史中的暗淡時刻。

有關本朝青花燒器的實際情形。由於所使用的材料，諸如瓷土、釉料和青料等，前面說過從實物考察所得結果，顯示仍舊沿用成化原有，器形方面有盌（圖版 107 ）、盤（圖版 111 ）、壺（圖版

113）等。青花色調風味，都十分近似前朝產品。唯一呈現差異的地方，便是最易顯現這項瓷器不同特色的因素之一的花繪。下面就單從這一方面加以論述。

這些本朝的青花瓷器，其用筆綫條明顯的趨於簡略疏放，有的甚至配置失當，造成觀賞者視覺上的不協調感，心理上因此而產生騷動不適的情緒；與那成化朝青花瓷繪所表現的精謹整飾、流利妥切的綫條，所帶給人舒暢安適的印象，作一比較，眞是大相逕庭，趣味迥異。

其次是青花花繪使用的題材，內容幾乎與其它彩繪瓷類相同，圖樣全不出雲龍、雙龍戲珠、蓮塘龍、團花龍、花果、番蓮、梵文等，而以龍紋最多，顯得貧乏與缺少變化，不似先前青花瓷所表現的繁縟景象；既使其中的蓮塘龍、雙龍戲珠，爲本朝創始廣用的新穎圖案，仍不免予人一種空洞單調的感覺；同時，因爲繪畫筆墨的失調與不當，不能掌握題材的特性與主題的精神，所畫成的龍的形象羸弱無力，就似那蓮塘龍的畫題（圖版119），彷彿都成了嬉戲游行於滿布蓮葉荷花的淺水池塘中的爬蟲似的，完全喪失這種動物所應具有的夭矯騰躍的氣象；畫中的龍除了於此代表著帝王象徵的惟一意義而外，實在看不出任何的美感來。上述這種情形，同樣也出現於其它的繪畫題材。因此，使得本朝瓷繪包括青花在內的花繪，從整個外貌形象看來，予人一種疲弱與卑俗不雅的印象，面對氣象恢宏、活潑雄健的宣德朝燒器，固然難望項背；比較工致纖秀、典雅婉約的成化朝產品，同樣瞠乎其後，眞有不堪回首之感。（圖版118）。

三、正德朝

孝宗之後，繼位者是爲廟號的武宗。武宗名厚照，乃孝宗長子，卽位後建號正德。

武宗其人，根據〈明史〉本紀贊評，說是「明自正統以來，國勢寖弱，毅皇（武宗）手除逆瑾，躬禦邊寇，奮然欲以武功自雄，然躭樂嬉遊，暱近群小」。由此，可見他本來是位有心圖治的君主，只是後來親近小人，荒腆酒色，導致朝綱紊亂，幾乎亡國於叛亂。他在位共計十六年。

正德朝的政治，雖然因爲武宗的荒佚而敗壞；但是燒瓷事業的發展，却由於他的重視生活享樂，而從弘治以來近似沉滯的狀態中獲得復甦。本朝瓷器燒造的情形，則可從前人有關本朝官窯的零星記敍，以及現在存世的本朝官窯瓷器兩方面，獲得瞭解。

前人文獻的記敍方面，則有〈明史〉「食貨志」中，記載明代歷朝採造的情事，說是「修靡與於憲（宗）武（宗）」；明王宗沐（西元一五二三～一五九一年）的〈江西大志〉中，有談景德鎭陶廠，卽舉例武宗一朝，說是：

「正德初，置御器廠，顓管御器。陶有匠，官匠凡三百餘，而復募；盖工緻之匠少，而繪事尤難也；畫役募人，日給工食。」

以及清梁同書的〈古銅瓷器考〉中，說的：

「正德初，置御器廠，專管御器者，復用中官。」

這是前人記敍本朝官窯，論及管理措施與用人制度的文字。其中所說設置御器廠一事，前面述敍宣德朝青花瓷發展中已有說明，創始時間應在宣德朝爲合理，定於本朝恐係訛誤。至於敍及使用人員，則顯示官窯的人事編制，於固定的管理官員和部份工匠外，擔任精緻細工與艱難繪畫的人匠，乃是以招募方式而來；而且畫工特殊，待遇尤有別於其它工匠。上述指的本朝情形，恐怕也是整個明代實行的制度。從以上這些資料顯示，足以看出本朝官窯燒造，確已重趨活躍與發達。

現有存世的實物方面。根據台北國立故宮博物院收藏的本朝瓷器，無論數量和種類，都比其前弘治朝增加甚多；分析這些瓷器的內容，從下述兩方面作統計，其情形：器形方面，在總數七一〇件瓷器中，有盌一九三件，其中又分普通盌一五〇件，大盌一件，鍾式盌二九件，高足盌一三件；盤四七一件；洗一六件，其中又分普通圓洗一五件，菱花式洗一件；碟二件；尊一件；七孔花插一件；圓罐一件；渣斗一八件；滷壺一件；鍾二件；杯二件；花盆一件；爐一件，以上顯示實用性的盤、盌仍佔最多數，然而陳設觀賞與點綴生活的精緻用器明顯增加，重現器物形制繁富多樣的景觀。釉色方面，在上述總數中，有甜白（彩版72）二五件；祭紅一七件；霽青七件；嬌黃釉一二三件；青花（彩版71）一一七件；黃釉青花四一件；釉裏紅七件；抹紅八件；紫金釉八件；三彩（彩版72 b）五件；五彩四件（彩版72 a），以上出現多種前朝沒有的複合彩繪瓷，也恢復釉色彩色繽紛的景象。尤其是在這項代表燒造進步的釉色方面，還展現了兩點特色：一是這些彩釉和複合彩繪瓷內，除去多數前朝原有而外，尚有推陳出新的新生品類，如從前的宣德朝興起的青花填黃地（即黃釉青花）彩繪瓷，本朝能夠改進而發明一種黃、綠二釉彩，運用在堆花雲龍裝飾的瓷器上；其形式通常多作綠龍黃地，前人名之「澆黃綠」，成爲本朝風行的瓷類之一，且爲典型的代表作品，令人耳目一新。二是曾在弘治朝高居燒造首位的嬌黃釉、綠釉瓷，仍舊保持龐大的數量外，一度消歇萎縮的青花和青花複合彩繪瓷，重新崛興與呈現蓬勃，再居瓷器燒造的領導地位，這可說是本朝官窯瓷業重振中，最值得重視的一件大事。

本朝青花瓷器發展的情形，仍然仿照以前所述方式，分爲器形、青料發色和花繪三項，加以論述。首先在器形方面。前面述敍本朝燒造瓷器，有盤、盌、杯、鍾、罐、滷壺、渣斗、花插、爐、花盆、尊（圖版120～132）等，這些器形俱出現青花與青花複合彩繪瓷中；而且根據前面所附「故宮藏明官窯青花瓷器器類數量統計一覽表」中所列，其中的滷壺、渣斗、罐、洗、爐、尊等，更屬青花僅有；尤其值得玩味的，內中渣斗（圖版128）一器，統計國立故宮博物院所藏全部明瓷中，共計二三件，青花便佔一七件，而其中一六件爲本朝所有。這種形狀特殊有似觚形的渣斗，原爲清供器用，更小的則入於漱具之列，當時爲何燒造如此多？究竟作何用途？皆不得其詳。除了上述這些存世可見的器形外，根據前人瓷書記敍本朝的青花瓷器，尚有筆架、插屏、墩式盌、磨盤式香盒、七孔出戟圓腹高足瓶四方盒（圖版131）、四方瓶（圖版132）等，俱屬前所未見，允爲造型新穎奇巧的器物。因此，綜合以上看來，本朝的青花瓷在燒造器形方面，能夠於實用而外兼顧審美價值，率領追求造型藝術的提昇，而且獲得明顯的成就。

其次在青花發色方面。本朝青花瓷花繪使用的青料，一般瓷書皆無記載，惟明王世懋〔窺天外乘〕中記敘，有謂：

「回青者，出外國。正德間，大璫鎮雲南得之，以煉石爲僞寶，其價初倍黃金，已知其可燒窯器，用之果佳，嗣是閹鎭用之。內府亦有輸積，而靑價稍稍賤矣。」

於是有人據以認爲本朝燒造靑花，使用的便是這種回靑。然而，根據現有存世本朝靑花瓷觀察的結果，其靑色顯與前人正式記載使用回靑的嘉靖產品色調完全不類，反是極爲接近前面成化、弘治朝的燒器。此一現象加以分析，可作兩種解釋：一、此處所稱的回靑，與後來的回靑絕然不同，仍然屬於前面的平等靑類似的靑料，所以本朝使用這種靑料燒出的靑色，當然與其前平等靑色調相同。這項推測，根據淸代燒瓷資料顯示，雲南後來確實發現有種名叫「珠明料」的土靑存在，燒瓷發色性能甚佳，可以獲得證明。二、此處所稱的回靑，就是後來嘉靖朝使用的回靑，但是因爲獲得時間較晚，正德末年方始用於燒瓷，甚至可能一直未用；所以本朝靑花燒造使用的靑料，仍舊爲前朝留存下來的平等靑。這一推測，則是因爲上文中說到其獲得與使用於燒瓷，並未言及確切的時間；更有力的依據，乃是〈明史〉武宗本紀中記載，正德九年六月有「開雲南銀礦」一事，加以探討：按照明代慣例，永樂以後由於重用太監，朝廷內府採造之事多派其中親信辦理；武宗時寵信太監尤甚於前，除大封官爵外，外地軍政開礦事務也常有委諸此輩負責；上述雲南開採銀礦事屬重大，無疑的，必定是派遣太監前往主持的。那麼，前引文中所說的「大璫（太監）鎭雲南」，指的應是此事；而且這一開採銀礦，其後終正德以至世宗嘉靖初年尚未停工。所以文中說的獲得回靑一事，時間最早不得前於正德九年，最晚可以遲至嘉靖初。因此，歸納起來說，即使眞正回靑獲得於正德間，其使用在靑花瓷繪燒造，也應該晚到正德末甚至嘉靖初了；在此之前，正德朝始終使用的靑料，仍然屬於平等靑。上述兩項可能的假設中，筆者認爲後者較爲合理與接近事實。至於本朝一般青花瓷器呈現的靑色，以今日存世的實物看來，色調淡而暗，稍帶灰綠色味，接近成化朝晚期的青花器；同時也與弘治朝的青花器情形相同，卽瓷器胎質欠潔白，襯托對比之下，靑色的色度就顯得比成化的更爲灰暗了（彩版71、71 a）。

再是在花繪方面。這是表現一個朝代青花瓷器的特色和成就最顯著的一項。又可分爲題材內容和繪畫技藝兩項，加以說明。在花繪的題材上，根據前面「故宮藏明官窯青花瓷花繪題材及數量一覽表」中所列，本朝花繪使用題材內容，雖然不及宣德和成化的豐富，却多於其前的弘治所有，同時也表現了幾點特徵：一是人物類圖樣全付闕如；二是弘治朝獨缺的植物類花紋，大量增加，有靈芝、番蓮、牡丹、蓮花、花卉、花果等門；三是龍紋特別多，例如故宮博物院所藏本朝青花器一五〇件中，卽獨佔八九件，似與武宗的好信道教密切有關；四是出現明代其它朝青花瓷中所沒有的波斯文字圖案，也顯示了當時與波斯往來頻仍的關係。在繪畫的手法上，也顯得與弘治朝作品大不一樣，用筆俱能勁挺有力，有似寫意般的綫條，加上靑料燒久呈現的散暈，形成一種恣肆滂沱、沉著痛快的趣致，頗有宣德朝青花瓷的韻味，惟一欠缺滲靑現象而已。由此，也足以看出瓷繪工藝一似純粹繪畫，一朝作品反映一朝工匠藝術心靈的巧拙不同。（參閱圖版120～131）

最後，將成化至正德這段時間的青花瓷器，歸納其發展的特色，作一綜合性述敍。從整體外貌看來，本期間燒造瓷器包括青花、青花複合彩繪瓷，以及所有其它瓷類在內，共同的呈現一種瀟灑輕快、精巧纖細的風格，比較宣德和以前所燒的嚴整凝重、渾樸古拙的作風，可說迥然異趣；其形成則顯然和文藝發展息息相關的政治演變有關。明代自進入中葉後，由於國家成立已久，人性逐漸失去初期的質樸剛健，人心轉趨崇尚浮華逸樂；更因爲政治久處昇平，文化日浸爛熟，於是導致社會藝術的發展，沾染享樂主義思想，競向侈靡華美風尚，就像十七世紀歐洲風行一時的精妍縟麗的巴洛克(Baroque)藝術產生的情形一樣。這便蔚成有明青花瓷器燒造的第二階段，也即是明代青花瓷器發展史上的中期。這一時期青花瓷器的特色，作爲主體的花繪，受到青料性能的限制，青色色度低而勻薄，因而繪畫追求花紋工整筆綫遒美；器形講究小巧玲瓏與輕薄，例如前人記敘本朝有種青花紙薄酒琖，胎薄釉薄，是種眞正的脫胎器，爲其它朝所沒有，以燒造技術論，誠爲瓷器中一項極高的成就。此外，更運用繪畫的特長，發展青花與其它彩料結合而成的彩繪瓷，如三彩、五彩和鬥彩等，大事生產不遺餘力，使得這一期間的瓷器景觀，充滿五顏六色光彩耀目之感。

第三節　晚期發展的情形

一、嘉靖朝

明代官窯瓷業的發展，經過成化、弘治和正德的盛衰更替，到了世宗嘉靖朝又出現了另一番嶄新的局面。大體說來，明代官窯的燒瓷，由早期的永樂、宣德奠下宏偉深厚的基礎，經過中期的成化等朝積極的開拓發揚，中間雖然出現一段低沉時期，但是從整個發展來說，無論是思想或技術，特別是技術方面，包括瓷土的淘煉，釉藥的配製，坯胎的製作，窯火的控制等等，都能繼續不斷的進步與提昇品質，及至嘉靖朝已經趨於最高的地步；換言之，也就是一切有關瓷器燒造的知識和技藝，至此臻達完全飽和成熟，既使後世再進一步的精析鑽研，似乎也不出其成就的範疇。不過，上面僅是就其燒造技術而言，雖云如此，然而若從燒造規模而論，整個明代燒瓷歷史上能夠發達到巔峯，造成景況熱烈空前絕後，可能還要等到嘉靖和以後的這段時期。例如前面曾經引述〈明史〉「食貨志」裏記載，其中談到明代內府，徵索紛紜，事目繁多，各朝侈儉不同；大致說來，侈靡風氣開始於英宗朝，憲宗、武宗踵武加厲，至世宗、神宗到達極點；而在所有花費中，最大的便是燒造和織造，內中又以燒造爲最。明代燒瓷形成日益增大的原因，前面也有所說明，不外是：明代以後瓷器於日常生活中，取代一切其它器物的地位，用途與需要大增；瓷器燒造技術不斷進步，品質不斷提高，精美日益吸引大衆的喜愛；明代歷朝皇帝多數嗜好瓷器，隨著時代演進有增無已，其中以世宗尤有偏愛，於是燒造數量增長一朝甚於一朝。

〈明史〉本紀記載，武宗死後，因爲沒有子嗣，於是決定由興獻王祐杬的兒子，也是憲宗的孫子厚熜入承大統，這便是後封廟號的世宗。

世宗卽位，改號嘉靖，初時顯露頗有作爲。「本紀」中評論他，是「力除一切弊政，天下翕然稱治」；然而不久後，朝政卽告鬆弛。他因爲特別迷信宗教，「崇尚道教，享祀弗（佛）經」，加上生活奢侈享受，「營建繁興」，如此下來，終於「府藏告匱，百餘年富庶治平之業，因而漸替」。他的一切所作所爲中，如熱衷佛、道教，寵信方士，廣行齋醮，祭享拜祀無不涉及瓷器之用；尤其他本人對於瓷器性有偏好，導致大事燒造，加上在位時間長達四十五年，生產曠日持久。於是，這項宣德、成化盛極一時，其後呈現停滯或衰退的燒瓷事業，重新掀起熱潮，發展出前所未見的浩繁盛況。

根據文獻記載，顯示嘉靖朝官窯燒瓷規模的龐大，記敍資料可稽考的，計有：嘉靖初，曾遣中官督燒弘治以來燒造未完的瓷器，共三十餘萬件；嘉靖十六年，新作七陵祭器，數量不詳；嘉靖三十七年，遣官之江西，造內殿醮壇瓷器三萬；另據〔梁浮縣志〕「物產志」中記載，所作嘉靖八年至三十八年統計，燒造的御器達六十多萬件。以上凡是，足見當時瓷器燒造的次數頻繁與數量龐大之一般。

嘉靖朝為明代官窯中燒造最具規模與聲勢者之一，其發展本質上仍然承繼前朝無所改變，但是外觀上出現許多明顯不同的地方，前面說的燒造浩繁便是一項，此外尚有若干方面，則分別敍述於下。

一、在瓷器燒造的措施方面。有關明代官窯的設施，前面歷朝皆有陸續建立，至於本朝更趨明確與完善化，最明顯的便是實施長久的管理制度，此時有所改進。前面介紹過，明代官窯自洪武初置實施派官管理；永樂間改遣太監（中官）監燒；宣德時重以工部營繕所丞督理；至天順再恢復委任太監負責，以後的朝代，御器廠雖然時設時撤，皆不出由太監主持。及至本朝，根據記載資料顯示，初期仍舊沿襲此一傳統的太監監陶辦法；然而到了嘉靖三十八年，即行裁革監廠中官，改以饒州府佐二人督理；嗣後，又改由全省各府佐輪流選派一人負責；迨及四十四年，再添設饒州通判駐廠專門督造，不過為時不久便告停止。以上這一裁撤中官改派饒州府佐管理燒造措施的用意，予以推測，可能有下：一是鑒於過去長期的中官監陶，已經形成苛索擾民的積弊，應予革除；二是委由地方官吏管理，能夠深入瞭解燒造問題，易於就近改善。因爲過去負責主持官窯燒造事務，都是皇帝派去的朝廷官員或太監，這些人乘機歛索需求，造成地方官民負擔，久爲人所詬病，如今改由地方官吏取代，自然免除這層弊端；同時地方官員具有鄉土情感，能夠體恤民苦而獲得百姓支持，再是也具有燒瓷實務經驗與熱忱，更能掌握與提高產品的品質；因此，這一官窯管理的新措施，實在有助於本朝瓷業的進步。其次是人事與經費，有關明代官窯一切人事和設備費用，過去的情形雖因資料缺乏不得而知，但是至少本朝已有記載明白顯示。根據零星的記敍，本朝龐大規模燒造的費用，包括諸如瓷土的開採與運送，御器廠器坯製作與繪畫，御窯的燒造以及器成後押解進京等一應勞力人夫，所有花費、薪水和宿食開銷，都由地方政府負責編造徵用；上述所謂地方政府，也就是富饒的饒州所轄七縣；根據記載中指出，當時由七縣賦稅支持的景德鎭官窯御器廠，整個組織人員——從專業工匠以至勞役挑夫，多達一千餘人，而繪瓷的專業畫家尚在另外招募，由是也可見燒瓷活動旺盛情景的一斑，誠爲有明的巔峯時期。

二、在瓷器燒造的材料方面。燒瓷材料中最主要的瓷土，根據前人記敍有二：一是鮮紅土絕，導致這類紅器的燒造法不同於前，不得不改燒礬紅色器。二是麻倉土逐漸枯竭，土質變劣，如〈陶說〉中卽說，當時使用的堊土，有種正白如玉色的最佳，多用於燒造壇琖（祭器）之類；另有種色澤近青的嫩堊，以及色近黃的不淨堊，用於燒造一般器物，這便是形成當時的青花和彩繪瓷器胎質大不如前的原因。其次是青花瓷器花繪使用的青料，使用外來的回青，由於發色迴異以前的蘇麻離青和平等青，蔚然另外一番嶄新的面貌。

三、在燒造引起的政治反應方面。本朝由於世宗好大喜功，貪欲奢靡，毫無節制的燒造瓷器，不僅產品數量空前浩繁；而且因爲耗費不貲，成爲政府財政上日益加重的負擔，引發政治上劇烈爭論也是前所未見。例如當時燒造浪費引起朝臣關切與不滿，明人便有記敍其情形，如王世懋的〈窺天外乘〉中記載，說：

「嘉靖間，回青雖盛，鮮紅土絕，燒法大不如前，而上忽命燒大缸，圍至五、六尺，所用土料、青料既多，比入火，十無二三完好者，坐是爲虛費甚鉅，而人莫敢言。」

文中所說的這種大缸，體積鉅大，作者自稱任職九江分守時，曾經督運過二個。二缸進京，就需地方大員親自押送，耗費鉅貲可想而知。這種浪費情形其後有增無已，愈來愈覺嚴重，終於引起朝臣進諫的事件，也越來越多。如嘉靖二十六年，有「上取鮮紅器，造難成，御史徐紳奏以礬紅代」；另有當時的給事中陳皐讜上書，稱「其大爲民害，請罷之」，但未爲世宗接納。大致而言，由於皇帝大事燒造瓷器，造成政府龐大的財政開銷，間接加重了百姓賦稅負擔，從本朝開始日益明顯的成爲無法解決的政治問題。

四、在燒造瓷器的產品方面。指的瓷器產品形貌上展現的特色，這也是與其前各朝差異最明顯的一項。這方面似乎又可分爲下面兩點，分別敍述。第一、在燒造釉色上品類繁雜，其呈現多彩縟麗璀燦耀目的景象，可以說超逾其前任何一朝，就連盛極一時的宣德朝也暗然失色。此處卽以現藏台北國立故宮博物院的本朝瓷器，作一分析統計，在總數九八五件的藏品中，釉色與數量情形，是：甜白四六件；霽青一五六件；回青八件；嬌黃釉一五四件；孔雀綠二件；紫金釉六件；綠彩一〇件；嬌黃綠彩二件；釉裏紅二件；抹紅八件；黃彩一一件；紅地黃彩三件；青花四五七件；黃釉青花一件；青花抹紅五件；青花綠彩五件；青花鬥彩三六件；三彩八件；五彩三〇件（彩版73～88）。以上這些不同的釉色間，數量雖然多寡相差懸殊；但是具體而微，各備一格，整個看來便顯得繁美縟麗；這些衆彩殊相的釉彩，五顏六色，有似繁花簇錦般，著實爲本朝的燒瓷世界平添一片美麗景色。第二、在燒造器形上式樣多變，同樣予人繁雜的感覺。根據上述國立故宮博物院的藏品，以及前人瓷書中記載，本朝燒造瓷器有下：實用器具，有盤（圖版133）、盌（圖版134 135）、鍾、杯（圖版136）、碟、罐（圖版137）、壺（圖版142 a）、滷壺（圖版142 b）等，數量仍佔大宗；陳設器具，有爐（圖版143）、瓶（圖版146）、盒（圖版152）、洗（圖版153）、渣斗、香鑪、甁、以及仿古銅器的尊（圖版154）、觚、爵（圖版155）等，數量居次；文房用具，有筆洗、筆架、筆盒、水丞、硯台、顏料盒（溫盂）、顏料碟、印盒等，器形成長最速。凡是看來，器形繁多複雜，較諸釉色有過而無不及。一般說來，明代官窯燒瓷發展到本朝，使用範圍可說無遠弗屆，無所不有，幾乎包羅日常生活應用器具殆盡。這些瓷器的造型，雖然大多數不出舊有形制，但是新創式樣也不少，而且俱能爭奇競巧，就以其中屬於陳設欣賞性質的瓶子爲例，卽有梅瓶、獸耳環瓶、蒜頭瓶、葫蘆瓶、小瓶等多種（圖版146～151），形式各異，變化多端。另是體形上，也是大小並存，大型器物如大魚缸、大罐、大瓶、大盤等，大盤中有種黃地青花大盤，甚至口徑寬達八十公分，碩大無朋；小型器物則小碟、小瓶、小鍾、小杯（圖版136）等，細小玲瓏，可謂諸有俱備，殊相各異。再是造型上，所燒諸多器物中不乏新穎奇巧形制，如鏤空瓶、壁瓶、筒式瓶、捧盒、方斗杯、方洗、八稜鍾、八方碟、鈴式盌、蓮瓣口鍾、菊瓣口碟、燈台、綉墩等，都是先前各朝罕見或沒有的器形；如〔古銅瓷器考〕書中，特別提到世宗經籙醮壇用器，內有種名壇琖的小白甌，正白如玉，另有魚扁琖、紅鉛小花盒子，最爲世人玩賞，也是本朝特殊燒器之一。然而，這些新奇器物中最足稱道的，厥爲方稜器物的大量出現，殆爲前所未有，特別顯示出本朝在瓷器製作思想與技術上突破性的成就。這種方形器製作的困難與費事，王世懋的〔窺天外乘〕中便有談到，說是：

「盖窯器圓者，鏇之立就，倏忽若神；獨方物即至小，亦須手捻而成，最難完整。供御大率十不能一二，餘皆置之無用。」

瓷中方器燒造流行，誠爲本朝肇其端；其後各朝始競相仿效。而方器盛作，也成爲原已費用繁重的燒瓷負擔加劇的原因之一。最後是風格上，本朝瓷器在製作方面，建立一明顯的特色，即形制厚重古拙與輕盈華美兼而有之，恰似那早期與中期風格的綜合。不過，也由於官窯燒造規模數量龐大，導致逐漸走上製作制度化，此時已經厲行生產分工合作的方式，所燒造出來的器物，予人一份技巧純熟的感覺外，也意識到一種粗製濫造的成分；這項特質尤其是其後幾朝瓷器具有的共同相似的地方。

綜合以上所述，嘉靖朝的官窯瓷器發展，呈現如此多方面與前不同的地方，其中最具吸引力與爲人稱道的，仍以燒造的瓷器本身表現的特色爲最。在包括釉色和器形兩者的這方面看來，表現出燒造追求的目標方向，是一則在於盡量拓展瓷器的用途；一則也在著意創造燒製的美感，同時提昇實用審美雙重的機能。因此，燒製的匠人俱能發揮藝術的智慧，運用巧思奇想來設計製作，終於達到淸藍浦於〈景德鎭陶錄〉中，所說的「製作益巧，無物不有」；而且發明釉色，五彩眩迷，開創出一片形形色色、繁華縟麗的景象，令人有眼花撩亂、美不勝收之感。在當時燒造的所有瓷類中，又以青花和青花複合彩繪瓷器特別顯明突出。根據前面就台北國立故宮博物院藏品，所作本朝瓷器釉色分析統計結果，本朝青花瓷器陡然劇增，數量躍升幾乎等於其它所有瓷類的總和，青花複合彩繪瓷尙不包括在內，顯示這類瓷器重新受到重視，也恢復領導衆瓷前進發展的形勢。

有關本朝青花瓷器發展的情形，仍然依照前面介紹方式，分爲器形、青花、花繪和畫藝等項，分別加以敍述。

青花瓷器的器形。前面已有所述，本朝在瓷器燒造方面，幾乎無物不有；而所有器物，在造型上仿舊與創新兼而有之，同時形制更能結合實用與審美爲一，透過工匠創作的意識和技巧，善盡藝術手法之能事；因此燒製的器物品類繁多，形制複雜，蔚爲本朝瓷器發展景觀上的一大特色。其中所舉例說到的許多器形，以及一些最具創意與新穎的東西，幾乎都出自青花和青花複合彩繪瓷器中。所以，本朝青花瓷器在器形方面，所展露的繁富巧軼的景況，在明代各朝官窯中足堪與宣德比肩抗衡，此地不多作贅述（見圖版133～155）。

青花瓷器的青料發色。青料爲明代瓷器燒造裝飾器面繪畫時，使用發色劑中用途最廣與最重要的一種，不僅爲燒瓷中執牛耳的青花瓷花繪構成的惟一因素，也爲其它多數複合彩繪瓷繪畫不可或缺的要件，影響著明代瓷業的發展至爲密切。關於明代燒造使用的青料，遠自明初以降，歷朝迭有更換，由最早使用的土青；至永樂、宣德時，改用外來的蘇麻離青；成化、弘治時，再改用國產的平等青。因此使得前面這段時間的青花瓷器，出現明顯不同的兩種面貌，於是形成早、中期兩個階段。迨及本朝，這種瓷器依賴繪畫於玻璃釉下的坯胎上，燒後卽能散放出青色色相的青料，又發生了變化。根據前人瓷器，如〈南窯筆記〉中記載，說是：

「嘉（靖）窯用回青，故濃翠華艷。」

以是知本朝使用的青料爲回青。按回青的出現，前面已經說過，根據前人說法，最早於正德年間獲自雲南，已知可以燒造瓷器。然而從存世的正德朝青花瓷觀察結果，絕大多數青花色調與其後傳世所謂回青燒成的產品不類，反而極爲接近其前使用平等青的成化、弘治朝燒器，因此據以推測當時尙未運用這種青料；又卽使使用的話，也已經到了正德末年或嘉靖初年，其中尤以嘉靖初年開始使用最爲可能。上面這項推測假設，也是有所依據的：一是觀察今日存世的所有嘉靖朝青花瓷，可以發現其青色色調完全迥異從前，非但不類其前成化、弘治的平等青，也有別於更早宣德的蘇麻離青之發色，顯示出於一種前所未有過的青料所燒成。二是前述前人文獻記敍本朝使用回青的說法，印證上面事實，足以證實此項判斷。三是史籍中記敍本朝與中東回教世界往來的密切關係，根據〈明史〉世宗本紀中記載，嘉靖一朝與有往來的回教國家極多，如魯迷、哈密、吐魯番、撒馬兒罕、烏斯藏、天方等，其中尤以天方最爲密切，來往頻繁，進貢明朝不絕，史書記載可考的計有嘉靖四年、八年、十一年、十二年、十六年、廿二年、卅二年、卅八年等八次。按天方卽今阿拉伯地方，正是燒瓷青料的盛產地。因此這種發色性質優異的青料，便成爲這些阿拉伯國家入貢明朝的重要貢品之一，而且由於產地的關係，也有了「回青」名稱的由來；同時，靠著當時暢通無阻的中亞陸路交通，使得來源繼續不斷，貯存充裕，不僅造成本朝大量使用形成回青盛行的局面，其後幾朝也不虞匱乏，也是推斷本朝開始使用回青最爲有力的一項佐證了。

本朝因爲使用回青，於是導致所燒青花瓷器面貌迥異於前，而將明代的青花瓷發展帶入另一新的階段。首先，這種回青的性質，根據現代科學化驗分析的結果顯示，其含鈷成分極高，達到百分比的〇・六七，不僅遠超出國產的任何青料之上，也高過同屬外來的蘇麻離青的〇・六三，所以經過還原燄燒後呈現的發色，迥然異於前述的兩種青料。根據實物觀察所得，其色度極高而純淨，色相爲深藍泛紫而成堇青色，彩度華麗而強烈（彩版89），〈南窯筆記〉中稱爲「濃翠紅艷」，確實是再好不過的形容了。不過，也許因爲成分中含鈷量既高，其它雜質少，加以提煉研磨過細。因此色度十分純淨而外，發色凝聚不散，既找不到蘇麻離青的散暈與顆粒粗糙形成的滲青現象，也難發現平等青的色質穩定所產生的筆綫清晰分明情形。所以〈陶說〉中說是「回青淳，則色散不收」，事實上應該說是凝而不散；同時也缺乏色階層次的變化。回青由於發色色質濃膩，在色覺上予人的感受，也與前面兩時期燒造的產品不一樣，既缺乏早期青花瓷青色的沉鬱苦澀的趣味，又短少中期青花瓷青色的淡雅秀逸的情致；所畫成的花樣，常是勾染難分，筆綫不明，單一的色階形成平板模糊的形象，使得繪畫失去精緻明晰的韻味，而流於粗俗格調。雖云如此，回青在發色上缺乏活潑生動的性質，不過也有其特殊動人的一面，就是那穠艷幽邃、光彩亮麗的色相，前人稱是「幽菁可愛」，幻化成那無數的錯綜複雜的花繪，散佈在瑩潔溫潤的釉胎間，襯托成強烈的對比；尤其當夾配著其它同樣濃重色澤的彩繪，也就是青花複合彩繪時，特別散發出一種豪華軼麗的美感，大異其趣於前面所有的青花和青花複合彩繪瓷器，深深地吸引住觀賞者的視綫，將人帶入無限遐思。這大概就是本朝的燒瓷，爲何在青花而外，同時也大力發展複合彩繪的原因。（參閱彩版80～88）

青花瓷器的花繪。這是本朝青花瓷與青花複合彩繪瓷展現的特色中，於青料發色而外，最重要的一項，也是最具藝術性的一項。其情形又可分述如下。花繪的題材，根據前附「故宮藏明官窯青花瓷花繪題材及數量一覽表」中所列，本朝所有青花器共四五七件，數量不及宣德朝却是其後最多的一朝；然而在使用題材這方面，幾乎無所不有，超逾向稱繁富的宣德之上。例如表中所列明代官窯青花器使用的所有圖形，其中動物門一八類內，本朝佔了一六類，除去仕女、海獸二項不與，其它的人物、兒童、仙人、龍、鳳、龍鳳、麒麟、四靈、獅、八駿、羊、鶴、鴛鴦、鳥、蝶、魚等，樣樣俱備，而且件數合計二七六件，超過所有青花器的半數以上；又其中龍九八件，佔動物類中單項的第一位，雲鶴四三件，約佔所有青花器的十分之一，其它是三羊開泰二一件，麒麟六件，四靈二件，八駿二件；而這些麒麟、四靈、八駿、羊、鶴、鴛鴦、蝶等，俱爲本朝青花中僅見的畫題，其餘的鳳和龍鳳，則與宣德相埒；人物畫中的兒童嬉戲類，驟見增長，達四五件，多於其它任何一朝；仙人類爲本朝創始的題材。植物門一五類內，本朝佔了九門，計七三件，有番蓮、牡丹、蓮花、菊花、茶梅、花卉、松竹梅（歲寒三友）、瓜、果等，缺乏有靈芝、葵花、梅花、牽牛花、蕉葉、葡萄等；其中以番蓮二四件最多，花卉一八件居次，顯示有復古早期花繪的意味。文字門四類內，本朝佔二類，有壽字、梵文，缺乏藏字和波斯文。吉祥符號圖案門三類，本朝全有，爲八卦、八寶和如意雲，其中的如意雲頭，爲本朝創始。從以上這些花繪題材看來，確實是內容豐富，其中允爲明顯突出的，厥爲象徵宗教意義的祥瑞禽獸事物，如龍鳳、鶴、羊、麒麟、四靈、八駿、仙人、八封、如意等特別多，說明了當時燒瓷與世宗特別崇奉道教的關係。花繪的形式，就是對於上述這些繁多的題材之運用方式；這方面更表現了本朝瓷繪藝術追求繁富美的理想。根據〈飲流齋說瓷〉中記載，說是：

「嘉靖繪事，喜內外夾花，喜錦地，漸趨於華縟一派。其特色有數種，如外龍鳳鸞雀內雲龍、外出水龍內獅子花之類，即可謂兩面彩也；如海水蒼龍捧八卦、天花捧壽小福海字一種，謂之花上夾。」

文中所說的內外夾花、錦地、兩面彩、花上夾，都是當時瓷器裝飾花繪流行的形式。這些形式，顧名思義，所謂內外夾花，就是瓷器裏外兩面均有繪畫，也即是兩面彩；花上夾，是一面繪畫花紋，花紋中嵌入其它圖案，如吉祥文字或圖形等；錦地，又稱爲錦紋開光，則是以織錦的圖案爲地，在上面預留出各種形狀的空白部位，以供繪畫其它花樣圖形於內。花上夾和錦紋開光，可說俱是本朝創始，隨即大見流行後來的瓷繪形式。從以上這些別出心裁的形式看來，即可見出當時裝飾花繪，無一不是傾向複雜繁瑣的構圖；而從現有存世本朝青花和其它彩繪瓷器實際考察，所呈現的情景也確實如此。另外，是本朝青花和其它彩繪瓷器，所使用的這些圖案花樣，當時似乎也有一定的來源。因爲根據前人記敘，明代官窯燒瓷裝飾繪畫的花樣，多由政府部門（工部）設計、保管與頒發。如明王宗沐的〈陶書論〉中，即說到：

「陶器貢自京師，歲從部降式造特多，以龍鳳爲辨。」

而他另在〈江西大志〉中，更述及嘉靖朝使用的瓷繪花樣之情形，說是嘉靖七年以前的圖案，燬於火而不可考；其後使用的有五十餘種，俱列出名稱，看來這些圖案必是八年後重新設計的，其內容名稱如下：

「趕珠龍；一秤金；娃娃昇降戲；龍鳳穿花；滿池嬌；雲鶴；萬歲藤；搶珠龍；靈芝捧八寶；八仙過海；孔雀牡丹；獅子滾繡球；轉枝寶相花；鯖鮊鯉；水藻；江下八俊；巴山出水；飛獅；水火捧八卦；竹葉靈芝；雲鶴穿花；花樣龍鳳；轉枝蓮托八寶；八吉祥；海水蒼龍；捧八卦；三仙煉丹；耍戲娃娃；四季花；三陽開泰；花天花；捧雲山福海字；二仙；出水雲龍；龍穿西番蓮；穿花鳳；雙雲龍；青纏枝寶相花；穿花龍；如意圍鸞鳳；穿花鸞鳳；團龍；群仙拱壽；蒼獅龍；耍戲鮑老；昇鳳擁祥雲；乾坤六合花；博古龍；松竹梅；鸞鳳穿寶相花；四季花。」（此文也載於清佩文齋書畫譜中）

文中還說到，不在所列的無名花草、人物、禽獸、山水等尚多，不可勝計。從存世實物考察，這些畫稿花樣圖案，大多可以見諸於流傳今日的本朝瓷器上（圖版155 a），只是圖樣皆以繁簡不一的組合形態出現；簡單的一器上繪畫一或二組，複雜的一器可以畫上三、四甚至五、六組，交織成繁複熱鬧的畫面，成爲本朝青花和其它彩繪瓷器外貌上的特有景象。此外，是這些變化複雜的花繪圖案的來源，大體說來，除了動物、植物圖形多從現實生活中寫生便化而來，其它歷史故事、神話、傳奇之類，有的抄襲古今織錦、金、銀器、佛道宗教法器等器物的紋飾，也有的擷取外國裝飾紋樣；同時取材還有多與當時通行的織成、緙絲、雕漆、金屬和竹木器具等，使用著共同的式樣和形式。例如瓷繪中通常所見的走龍、雲龍、麒麟、獅子、鴛鴦、萬金、盤龍、對鳳、孔雀、仙鶴、芝草、大窠獅子、雙窠雲雀、蘆芽雲鸞、宜男、百花、穿花鳳、聚八仙、摘珠龍、獅子盤球、水藻戲魚等，都是織錦和雕漆器上慣用的圖案，幾乎大多照樣出現在青花和彩繪瓷的繪畫中。以上這些原本來自民間裝飾藝術花樣的廣泛使用，也特別使得本朝官窯青花瓷器外觀上，平添一層濃重的民俗色彩和風味。

青花瓷繪的畫藝。觀賞明代的瓷器花繪，特別是能夠表現筆墨趣致的青花瓷器，大凡本朝燒製的產品，其繪畫無一不是呈現畫技純熟，流露著一份精簡洗煉之美，顯示俱爲出於技藝優秀的畫師手筆的作品。若是進一步仔細分析，這項特色又表現於下面兩方面：一是繪畫的構圖，雖然前面花繪題材內容中說過的，本朝青花與其它彩繪瓷的花繪形貌已經趨於繁複；不過在表現手法上，却能打破以前傳統的拘謹規整的模式，傾向於自由任意的布局，畫面因而產生流暢生動之感。二是繪畫的用筆（圖版137），或許由於當時迫於形勢，因應大量燒造需要而導致生產邁向組織化的分工合作，在所謂「學畫不學染，學染不學畫」，「以專其一」的精工制度下，人人訓練出一身精熟的技藝。因此，畫工在繪畫時，下手都能出諸一種簡率的筆法，飛動的綫條，隨意點染，脫略形象，却是十分自然妥貼，使所要表現的事物充滿了生動活潑、生意盎然的趣致。這項畫藝上的特質，也使得上面所說的花繪題材，因爲劇增民間裝飾藝術事物所產生的民俗氣息，更加濃厚。又正由於這兩項花繪上特殊因素的結合，造成本朝的青花瓷器比較起其前歷朝燒造者，外貌上獨具一種質樸而帶有親切感的風格。

二、隆慶朝

世宗在位長達四十五年，死後，由長子載垕繼承大統，建號隆慶，是爲廟號的穆宗。

根據〈明史〉本紀記載，穆宗初卽帝位，頗能「有所作爲」，如「改先朝不便政令，方士悉付法司治罪，罷一切齋醮工作及例外採辦」等，顯示他對於前朝政綱廢弛與侈靡浪費的不滿。評贊中並且說他，是「在位六載，端拱寡營，躬行儉約，尚食歲省巨萬」。可見他確實稱得上是位節約儉樸的皇帝。

然而，穆宗雖然生活節儉有餘，惟獨對於燒瓷一事，却是興趣不減前朝。根據王世懋於〈窺天外乘〉中記敘，說是：

「穆宗登極，詔發宣德間鮮紅樣命造，撫臣徐栻力言此土已絕，止可採礬紅，上始允之；而加造方器，如匣、笥類者甚。大鋼之費既在，而方器之苦復增。」

而清人〈陶說〉中引述其它資料，也有同樣的記載，說：

「隆慶五年，都御史徐栻疏稱，內承運庫太監題奏缺乏各樣瓷器，要造裏外鮮紅盌、鍾、甌、並大小龍𦉪、方盒，共十萬五千七百七十。其龍𦉪體式底濶肚凸，多致墜裂；五彩𦉪樣重過大色，多係驚碎。」

凡是，足以說明穆宗個人對於燒造瓷器的熱心與積極，同時也可看出明代後葉皇室花費於此方面，形成龐大負擔與浪費情形，即使儉樸的皇帝也難免俗風氣之一斑。

本朝官窯瓷器燒造的情形，可以概述如下。首先，在管理措施方面，因爲直接承繼嘉靖朝，典型猶在，步武前規，御器廠仍歸饒州府各府佐中輪選擔任管理，廠中組織人員數量，也與前朝相去無幾。其次，在燒造的瓷器方面，根據存世的實物考察看來，本朝燒造的數量雖然難與前朝比擬，但是技術上展露特色，堪稱足述的地方也不少，歸納則有如下：一、器物造型方面，頗能推陳出新，於前面所述嘉靖創始流行的方形器，承襲方興未艾之勢而大事燒造，造成耗工費帑困苦的情形，前人已有記敍；却能在舊有形制外有所發明，如存世實物可看到的器物，有提梁壺、銀錠式和方勝式盖盒、八卦圓爐等，皆爲前所未見的形制，便是創新形式的例子。二、器物胎釉方面，一般而言，明代官窯瓷器燒造，自嘉靖以來胎釉已有厚薄兩種分別，厚的如帶乳白色的半透明狀，有像玉的光澤一般的柔和感覺；薄的則是透徹明亮，有種堅冷感覺。根據前人瓷書記載說法，本朝則出現了多種的厚釉，有質地瑩厚如堆脂的；有粟起如雞皮的；有發棕眼的；有像橘皮的，以上種種，彷彿宣德一朝燒瓷景象的重現。而瓷器器胎的顏色，因爲受到麻倉土開採將盡，土質變劣的關係，則呈現微靑、微綠、甚至微黃色等情形。

至於本朝靑花瓷方面，除了具備上面兩項特色，尙可專述的也有如下。一是靑花的色調，〈陶雅〉書中記敍本朝的靑花器，稱是「靑花穠艷，畫筆幽靚」，形容幾與嘉靖產品性質一致；而根據存世實物對照比較，確實是兩者十分接近，證明本朝使用與前朝相同的回靑料。惟有不同的地方，是本朝靑花的穠重的堇靑色，融入那些質厚而折光狀況不一的玻璃釉中，產生與前異樣的面貌；其次是由於胎質的不夠純白，也影響到靑花色度的變質與降低。二是靑花的花繪，本朝使用的裝飾題材內容和形式，雖與嘉靖朝大體相同，但在構圖安排與格局上，顯然更能配合器形而佈置，也更加趨於繁瑣與複雜；使用的花樣圖案，有的同一器面上配置多至十組以上，其中尤其以內外雙繪的兩面夾花爲然，如前人記錄隆慶官窯瓷器，有一件標名「外穿花龍鳳八吉祥五龍淡海水四季花捧乾坤淸泰字八仙慶壽西番蓮、裏飛魚紅九龍靑海水魚松竹梅穿花龍鳳甌」，卽爲最好例子。另外，由於穆宗好女色，前人記敍本朝官窯瓷繪中，又有描繪春宮秘戲之類圖畫，更爲他朝所未見。以上可說俱爲本朝靑花瓷器別於他人的地方。（見彩版90～94）

隆慶一朝終因穆宗早死，在位時間僅僅六年，理所當然的，瓷器燒造難與享祚長久的嘉靖相埒；但以前面所述規模盛況而論，數量相差也不應太遠。然而，考察流傳今日的明代歷朝存世瓷器數量，以台北國立故宮博物院的收藏作一統計，本朝藏品全部僅得一二件，其中靑花與靑花複合彩繪瓷合計九件(圖版156～158),其餘爲甜白一件，抹紅二件，不僅與以燒瓷享盛名的宣德、成化、嘉靖和萬曆等朝，遠不足比擬；就連其間曾經出現退縮萎頓的弘治、正德，也有所不逮。這一情形，誠與前面曾經論及的正統、景泰二朝，前人記敘燒造旺盛却不見產品流傳一樣，委實令人百思不解。

三、萬曆朝

穆宗去世後，由第三子翊鈞繼位，是爲神宗，改號萬曆。

神宗即位，年僅十一歲；但是在位時久，共計四十八年，成爲明代歷史上朝齡最長的皇帝。有關神宗一生的政治生涯，前人評論他，說是「冲齡踐祚，江陵秉政，綜核名實，國勢幾於富強，繼乃因循牽制，晏處深宮，綱紀廢弛」。可見他雖然早年信任張居正輔政，政治上表現得十分出色；也是犯了明代皇帝共同的毛病，有始無終，前面頗有作爲，後來則政治紊亂與生活奢侈。尤其是，這位曾被大臣上書譏爲「酒色財氣」沾盡的神宗，到了中年以後，大量的揮霍與浪費，爲了彌補國庫的空虛，導致不擇手段的搾取民財。例如萬曆二十七年，便以諸皇子結婚名義，詔取太倉銀二千四百萬兩，造成戶部告匱，於是下令嚴覈天下積儲。至於其它，如實施增加地方榷稅；增開全國各地礦稅；廣行各類採辦等等措施，無非都在冀望增加國庫收入。因此造成國家幾乎瀕臨民窮財盡的地步。萬曆一朝人民納稅之重，招致民怨，從晚期全國各地不斷的發生民變，以及殺害採辦或稅監官員的事件，即可看出情形的一般。而在當時衆多苛重負擔中，燒瓷便是一項。

萬曆朝官窯瓷器燒造，由於神宗喜嗜與貪求無厭，視世宗有過之無不及，規模與盛況均不下於其前任何一朝，而且燒造時間長久。根據記載資料間接顯示，整個萬曆間停燒時候甚少，如〈明史〉神宗本紀記載，只有萬曆十二年三月，曾減江西燒造瓷器一次。至於當時燒造器物種類的繁多新奇，比起隆慶和嘉靖更是有增無已，由日常生活使用的一切用器，擴及娛樂消遣之具，燒製費工倍苦於前。有關這方面的情形，前人記敍也較多，如明王世懋的〈窺天外乘〉中，即說：

「今上（神宗）時猶踵二宗之令，且添造碁局矣。碁局如片板，尤難燒，而苦不中用，不知何取而爲之。」

另外，清〈景德鎭陶錄〉中轉載〈邑志〉一書記敍，也說：

「萬曆十一年，工科都給事中王敬民題，稱（內）監所開盌、碟、鍾、琖之屬，皆上用必需，而祭器尤不可缺，中間如圍碁碁盤、碁罐無益之具；屛風、筆管、瓶、罐、盒、爐不急之物，總九萬六千有奇，苛索如此，風火仙事，不知何時已。」

〈南窰筆記〉中記載，也說：

「歷成、宣、嘉、萬，製作漸佳」；「碗、碟、尊、罍之外，復有龍鋼、欄板、帶盒等項，巨器興作，費繁而成，官民受累。」

當時燒造不止瓷器品類繁多，而數量動輒以萬計，如上文所說萬曆十一年，總燒九萬六千有餘外；另據其它資料記載，萬曆十九年，命造瓷十五萬九千，旣而復增八萬，至三十八年尚未畢工。由是可見萬曆一朝，瓷器燒造規模的龐大與數量的浩繁，足以抗衡嘉靖而超越有明任何他朝。近年，大陸從事發掘明代十三皇陵中的定陵，即爲神宗的陵寢，出土墓中大量的殉葬物，其中除了豐富的珠寶、金銀飾物而外，更有許多體形龐大的青花和複合彩繪瓷瓶、罐之類，皆爲現有存世的本朝瓷器中所難看到，可以概見當時燒造情形的一面。神宗這種靡費國帑以饗個人私慾，恣意於瓷器的燒造，以國家社稷民生而言，自屬非是；但若以振興瓷業發展而論，却是功不可沒。本朝這種燒造熾熱的風氣，一直延到萬曆晚期才漸戢息下來。

萬曆朝官窯瓷器發展的趨勢，總體看來，一是完全追隨嘉靖朝的路子，這也是兩個接近時代常有的自然現象，易於影響和吸收的關係。二是表現明顯的復古與模擬宣德朝的意向。三是燒造以青花和青花複合彩繪瓷爲主，絕大多數的產品，無論器形與花繪，俱十分接近嘉靖朝製器，許多東西若不檢視器底欵字的話，常常難以分辨出彼此。至於其發展的實際情形，依然分爲以下幾方面加以逑敍。

首先，官窯的管理和措施方面。堪足稱逑的，一是前面介紹過官窯御器廠管理制度，自嘉靖晚年將實施的由全省各府佐輪流選派一人負責，改爲專任饒州府佐駐鎮管理；迨及隆慶末年，恢復仍在各府佐中輪選擔任。然而，到了本朝初年，又有了變動，而以饒州督捕通判改駐景德鎮兼理窯務，從此成爲本朝官窯定制。二是燒造使用的瓷土，前面也有所逑，自嘉靖朝開始，浮梁縣麻倉堊土產量減少，土質日見變差，所燒瓷器質地較諸往昔大不相侔。及至本朝，情況益形嚴重，根據前人記載說法，這種麻倉土膏至此已經用光，坑深挖掘極爲困難，民力維艱，佳土難得；萬曆十一年，除了迫使當時的管廠同知張化美，以提高瓷土價格，由每百觔七分錢增加三分，進行保護開採外；並且另行開發附近縣境的吳門托地方新土代用。這項新開採的土質甚佳，有糖點如麻倉土的更好，只是由於取土路途倍遠於前，不能多運，於是僅供燒造小器；至於燒造龍缸大器，則用餘干、婺源等地所產，摻和湖田出產的石末一起；所以本朝燒造的瓷器中，部份質地上容或與前朝產品不一樣，原因便在此。三是遂行部份官搭民燒政策，本朝後期因爲國家財政困難與政治不安，爲撙節開銷，官窯於是採行以部份材料樣本，委託民間窯廠代燒的辦法，似乎恢復了最早官窯的形態。

其次，燒造瓷器的本身方面。這方面同樣又可分爲兩項敘述：一、在器物器形上，根據前人記載說法，本朝燒造與嘉靖一樣，俱是「趨於繁巧，無物不有」；甚至在形制的變化上，猶有後來居上超越前朝之概。然而，以今日存世現藏台北國立故宮博物院的本朝瓷器來看，數量却不如嘉靖朝，只有五二五件。這些瓷器，再依用途加以劃分，則是：實用器物，有盌（一七七件），又分普通盌（一四五件）、葵瓣口盌（二〇件）、高足盌（九件）、淺盌（三件）；盤（一六五件），又分普通圓盤（一六三件）、蓮花式盤（二件）；鍾（四三件），又分普通圓鍾（四〇件）、高足鍾（二件）、八方鍾（一件）；杯（三七件），又分普通圓杯（三六件）、高足杯（一件）；碟（三一件），又分圓碟（二七件）、菊瓣口碟（四件）；壺（四件），又分普通壺（二件）、執壺（一件）、六稜提梁壺（一件）；大罏（三〇件）；燭台（一件），其中仍以盌、盤、鍾、杯佔最大量。陳設觀賞器物，有瓶（一二件），又分梅瓶（五件）、葫蘆瓶（三件）、蒜頭瓶（二件）、杏葉瓶（五件）；爐（三件，又分圓爐、八卦方爐、八卦圓爐（各一件）；長方盒（三件）；洗（三件），又分葵花式洗、八方洗、梅花式洗（各一件）；六方香薰（一件）；罐（七件），又分圓罐（二件）、盖罐（五件）；尊（二件），又分圓尊、方尊（各一件），其中以瓶、爐、罐、盒佔數最多。以上雖然不能涵蓋本朝全部燒造，也足以概見器形繁複多樣的一斑，堪與嘉靖一較短長。此外，從這些流傳的實物，以及前人記敍資料顯示，本朝燒造器物還表現了兩項特色：一是繼續發展方形和多方形造型，幾達無所不有，而且體形巨大，前人記載當時燒造的屏風，有高達六尺，寬三尺的。二是展露不斷求變求新的精神，如上述器形中的六角頸瓶（圖版 173 ）、八方鍾、蓮花式盤（圖版 162 ）、菊瓣口蝶、八方洗（圖版 166）、六稜提梁壺（圖版 167 ）、杏葉瓶、方尊、八卦方爐（圖版 179 a ）、燭台（圖版 180 ）、六方香薰、斗筆管（圖版 181 ）等，可說都是優秀工匠們，透過審美意匠和藝術意識，在傳統造型的基礎上推陳出新創作的形制，式樣精巧新穎與富有特色和美感，爲他朝產品中少見或沒有。

二、在燒造釉色上，同樣根據國立故宮博物院藏瓷中的本朝器物，作一釉色種類和數量的分析統計，所得結果如下：青花（二六六件）；霽青（一〇〇件）；甜白（二七件）；釉裏紅（五件）；抹紅（六件）；祭紅（一件）；黃釉青花（一件）；青花釉紅（二件）；青花綠彩（一〇件）；嬌黃綠彩（五件）；綠地紫彩（一件）；三彩（五件）；嬌黃三彩（二〇件）；五彩（四九件）；鬥彩（一一件）（彩版 95 ～ 104 ）。顯示釉色繁複，雖未超越也足以抗禮嘉靖朝。而其中青花與青花複合彩瓷而外，五彩、鬥彩等多彩瓷數量不斷的增加，說明一項事實：即自成化以來大力拓展的彩瓷，始終繼續在演進成長中，至嘉靖和本朝已經臻達發展的頂峯極致，放眼看去，彌望姹紫嫣紅、鬥妍爭艷，予人目不暇給之感；而這一方面，本朝似乎猶表現了嘉靖所不及的地方。再有則是嘉靖以來少見的釉裏紅、祭紅器，至此重新出現，顯示明顯追擬宣德燒造風尚的跡象。

綜觀本朝瓷業發展大勢，仍然以青花爲主，不僅數量遙遙領先，也表現出宏偉的氣象。有關其發展情形，同樣分爲下述各方面，單獨論述於後。

器物器形方面。本朝青花仍爲瓷器燒造的主導，因此前面所述本朝燒造器物的所有器形（圖版159～187），青花和青花複合彩繪瓷中幾乎俱有。多巧奇特的形制，配合著爐火純青燒成的胎質，流露出一種燒造技術凝聚而成的成熟美，似乎更勝嘉靖產品一籌。此處不作一一贅述。

青花青色方面。根據存世實物考察，從青花發色顯示（彩版105），本朝使用的青料仍爲嘉靖、隆慶一貫使用的回青；不過青色色調上，却有顯著的差異。這一現象發生的原因，或許是前人記載中說的，嘉靖以後因爲大量燒造的結果，造成回青存量急劇減少，在來源困難與不繼的情況下，十分珍惜使用；尤其中期以後實行部份御器官搭民燒，引起官民盜匿回青情事，於是在敲青、畫青時厲行防盜措施外，另外便是採行回青摻和石青使用的辦法。其情形見載於〔浮梁陶政志〕中，說是「回青淳，則色散不收；石青多，則色沉而不亮；每兩（回青）加石青一錢，謂之上青；四六分加，謂之中青；十分之一，謂之混水」。所以這項回青摻加石青，假如份量適度的話，燒出青花的發色明亮而呈鮮藍，色度反而變成適中，有別於純回青的堇青色，這便形成本朝部份青花器外觀上，不同於前面嘉靖、隆慶的產品，色覺上似乎失去一種豪華的氣象。〔南窯筆記〕中論明瓷青花，談及本朝官窯青花器，評爲「次於嘉（靖）窯」，說是「雖有青料，不逮於回青遠矣」，大概就是執著這點上發論的。而且，上述的情形，愈到後來愈益明顯。大致而言，本朝晚期由於回青來源已是十分困難，身價珍貴異常，因此造成燒造過程盜竊風氣熾盛，大量摻加石青，使得青花青色日趨灰淡，大大的降低官窯燒器的品質；另一方面，民窯因爲代燒吸取官窯的技術，收買獲得盜賣的回青，反而提高了燒造品質，所成精致產品幾與官窯相侔，也使得官窯失去往日獨佔風光的局面，這在明代官民窯瓷業興衰，以及相互消長的發展歷史上具有不平凡的意義。至於青花與其它彩繪配合而成的青花複合彩繪瓷，到此已臻前所未有的發達地步，計有黃地青花、藍青地黃花、紅地青花、黃地青花五彩、褐黃地紫花青花等，五顏六色，可謂集以往此類瓷器之大成。（參閱彩版95、96、100～104）

青花花繪方面。風格上仍然承繼嘉靖朝的繁縟佚麗的作風，但是在表現的內容形式上，却能展現獨有的特色。首先是題材方面，根據現藏台北國立故宮博物院的本朝瓷器，也卽是前面所附「故宮藏明官窯青花瓷花繪題材及數量一覽表」中統計所得，本朝使用於表花瓷繪的圖形，不及宣德、嘉靖朝多，但是遠在其它各朝之上，計：動物門，有人物、仕女、兒童、仙人、龍、鳳、龍鳳、海獸、鳥、魚等類，其中以人物、仙人、龍、鳳爲多，惟獨缺少了嘉靖朝特別盛行，而與崇奉道教有關的麒麟、四靈、獅、羊、鶴、四駿、鴛鴦等；另據前人記敍，本朝青花花繪中，尙有點綴著蜻蜓、蚱蜢、蜜蜂、蝴蝶等花卉草蟲之類，惟這類瓷器已不見流傳今日。植物門，有番蓮、牡丹、葵花、花卉、花果、松竹梅等，顯得遠不及嘉靖、成化朝此方面的豐富。文字吉祥符號門，則有壽字、梵文二種，而梵文多達七六件，冠於其它各朝，顯示與神宗的嗜好佛教密宗喜近番僧有關；另有八卦、八寶，則屬於道教紋飾。其次是表現方面，前面說過本朝花繪裝飾風格上，完全承襲嘉靖朝的手法，在運用上述題材素材上採取組合圖形的方式，而在這方面又能推陳出新，發明一些新奇的花樣。根據前人瓷書，便有記載當時流行的許多這類花樣的名目，如〈陶說〉中所記，有：

動物　有蹲龍；正面龍；昇降龍；飛絲龍；百龍朝蒼龍；團　龍；昇轉雲龍；白龍；異獸麒麟；寶象；百鹿；百鶴；六鶴乾坤；四陽（羊）捧壽等。

人物　有人物故事；攀枝娃娃；百子圖；神仙；神人捧萬古長春、四海來朝字等。

花卉　有一把蓮；萱草花；結篆壽字外蟠桃、海石榴；葡萄西瓜瓣等。

祥瑞表徵事物　有火燄寶珠；陰陽八卦；方勝；結帶八寶；結帶如意；邊如意雲壽意；八寶瓔珞；古老錢字；壽帶花等。

其它　有雲錦；松紋錦；錦地山水；四　頭捧永壽長春；詩意等。

再是運用這些花樣圖形的構圖，也更趨繁複緊密。例如前人記敘的本朝青花瓷器中，各有「外纏枝蓮花托八寶龍鳳花果松竹梅眞言字折枝四季花、裏底穿花龍邊朵朵四季花人物故事竹葉靈芝如意牡丹花」盤，與「外穿花雙雲龍人物故事青九獸紅海水、裏如意香草曲水梅花雀雞白薑芽海水」琖二種，可稱此類花繪形式的典型代表。而從存世實物實際看來，這種畫裏花樣圖案相混雜陳的繁瑣情形，確實甚於嘉靖、隆慶二朝；畫面帶給觀賞者更為熱鬧的感覺，洋溢的民俗風味更為濃厚。（見圖版188）

花繪畫藝方面。本朝瓷器燒造，制度規模上大致完全承繼嘉靖朝而來。前面介紹嘉靖朝瓷業發展中，說到當時因爲因應大量燒造需要，製作生產已經採行一種分工合作的方式；於是畫工在劃分專業擇一從事之下，都訓練出一套純熟快捷的技藝；所以作畫時，皆能準確而大膽的落筆，畫成的作品綫條流利形象脫略，流露出一份簡率粗獷而自然生動的風格（圖版189）。這項實施長久的制度，發展到本朝更趨進步成熟，而花繪表現的此一特色，尤爲鮮明突出。本朝青花瓷器花繪，這項因爲畫工獨特繪畫方式，造成作品在視覺上產生特殊的感受，流露著豪放不羈的情致和瀟灑浪漫的美感，也可說正是明代晚期各朝青花瓷器呈現的特質，而以本朝發展到頂峯極致。可惜好景不常，明代這一由官窯發展起來的瓷類，正似一朵盛開到極點不久即將轉爲凋謝枯萎的花朵，從此也急遽趨於衰落。

神宗於萬曆四十八年去世，由長子常洛登基，是爲廟號的光宗，改號泰昌（西元一六二〇年），在位一年病歿。

光宗死後，長子由校卽位，是爲廟號的熹宗，改號天啓（西元一六二一～一六二七年），七年後又去世。

接下來，再由光宗的五子由檢承繼帝位，是爲廟號的思宗，改朝號崇禎，在位較長，共有十七年（西元一六二八～一六四四年）。最後，因爲流寇李闖攻陷北宗，思宗自縊於煤山；不久，清兵入關，終於拉下了明代二百七十六年的政治舞台劇幕。

以上這段期間，在其前面的萬曆末年，國家便開始呈現明顯不安的跡象；政治敗壞，經濟凋疲，社會動盪，導致各種生產事業解體與式微；官窯瓷業早已好景不再，燒造急遽萎縮衰退。其後，政治情勢更是每況日下。迨及崇禎，由於外有滿清壓境，內有流賊作亂，始終處在內憂外患交迫之中，朝廷應付不暇，燒瓷一事幾乎完全陷於停頓。今日流傳在世的明代瓷器中，萬曆以後的泰昌、天啓、崇禎等朝，除了出現少數的民窯燒器外，全然不見官窯產品存在，便足以說明此一事實。至此，有明一代曾經綻放萬丈光芒，並在我國燒瓷歷史上扮演著極重要的角色，後世推崇赫赫有名的明代官窯，已成明日黃花，就如此無聲無息的消失；而一直受著壓抑的民窯，迅速恢復活躍，終於重現元代以前一枝獨秀的景況。

綜合上述晚明此一階段青花瓷器發展的情形，作一歸納性的概述：這時期的瓷器燒造，在燒造技術方面，由於經過長時間的累積經驗與不斷改進，已經臻達飽和成熟，達到燒製上從心所欲的地步；在官窯御器廠管理方面，由於不斷的改善設備，制度趨於完善化，組織規模擴充到最大的極點；在燒造瓷器的數量方面，由於世宗、穆宗和神宗的特別喜嗜，促進生產不遺餘力，實施製作的分工合作化，使得燒造浩繁空前絕後。另外是在青花瓷器單項方面，也由於下述幾項因素：一、作爲花繪發色劑的青料，至此使用一種含鈷成分量高而質純的回青，燒後發色呈現堇青色，彩度穠艷華麗；缺點則是缺乏散暈與色階層次變化的性質，以及過純與濃深的色相，帶給觀者甜膩沉悶與不暢適感，與前二階段使用的蘇麻離青和平等青比較，色覺上可謂迴異其趣；同時又由於這種回青晚後來源不繼，於是摻和石青使用，發色色調發生變化，青色趨向中和反而變成明麗的鮮藍色；再晚因爲回青益貴，石青摻入愈多，青色轉變成淡灰，已經失去青花的光彩。二、器物造型思想成熟與技術進步，製作器形幾乎無所不有，俱能在固有的基礎上推陳出新，創作許多新奇的形制，而方形器爲其中突出與盛行者。三、花繪題材的廣泛增加，繪畫形式的轉趨繁密，以及畫面呈現熱鬧的氣氛；而且官窯基於官搭民燒的關係，逐漸沾染民窯影響而展露濃厚的民俗風味，都較以往任何一朝爲強烈。四、花繪在繪畫藝術上表現的特色，由於厲行分工合作的生產製作方式，畫工皆訓練出高度純熟的技藝，繪畫筆墨精簡鍊達，作品展現自由活潑浪漫的風格，以視前面二期作品，固然有別於中期成化等朝的精工雅致；也迥異於早期宣德等朝的嚴謹整飾，散發出一種自然生動親切動人的情感。以上，可說都是明代青花瓷器發展演進中，所形成的晚期產品的特色。

最後，對於明代整個官窯青花瓷器的發展，依據前面所劃分的三個時期，以台北國立故宮博物院藏瓷爲對象，加以考察就其特質比較，作一概括性結論於後。

首先，在青花瓷器燒造的數量上。早期的洪武、永樂朝，因爲存世實物不多，無法據以定論外；宣德朝各類瓷器總數一九〇〇件中，青花佔了一〇〇一件，百分比高達五二・六。中期的成化朝，各類瓷器總數五八七件，青花器有二五四件，佔百分比的四三・二，顯示生產下降；但因成化爲彩繪瓷崛起盛行時期，此類青花與其它彩瓷配合產生的複合彩繪瓷器有二三〇件，加入計算便成八二・四，展示青花與青花衍生瓷迅速成長的形勢。其後的弘治朝，各類瓷總數六〇九件，青花只有三九件，加上青花複合彩繪瓷五四件，合計所佔百分比也僅爲一五・二；正德朝各類瓷總數七一〇件，青花有一一七件，青花複合彩繪瓷七五件，合計百分比佔二七，這兩朝可說是青花瓷發展過程中的暗淡時期了。晚期的嘉靖朝，各類瓷器總數九八五件，青花有四六五件，佔百分比四七・二，加上青花複合彩繪的四七件，合計百分比則爲五一・九；萬曆朝各類瓷器總數五二五件，青花有二六六件，百分比佔五〇・六，加上青花複合彩繪的四七件，合計百分比則爲五九・六，顯示青花與青花衍生瓷器燒造，重新恢復蓬勃興盛的景況；可惜的，萬曆以後，因爲回青來源難繼，更由於國勢積弱趨於衰落，導致官窯式微終至消失，青花瓷重歸民窯發展。

其次，在青花瓷器燒成的青色色調上。由於三個時期使用的發色劑青料不同，發色迴異，色覺上產生顯著的差別。前期使用的蘇麻離青，發色屬於寶石藍色系，接近純粹的群青色，色度明亮艷麗，濃淡分明，具有清澄瑩澈的性質；而且青色散暈深入釉骨，帶給觀者視覺上深邃的空間感，繪畫也產生強烈的立體感，情趣萬千，發人遐想。中期使用的國產平等青，由於發色色度淺淡，呈空青色而稍帶灰綠，且無散暈的效果；所以，導致畫工作畫傾力於追求筆致的工整精妍，以補償色覺上的不足與缺憾，造成青花一種秀麗雅逸的美感；然而比起早期青花那種渾融溫厚，則顯得傷於纖弱單薄，但洋溢著繪畫的趣致。晚期使用的回青，發色色調強烈，色相呈藍中帶紫的堇青色，光彩煥發，穠艷奪目；但是由於青料成分過純與精煉過度，失去散暈的活性，雖然也能分出色階層次，却是出諸人工做作，而非天然滲散，給人一種甜膩而無苦澀的感覺；其後因爲回青價昂，演進摻和石青使用，發色呈鮮藍色，彩度反趨明亮適中。此外，這三個時期中的每個時期，又因爲燒造時的窯形、火候、胎土和釉質，甚至燃料的不一樣，同一的青料燒出的器物，青色也會產生差異。因此，基於上述這些主觀和客觀條件因素，形成整個明代青花青色的變化多端，更增加了其面貌的奇麗詭譎性。

再是，在青花瓷器花繪的題材上。早期圖形絕多爲植物類的花果，其中番蓮特多，顯示受到回教裝飾藝術的影響甚大；但是迨及晚後逐漸減少，代之以菊、松、竹、梅、花卉等，同時在構圖上也擺脫外來形式的拘束，便化純粹中國民間的裝飾式樣。中期以後，對於花繪題材的取材範圍尤其擴大，如人物、龍鳳、花鳥、山水而外，詩句和民間歷史故事採用入畫日多，使得原本工藝裝飾也逐漸著重純粹繪畫藝術趣味的追求。又如在人物題材方面，早期仕女佔極重要的地位；到了晚期，已爲兒童和仙人所取代，這證明花繪的喜嗜轉變，由早先對理想主義的憧憬趨向現實生活的探索，以及民俗的意趣的追尋。在動物題材方面，除象徵皇家的龍鳳爲各朝均有外，早期使用的動物較少，以海獸爲主；中期以後，鳥蝶蟲魚與增，顯示反映現實生活的情趣；迨至晚期，祥禽瑞獸的麒麟、四靈、獅、八駿、羊、鶴，以及仙人、八卦、八寶、如意、梵文和吉祥文字等，大見流行，則與晚期皇帝的篤好宗教生活密切有關。

最後，在整個花繪表現的繪畫風格上。繪畫恢宏奇肆，自以早期的宣德爲最，因爲畫工手法高妙，又熟悉青料性能，配合著藝術的素養，畫時純以沒骨筆法運使，由淡而濃，點染勾勒，充分的控制水分乾濕；所以，燒成後的作品，筆墨渾化無跡，達到淋漓盡致的地步。中期的成化，花繪受到青料發色性能的限制，畫工補以畫藝，力求畫筆精到，綫條遒美，點畫深淺，俱有繪畫之美；是以〔菪槎蠡說〕中評論明代官窯青花瓷時，說是「勝朝官窯，首成，次宣、次永、次嘉」，誠以畫筆而言，的是確論。晚期的嘉靖、萬曆，好似重回元代青花瓷器的景象，裝飾花繪以繁縟爲勝；繪畫手法，既有別早期的整飾工謹，也異於中期的精描細繪，而是採取先以深青勾勒粗略輪廓，再用淺青點漬平塗與渲染，形象色階平板劃一。這與當時因爲大量生產燒造，製作實施繪畫分工，所謂「畫者學畫不學染，染者學染不學畫」的制度有關。這項畫染分工的辦法下，畫手養成熟練迅速的技藝所完成的作品，佳者固然筆墨自由豪放，劣者則流於匠氣卑俗，而且有種尖銳粗獷的覇氣，已經喪失前朝青花瓷花繪中的早期生拙，中期秀雅之韻味；不過，雖云如此，若從另一角度來看，晚期花繪的簡率煉達、隨意點綴，却創造了一種民俗藝術趣味濃厚的自然生動的風格，別具一番天眞爛熳的情調。

第四節　民窯青花瓷器的機運

在此之前，一直談論的明代青花瓷器，可說純粹屬於官窯單方面的情形。

事實上，青花瓷器最先起始民窯，其發展的歷史遠較官窯爲長；只是明代官窯崛興後，選擇了這種方興未艾的瓷類，作爲瓷業發展中的主要對象；而且由於官窯：一則挾恃政府龐大的財力，不惜工本花費，能夠後來居上，燒造規模與產品，俱迅速超越過民窯；二則官窯製器精美高雅，皆在粗簡的民窯產品之上，深獲一般士夫文人階層的欣賞，所以前人瓷書有關明代瓷器記載，多數敍述官窯而不及民窯，於是造成一般人對於民窯的認識不清，甚至忽略了其存在。近年，由於地下古物不斷地挖掘出土，以及大量古代窯址的陸續發現，獲得豐富而寶貴的眞實資料，證實明代除去官窯燒瓷而外，尙有許多民窯存在。這些民窯分佈地域廣泛，燒造十分活躍，終有明一代活動始終未曾間斷；而且跡象顯示，在整個發展的過程中，若干民窯與官窯間，似乎也保持著某種程度上的影響，尤其以官民窯共同集中地所在的景德鎭爲然；其中最明顯的便是萬曆以後，官窯日趨式微而實行委託民窯代燒官瓷政策，民窯乘機大力吸取官窯的優點，加速蓬勃成長；及至嗣後官窯衰竭消失無形，民窯能夠完全接替官窯而承擔了延續明代瓷業命脈的責任，進而使得其後承繼明代國運的淸代，立國後甫經設置的官窯，開始卽能展現迅速復興的契機，此其主要原因所在。因此，民窯在明代乃至我國瓷業發展史上，實在居有不容忽視的地位；而明代民窯所燒造的瓷類中，也是以這種大衆化的靑花瓷器爲主要項目。所以說，民窯的靑花瓷在明代靑花瓷器研究上，誠爲不可或缺的一環，具有不凡的重要性。

根據一般過去的說法，明代的民窯靑花瓷器，幾乎全被認爲景德鎭出產。但是，從近年各地不斷發掘出土的窯址看來，四川、浙江、安徽、湖南、福建、廣東各省地方，明代都曾經燒造過靑花瓷器。其中特別是福建、廣東等東南沿海一帶，由於近世海外發現大量古代貿易瓷中存在豐富的靑花瓷器，經過學者專家研究結果，咸認皆是元代以來卽在積極從事這種瓷器燒造的此一地區所生產，藉以提供民間作爲南洋各國貿易的需要；同時不僅產品數量龐大，而且器物品類繁多。不過，上述這些地區民窯，以產品品質的優良和流行的寖廣，都比不上景德鎭燒造的重要。因此，討論民窯青花瓷器的發展，仍然不得不以景德鎭作爲代表。

景德鎭民窯燒造的青花瓷器，明清以來卽被譽爲「器成走天下，行銷海內外」，產量高居全國之冠而外，尙具有下述的幾層意義：第一、在瓷器製作主要原料的瓷土和釉料方面，和官窯使用的完全一樣，早、中期爲麻倉土，晚期爲高嶺土；雖然在某些製作條件上，比不上官窯的嚴格講究，但在產品質地上，却具同樣細緻堅硬的特性，優於全國其它窯地所燒。第二、在瓷器花繪的青料方面，主要使用著國產的青料——土青。這種青料，前面敍述青料的種類和特性中已有介紹，大致說來，性能上可以分爲上、中、下三等。民窯使用情形，繪畫精細的器物始用上料，一般普通用器，以使用中、下料爲多，所以燒成的青花發色晦暗而彩度低，粗者而且色面不勻；在色調的美麗上，固然難及官窯中早期的蘇麻離青和晚期的回青，也與中期的平等青相去有間，但是却優於所有其它地區民窯的產品。尤其是在前面所述的晚期萬曆以後，官窯漸有監陶官吏、揀青工和畫工等盜匿私賣回青情事，佳質青料流入民窯，使得民窯燒器品質提高；這種情形愈至後來愈益明顯，民窯產品中於是出現許多發色極佳的青花器，足以媲美同時的官窯作品；再後則完全取代了官窯燒造的地位。第三、在瓷器花繪的畫藝方面，一般說來，明代官窯和民窯的青花瓷器的差別，除去前述的原料精粗、製作巧拙外，還有便是花繪的精美程度不一。而在兩者繪畫風格上比較，官窯製器格調表現出典重華麗，氣魄雄渾；民窯產品作風，則以簡率樸素、自然活潑見長。這種差異的由來，起於兩個階層的使用者，一則在生活習慣上志趣的懸殊；二則在器用價值上觀念的有別，所引發思想和審美意識上的分歧而造成。然而，景德鎮的民窯長時與官窯共處一地，朝夕親昕，薰陶感染之下，繪畫上却表現得比其它民窯高雅典麗，則是衆所不爭的事實。綜合以上所述，予以歸納明代民窯青花瓷器的特點，是：器物的造型單純穩重；胎質似粗而淘煉實精；青料色調暗而沉靜；花繪自由奔放中饒有秀逸之致，一般產品精致雖然難及官窯燒造，其中亦不乏出色者，精美程度並不多讓官窯。

至於明代民窯青花瓷器的實際發展，以及與官窯相互影響的關係，便依據前論官窯劃分的三個時期順序演進，加以敍述如後。

初期的民窯青花瓷器，大致說來，從洪武至宣德整個期間，順應時代發展，幾乎與同時官窯的製器表現無甚差別。根據存世實物，例如伊朗德黑蘭阿比達比聖廟和土耳其伊斯坦堡托普卡普博物舘收藏，以及其它流傳的明朝這一時間的青花瓷器，其中屬於民窯產品者，特徵多是形制簡樸厚重，胎質色呈灰黃，釉泛淺灰白色；一般器形，以帶盖梅瓶、大盤、大罐、執壺、扁壺爲夥，也有少數非實用性的器具，造型厚拙，仍然保存明顯的元代燒造遺風；青料使用亦厚，色調佳者近乎永樂、宣德官窯燒器，濃郁處往往色澹滲出釉外，轉變成青褐色；花繪似可分爲兩種，一種用筆簡略粗獷，多屬小型器物，一種筆觸細致繁密，多屬大型器物，兩者俱是風格純樸；花繪題材方面，有人物故事、孔雀牡丹、雲龍、歲寒三友、花果、荔枝、秋瓜、纏枝花卉等；這些題材的構圖繁密熱鬧，有的花繪繁縟甚至形成器面青多白少，這也成爲元末明初的民窯青花瓷器花繪上流行的一貫作風。這類繁密的裝飾花繪，令觀賞者心理產

生一種壓迫呼吸的感覺，直到宣德朝器面繪畫逐漸演進，始呈現開朗舒暢。（見彩版106、107、圖版190～194）

中期的民窯青花瓷器，器形漸趨靈巧多變；青料發色方面，除去沉郁的色調而外，也開始出現晶瑩清亮的淺青和較爲鮮明的靛青，花繪畫面也轉變爲疏朗凝鍊。至於花繪題材內容方面，前面介述過成化官窯，指出其中最出色的是人物畫，不僅綫條精鍊秀美，而且命題饒有詩意，民窯似乎受此感染，青花瓷繪同樣顯示了此一傾向。其中特別以嬰孩繪畫最爲突出，例如出土的成化民窯青花器中，有種碗心畫著「嬰戲圖的碗（圖196），畫中寥寥數筆，略施點染，便勾畫出兩個活潑天眞的小孩正在抛球的情景，神態十足，栩栩如生，筆墨簡煉精到的程度，足以令人欽嘆不已；另有一件正德民窯的青花碗，碗心同樣畫的嬰戲圖（圖197），與前者比較之下，便顯得筆墨浮燥覇悍多了。此外，如其它的花鳥、水禽、折枝等題材，也能夠構圖簡淨，用筆精到，同樣流露一番宕逸淸遠的美感。明代晚期時，可以看到許多民窯的青花瓷器，器底書寫著「宣德年製」、「成化年製」的字樣，尤其是一些畫有花鳥、人物、小渚水禽的器物，多數寫的成化欵字。原因便是這兩個朝代的青花瓷器，燒造藝術成就極高，後世瓷工於欽慕嚮往之下，情不自禁，便將製作中好的作品寫上兩朝年欵，一有流露衷心私淑前賢的情意；二有炫詡己作媲美佳器的用心，由是也足以反映出成化時民窯青花瓷器燒造之妙。（參閱彩版108、109、圖版195～197）

晚期的民窯青花瓷器，卽嘉靖朝以後民窯燒造，大致說來，由於受到官窯熾熱風氣的激盪，燒造活動也漸趨熱絡，產品表現的風格面貌更爲明顯與成熟。其所燒器物給人的印象，是形制造型追求新穎奇巧，青花青色變得較前鮮艷，花繪形式與內容趨於繁密複雜等，這一切看來似乎都與同時的官窯燒器情形一致，而且愈到後來愈是接近。以上現象的造成，自然是與後期官窯的官吏工匠盜竊青料出售民窯，以及更後民窯代燒部份官窯御器從而獲得進步的技術和畫樣，是以提高了民窯燒造青花瓷的品質，與豐富其花繪內涵有關。當時民窯青花瓷器呈現的所有特徵中，也仍以花繪一項最爲突出。例如此時期民窯燒造的青花器，其中若干有意模仿宣德和成化形貌，許多製作甚佳的產品器底，俱書寫上「宣德年製」、「成化年製」字樣，但却十分容易爲人識辨出來，主要原因卽在花繪展現的明顯風格，既不似早期的精美整飾，也不像中期的遒勁秀逸，而是一種奔放不羈變化多樣的面貌。予以分析這項特色，則又可詳分幾點如下：在花繪的筆墨方面，以發掘出土的嘉靖朝民窯青花瓷器來看，可以發現三種截然不同的畫法，一種爲純粹使用粗勁豪邁的綫條勾勒而成的綫描法（圖209），顯然爲成化流行的淡青綫描花繪畫法演進而來；一種爲僅用濃淡青色點漬出形象，然後略事勾畫的水墨法（圖210），則是出自宣德朝的疏濬簡略水墨畫法的蛻變，上述兩種畫法，前者多施於構圖繁密、體形較大的瓶、罐之類器物，而且以人物畫爲多，有的有時略加烘染，行筆綫條皆極純熟潑勁，通體有股力道氣勢流貫之美，畫中形象姿態尤其富於變化，生動的刻劃出人物的個性與身份；後者則多使用在小型器的盌、盤、罐上，大率作花鳥、折枝和人物，而以盌心所作小動物最饒生意。另一種爲揉合水墨和勾勒於一起的畫法（圖203～207），畫面却處理得十分調和。其次，在裝飾花繪圖案方面，民窯原本就比官窯簡單，而民窯本身更是愈到後來愈形簡化，例如早期民窯青花器的頸、肩和下部，都有幾何或植物葉紋的二方連續圖案裝飾，中期開始逐漸簡化，使用僅限於大型器物，及至晚期便告完全消失，代替以只在口沿和圈足部位畫上一或二道綫圈，有時再隨意勾畫一週鱗狀的波濤紋，作爲象徵性的點綴，綫內則裝飾其它的花紋。而所有這些花紋，已經放棄早期的幻想圖案式樣，取代爲絕大多數現實世界裏能夠見到的動植物圖形，如一枝山茶花和兩枚桃子，或數朵春藻中悠游一尾鯈魚，或柳陰荷浦裏憇息一對鴛鴦，或翠竹交柯上鳴唱二三小鳥，其它尚有如紅蓼秋雁、沙汀游鴨、梅林雙禽等等，一幅幅小小的圖畫，彷彿都是日常生活中隨時隨地可見的即景；此外便是一些人間生活和歷史故事的描繪，如放牧、風雨歸客、坐聽松風、秋野山僧、清溪閒話、夜讀兵書、西園雅集圖等，以上種種題材，都能運用極洗煉自由的手法，加以生動的刻劃，表現出無限雋永的情趣，流露了畫工對於人生現世的精神憧憬，也反映出明代人對於現實生活的肯定態度。嘉靖以後，隆慶、萬曆這段期間，正是明代陶民生活最艱苦的時刻，由於當時政府的靡費無度，迫使民間增加各種稅收，其中特別是礦稅的加重，加上民窯被派代燒大批的官窯御器，以及景德鎮陶土的官業化等，都造成陶民沉重的負擔。或許因爲這種困窘的現實生活的壓迫，使得瓷工們產生渴望追求精神的寧靜，將理想寄託於自由安祥的大自然一切，彷彿自身隨著化爲那自由翔泳的飛鳥游魚，悠閒自得的山僧隱士，甚至天眞無憂的兒童稚子，於是一一形諸筆下，因此才產生了上述如許豐富的親切感人的題材內容。（參閱彩版110～112、圖版198～211）

景德鎮的民窯，經過萬曆將近半個世紀的歲月，一方面固然受著悲苦生活的煎熬；一方面却也從磨鍊中成長奮發，不僅燒造活動有增無已，產量繼續增加，產品品質更是不斷提昇，逐漸朝著日益低落的官窯製器水準拉近。迨及萬曆四十七年神宗崩駕，四十八年遺詔撤除一切礦稅和新增燒造的命令，並且撤回礦稅使兼監陶官潘相，於是，具有二百餘年歷史的明代御器廠官窯，從此消失於無聲無息。其後幾朝是否仍有官窯存在，史籍瓷書均無所述，然以今日存世不見一件署有此一時期朝欵的瓷器出現來看，恐怕存在的可能性極小；即使有繼續存在的話，大概已是完全委託民窯燒造，事實上也等於名存實亡。由於官窯的萎縮以至停頓，民窯乘機崛起，燒造活動日益旺盛；從此帶來了景德鎮民窯「天啓的黎明」，也開創明代民窯瓷業發展最輝煌的時代。這以後特別是天啓後的民窯，由於沒有了官窯的壓制，就好像經過長期的束縛而一旦獲得解放，有了完全自由發揮的機會，一方面運用過去累積的豐富技術，所燒製的青花瓷器無論在造型與花繪上，都展現一種前所未見的自由奔放的風貌；特別是在花繪方面尤見明顯突出，所畫人物、飛禽、走獸、山水、花卉等，無一不是用筆任意揮灑，有如疾風迅掃、蒼勁潑辣，點染盡致，所成形象意態灑脫，逸趣橫生，妙境遠過嘉、隆、萬三朝燒造，其中又以天啓一朝產品最具典型，允稱代表。至於天啓民窯所燒青花瓷器呈現的特色，加以歸納分析，則有下述幾項：

一、此一時期燒成的盌、盤、杯等器物，其口沿部位釉汁常有點點剝落，這是萬曆中葉以前的青花瓷器所沒有的現象。造成原因，則是萬曆十一年後，麻倉土用罄；天啓時使用瓷土，已經完全爲高嶺的粳米土和祁門開化山的糯米土混合而成，並非上等良土；用以製作的器物，由於坯胎和釉汁的收縮率不一致，兩者間形成氣泡，燒後於是變成小小的氣孔，殘留於口沿部位，產生有如蠹魚蛀蝕般的紋痕。這種形似蟲蝕面貌粗糙的青花瓷器，過去並未受到講求雅致的文人階層欣賞，所以國內瓷器鑑藏家收藏甚少；反而流傳日本極多，被視爲一種缺陷美，深受茶道中人的珍愛，甚至陶藝家熱衷刻意仿造。

二、明代民窯燒造的青花瓷器也流行欵識，多數書寫在器物的底部，惟其別於官窯燒器的朝欵字樣，是欵字內容形式遠較複雜。普通常見的民窯欵識樣式，是四字的吉祥語句，如「長春佳器」、「富貴佳器」、「上品佳器」、「天祿佳器」、「台閣佳器」、「玉堂佳器」、「玉堂美品」、「福壽康寧」、「萬福攸同」、「永慶奇珍」、「永保長春」、「清風明月」、「長命富貴」、「狀元及第」、「食祿萬鍾」、「東壁西院」、「□□精製」等；也有寫一或二三字的，如「精製」、「饒州府」、「玩玉」、「玩」、「玉」、「福」、「壽」、「喜」、「雅」、「回」、「正」字等。其次是私人定製的器皿上書寫的齋堂名，始於明代而盛行清代，例如「博古齋」、「百香齋」、「□玉齋」等；也有私人醮壇專用器具，寫上的「金籙大醮壇用」；以及商肆店鋪用器，寫上的「京兆郡壽房記」。再是一種頗爲有趣的繪畫圖形，例如畫上一隻蜷伏吃草的小兔子，或是一片秋葉，或是一朵蓮花、梅花、方勝、如意、盤長等形象；這種不寫字而代以圖畫的欵式，多是起始明代中葉，而盛行晚明時期。另是晚明時尚流行一種印章式的欵識，屬於民間日用器具使用，寫得相當的草率，令人難以辨認。此外，明代民窯青花瓷器中也有書寫朝號的，風氣似從宣德時開始，其後並不大流行；然而嘉靖、萬曆期間，却出現許多寫著宣德、成化年欵的民窯青花器。這些粗簡書體寫的「宣德年製」、「成化年製」字欵，前面已有說過，並非瓷工蓄意作僞以盜名欺世，而是出於對這兩朝青花燒器傑出成就嚮慕情愫的一種表示，將此欵字純粹視作裝飾底部的小圖案，就像那畫上的題字與鈐印一般。事實上，民窯青花瓷器上所書的年欵，裝飾性遠重於紀念性。但是到了天啓時，以存世的民窯青花瓷器看來，除了少數書寫年欵的而外，已經不作與上述那些欵識了。這些少數的紀年欵，有「大明天啓年製」、「天啓年製」、「天啓年造」、「天啓佳器」；紀年欵並銘的，則有「大明天啓元年」、「天啓三年唐氏製造」、「天啓四年七月吉」、「大明天啓五年於芳好園應需王壽造」等，誠爲後世研究晚明民窯青花瓷器時，據以作爲斷代依據的寶貴資料。

三、天啓時期民窯燒造的青花瓷器，器形有厚薄二種。其中特別好的都屬於厚的一種。這類器物形制千變萬化，顯露出豪放雄渾的格調與復古返璞的趣致，可以清楚地看出意在模仿宣德以前的製器。前面所說書寫宣德、成化欵字的青花器，便是這類產品。

四、日人齋藤菊太郎，曾將分屬萬曆、天啓和崇禎三個不同時代，而器形和紋飾近似或相同的青花瓷香爐，作一比較。比較結果，發現其中萬曆的雲龍紋，尚爲當時青花瓷器常用的格調和形式，而天啓則逐漸消失了；又萬曆香爐口邊的紗綾形紋飾尙存古意，而天啓則已見簡略粗率，開啓其後濫用祥瑞紋飾的風氣；另外是萬曆、天啓二爐口沿邊飾的錦紋狹格間，配置爲八寶圖樣，而崇禎爐則取代以小巧綺麗的花草，事實上雲龍紋也有如此趨勢，形體日漸縮小，氣勢日益侷蹙。因此可見，從宣德以來青花瓷器燒造，不僅官窯就連民窯亦復如此，其器面圖案花紋具有的意匠安排，到了後期已經蕩然無存；隨心所欲的信筆揮灑，似乎成爲天啓以後花繪的特色，因此也創造了一種獨特的風貌。例如天啓瓷器花繪中有種海濤紋，成爲明代瓷繪此類紋樣中獨一無二，最具代表性的波頭紋畫法。（參閱彩版112、圖版212～234）

最後，綜合存世實物所見，就整個明代民窯燒造青花瓷器，從花繪一項而論。其繪畫題材內容豐富，多彩多姿，圖案花紋變化繁複，比較三個時期，則是：永、宣時代，多作纏枝花、雀登梅、三友圖、宜男草、一束蓮、牡丹花等，筆意沉穆渾厚；成化時，喜作嬰戲圖、仕女人物、棕櫚葡萄、草蟲小景、如意雲紋等，風致優婉，俊逸清雅；弘治、正德之際，力圖振興宣德古風，常繪連理牡丹、纏枝蓮八寶、欄柵樹石、高士吟眺等；嘉靖時，多作吉祥祁福畫意，如壽山福海、瑞獸祥麟等，畫筆清麗，其雲鶴海馬、人物樓台、蓮花魚藻、八仙過海等，更饒逸趣；隆、萬兩朝承接嘉靖餘緒，繪畫秀美倜儻，習見花樣有穿花鳳、壽字樹、折枝花果、獅象麋鹿、佳木鳴禽等，其攀枝娃娃尤爲突出；萬曆晚年以後，繪畫寫生素材多於圖案，畫法奔放飄逸，豪宕不羈，率意點染，野趣橫生，畫工性靈盡情流露，成爲天地間至上妙品。由上面看來，民窯青花瓷器花繪整個風格的發展，實與官窯的演進有著一致的趨向，顯示了兩者間息息相關的關係。

明代的民窯青花瓷器，撇開實用用途不計，單論藝術審美上價值，無疑的在某些方面遜於官窯燒製，但在某些方面也爲官窯所不及。許之衡在〔飲流齋說瓷〕中論及青花瓷器花繪，曾說：

「明代繪事，人物雖不甚精細，而古趣橫溢，儼有武梁畫象遺意，…………若繪仕女，又似古槧之列女傳圖也。」

用來說明明代民窯青花瓷的人物畫，誠是再恰當不過。具有純粹繪畫風格的裝飾，發揮毫無羈束的創造力，表現出民間百姓愛好藝術的熱心，也從而展露出民俗藝術的豐富內蘊和無窮生氣，這才是眞正的民族文化和藝術的精神，也卽爲明代民窯青花瓷器的本質和特徵。

明代瓷業的發展，官窯與民窯始終並存，表面看來居於顯然對立的地位，然而實質上相互的影響激盪，彼此吸取對方的優點長處，相輔相成，共同爲青花和其它瓷器的進步貢獻心力，開創契機建立新猷，因此才有整個明代燒造的如此輝煌的成就。

第五章　明代青花瓷器的藝術價值

瓷器原爲人類創作的一種物質工具，溯本探源，是由最早的陶器直接演進而來。而陶器的產生極早，在人類文明史上經過的歷史甚長，尤其在文化發展中扮演過極重要的角色。

陶器的創始，原始人類使用於日常生活，可說純粹出於實用性質，以後逐漸知道加以改進。改進的目的，主要固然在於增加使用的方便，部份也爲的看起來好看，於是開始有了審美的成份在內，這是陶器也是其它一切造型藝術的起因。以後，這項人類的審美慾望與要求，隨著時間的演進不斷的加強，這也就是造成陶器製作的不斷進步。我國的陶器發展，遠在新石器時代便有很高的成就，出現於當時的彩陶，時間距今約在五千餘年，不僅器形製作甚美，器面使用黑白顏料繪畫的圖案也頗爲生動，成爲後世所見先民立體造型藝術外，最早的平面繪畫裝飾藝術了。迨及殷商，更出現雕刻紋飾精美的白陶器，可說將陶器製作帶到另一高度的境界。接下來是流行周代的釉面與劃紋陶，以及秦漢以後陸續不斷產生的各類陶器，都能在使用用途之外，儘量追求外形的美化，如創新器物的造型，嘗試包括敷釉彩、繪彩與雕刻等的各種器面裝飾方法，堪稱極盡藝術之能事，建立起陶器藝術的先範。等到陶器的發明成功，我們的祖先既驚嘆於泥土的神奇功能，又本乎人類天生的愛美衝動，秉持過去陶器辛苦耕耘獲得的成就，在創作這方面作更進一步的努力，結合各種其它的物質條件，發揮人類固有的藝術智能，竭精殫思的追求與提高製作的水準；而且愈到後來，加入主觀客觀有形無形的因素愈複雜，品質提昇的層面愈高；終於使得這種純粹物質構成的瓷器，由於人類精神活動的不斷介入與擴張，原本實用的價值愈來愈小，反之審美的價值愈來愈大，甚至有的完全進入純粹藝術的範疇。因此綜合來說，瓷器是人類創造的物質器具，因爲能夠善於運用各種物質的特性，結合昇華而成爲精神領域的藝術品。瓷器既然是項結合物質物理條件爲基礎的綜合性藝術品，因而在未談到也是瓷器之一的青花瓷器的藝術價值之前，先就與其審美產生有關的一些基本因素與現象，略爲作一探討。

世上一切藝術，剖析所表現的形態，歸納不外乎以下兩種：一是空間形式的完整，這是表現靜態的藝術美；一是時間形式的完整，這是表現動態的藝術美。藝術理論上，有所謂「量感」，是要在空間的靜態美中發現；而「質感」，則要在時間的動態美中完成。假若任何一件藝術品，倘能在「質感」、「量感」兩方面，都有剛如其份恰到好處的表現，就可以說其具備了完整的藝術價值了。

動態美本來屬於音樂和詩歌，靜態美才是造型藝術所特有的。但是造型藝術緣於素材本質和組合的特性，也能使人產生感情上的波動，例如當人視覺接觸一件藝術品的形色線條，內心便能興起輕快緩慢、激昂或消沉等等情緒的反應，這無異與受了音節的節奏的感動一般無二。所以，造型藝術中也有同時具備動態美和靜態美的，兩者融和並行不悖。當然，這僅是純粹就形式所具基本本質而言；實際上任何一種藝術，除去形式而外，尙具備內容一項因素；二者之中或有偏重，有時形式勝過內容，有時內容壓倒形式，却是不可或缺其一。

瓷器原是一種立體的造型藝術，具有與雕塑一樣的性質，其所衣現的空間形態，本質上即優於平面藝術的繪畫，富於較高層次的靜態美。而我國瓷器在這方面所表現的非凡成就，更有非其它民族所能企及。英國藝術評論家赫伯特・瑞德（Herbert Read），在所撰「不具內容的藝術　陶器」一文中，就對中國陶瓷器曾經大加讚賞。他說陶（瓷）器是一切藝術中最簡單也是最困難的，因爲人類極早發明了陶器，等到轉輪出現後，製陶者可以依照自己的種種形式概念，在所製作器物加上韻律與呈現斜波的動態，於是就產生了這項抽象的藝術；這項藝術自其卑微的雛形中演變出來，直到公元前五世紀，已經成爲世界上最敏感與最具知性的民族的代表藝術；希臘的陶瓶，象徵著一切西方的古典和諧的典型，而中國這一東方偉大文明的民族，也把陶（瓷）器奉爲其最鍾愛的與最典型的藝術，甚至將其發展到一種遠比希臘文明所達到的更爲難能的精美地步；一隻希臘陶瓶只是靜態的和諧，但是一隻中國瓶，當其自其它文化與技術所加予的各種影響下解脫出來，却獲致了動態的和諧，其不惟具有一種韻律關係，而且具有一種生氣的動態。這說明了我國陶瓷器於藝術上，確實具備爲人所不及的高度審美性。

青花瓷器是我國瓷器發展登峯造極時期的產品，集一切燒造藝術於一身；而明代的青花瓷器又是青花瓷器的典型之作，蔚成這項藝術成就的代表。明代青花瓷器的燒造，在器物製作的形制方面，幾乎是無所不有，各種不同的綫型組合成變化無數的造型，展現了絕對的形式美。在製作的材料方面，使用的是世界上最優質的瓷土，尤其是用作裝飾花繪發色劑的青料，即有三種不同的來源，藉著高溫還原燄煆燒後產生的物理現象，變化出濃淡深淺不一的青藍色系的色調，透過藝術修養優秀的畫工的精湛畫技，在那透明溫潤瀏亮的玻璃釉下、素潔瑩白的坯胎上，幻化成千變萬化的青翠幽靛明淨冷艷的花紋，也顯示了獨特的材料美。特別在青花瓷特有的裝飾花繪方面，畫工運用了繪畫的一切題材，也使用了繪畫所有的方法和技巧，同時更能配合時代流行的風尚，結合實用和純粹藝術的思想，融和以出而形成一種獨具特色的瓷繪，在藝術上足與純粹繪畫分庭抗禮，因而更呈現出繪畫美。以上，可說是明代青花瓷器在藝術上，具備最重要的三項特性，分別介述於後。

第一節　形式的美

又分爲「綫型與造型」、「模古和創新」、「實用和審美」三部份，加以敍述。

一、「線型」與「造形」

德國哲學家康德（Kant）在所著〔純粹的藝術〕一書中，將人世間所謂的「美」，劃分爲「純粹的美」（Pure Beauty）和「有依賴的美」（Dependent Beauty）兩種，並且認爲圖案畫、刺繡、建築、瓷器、音樂等，才是「純粹的美」。因爲圖案畫、刺繡、建築、瓷器，是由幾何形和綫條組成；音樂是由音波高低產生，這些綫條、幾何形和音波，都是自然界的絕對形式，是先人類經驗而存在的；因此其所伴生的美感也是絕對的、先驗的。至於其它藝術也有美感，但都是物理的、感情的、經驗的，也就是「有依賴的美」。不過，筆者認爲這種說法並不完全正確，幾何形和綫固然具有絕對的美，但是仍須通過人的知覺去感受與認知始能產生，在通過人的知覺與認知時，便沾染生理感情，甚至學識和經驗等主觀成分，所以，人類的美感經驗仍然屬於有依賴的美，其經驗的多寡是程度而不是本質的問題。

人類對於綫型的審美經驗，英人浮龍李（Vernon Lee）也有一種主張學說，認爲起於人的一種內在的「綫形運動」，也就是軀體內在「同情的模仿」，由於綫形的是否適合身體組織而起快或不快的分別，如對稱的綫形合於對稱的身體，所以發生快感，上重下輕的綫形不合於上輕下重的身體，所以發生不快感；換言之，發生快感的綫形就是美，發生不快感的綫形就是不美，也即是醜。那麼，有許多不是對稱的繪畫與器物，也能夠使人與生美感，又作如何解釋呢？根據美國文藝心理學家樸孚（Puffer）的研究結果，也有一種說法，即人在審美時心裏有種「代替的平衡」（Substituted symmetry）原理存在：就是人在觀賞藝術作品時，主題合乎對稱原理的固然產生美感，若不合於對稱原理，但暗中吻合「代替的平衡」原則，同樣也能產生美感。不過，這個主題在處理上必須注意到五個基本要素，即：一、體積（Mass）；二、情趣（Interst）；三、注意的方向（Direction of Attention）；四、綫的方向（Direction of Lime）；五、遠景（Vista）。上述五個要素若能安排妥當，其產生的美感甚至超過一切有形的對稱美，是一種較高層次的美感。中國人在這方面似有得天獨厚之處，祖先老早就善於運用這一美學上的原則，只要仔細觀察商周青銅器的造型和紋飾，許多器形和器面花紋外表看來並未採用對稱的形式，但是經過審美意匠的經營，無形中符合了部份或全體「代替的平衡」原則，給人的感覺是那麼莊嚴靜穆，沉穩安詳，眞正稱得上「有美俱備，無麗不臻」。

藝術形態的構造有立體平面之分，但是構成的基本因素俱屬於綫條。所以當人審美各種藝術品時，事實上等於在衡量綫形以及綫形所構成的空間；對於其構成的藝術品賦予的感情，實質上也來自對綫形的情感。英國學者卜蘭克（Charles Blanc）提出有關綫的主張，認爲綫是表現情緒最豐富的語言，任何事物本質的特徵，都可用綫來加以表現。而有關綫的種類，以及所代表的情感情緒，則有如下述：

一、直綫　具有簡單、明晰、直截、決斷、峻峭、嚴肅、精明等的情致。

二、曲綫　具有溫和、柔順、圓滑、流動的情感和情趣。但是同一曲綫，又常因曲折的狀況不同，所引發的情趣各有差異。根據實驗的結果顯示，凡水平的波狀綫，常與安息的感情結合；凡不連續的曲綫，則常與活動及不安的感情結合。

三、水平綫　較長的水平綫，具有和平、安定與休息的感覺，就像大海的水平綫，表示和平穩定，並且具有抵抗任何暴力的氣勢和態度。然而因爲水平綫，有由直綫或緩慢的曲綫形成的不同，所顯示的情感也因此有別，大致說來，水平綫帶有靜止的感覺；水平曲綫則帶有活潑兼具肅靜的感覺，所以水平直綫表示不動，而水平曲綫則表示平穩。

四、重綫和輕綫　重綫即粗綫，具有沉重、濃厚、強盛、磊落的感覺；輕綫即細綫，具有纖細、柔弱、輕巧、瀟洒的感覺。

此外，更應瞭解一事實，即人類藝術的一切表現，莫不以自身生活本能爲中心，也不外生活本能所能感覺到的原始物質或精神作爲材料。例如人類以直立步行爲至可誇耀的事，在直立與步行中發生靜止與運動的感情，所以直綫能令人興起堅固靜止之感；但如垂直綫而左右傾倒，則又生不安與動搖之感；從另一方面看，傾斜的直綫或曲綫，又可能表現奔放不羈與輕盈飄逸的感覺。除此之外，水平綫產生感情的重要性也不亞於垂直綫；垂直綫表現若爲強烈的意志，則水平綫供給人的精神以穩固的基礎；同時其也被認爲是休息與睡眠，更是萬物生存的基礎之象徵。綜合上面所說這些綫的特質，明白顯示了所有綫形的共同特色，便是凡綫都具有激發情感產生波動的力量；更深刻地說，即各類綫均有所謂綫韻律，綫韻律與造型藝術的關係，就如音律之與音樂、韻律之與詩歌般，可以想見其重要的一般。

上面筆者不厭其詳，反覆地說明綫型在人類視覺上產生情感的特質，爲的便是要使人瞭解藝術家作爲，如何運用自己豐富的感情，玲瓏剔透的心靈去發掘宇宙的奧妙，再透過適當的素材塑造出藝術品；反之，欣賞者也是循此反溯，導致心靈的共鳴以達到欣賞的目的，其所憑藉的媒體因素。托爾斯泰（Tolstoy）曾經說過：「藝術是人間傳達其感情的手段」。那麼，前面所說這些綫型的情感，便應該是構成這項手段的最基本的因素了。

其次，要談的是人類塑造藝術的由來。簡言之，這項藝術起原於實用，題材則是模仿自然。格羅塞（Ernest Grosse）在〔藝術的起源〕一書中，即說「原始的裝潢藝術，却專門取材於人類和動物的形態」。考諸史前人類的藝術，以及早期的埃及繪畫、希臘雕刻、中國商周銅器上鳥獸紋飾，乃至漢唐明器中的人和動物陶俑等，仔細觀察研究，可以發現絕大多數形像取自人和動物的種種坐立行走的姿態，加以變化而來。甚至這種模仿自然界動植物形體的美好部份，作為藝術創作構成的依據的情形，直到西元四、五世紀，仍然流行於東方印度的佛教雕刻藝術中。根據印度名畫家阿邦寧德拉納特・泰戈爾（Abanindranath Tagore），所作印度佛教藝術研究的發現，中古笈多（Gupta）王朝的佛像雕刻，已經摒棄使用希臘藝術遺留下來的幾何標準度量，而是採取大自然中所見到的活的曲綫作為規範，例如花枝生長的習性和動物毛皮下身體靈活運動時所呈現的曲綫等，從而結構成形體；於是佛像有了橢圓形、卵形或蒟蒻葉子形的面龐；彎弓或楝樹葉子形的眉；胡麻子花與芒果核形合成的女人鼻子；鶺鴒或小鹿眼與蓮花苞形的眼；相思果形的嘴唇；貝殼形的頸項；又男人身軀如母牛的口鼻形；胸膛如雄獅的肢體一般；彎曲的肩和前臂形似下垂的象鼻；小腿和產卵腓魚的體形；手和足有似蓮花的花瓣等，以上這些體形特徵的綜合，便成為笈多朝佛像雕刻至美的典型。上述這類擷取動植物體形，特別是傾向於人體本身肌肉的愛好，酷嗜那種雄健渾圓的感覺，加以結構而形成藝術品的心理慾望，可說也是人類天生的本能，自有人類祖先活動以來即曾表現在原始藝術創作中，其中以表現於早期陶器的造型上特別明顯。因爲陶器是人類創造藝術中興起最早的一項，是起於人類最直接反應與感覺最親切的藝術品，是人類感情經由手指配合眼睛等做出來的造型，其暗中吻合人類優雅和諧的軀體比例而成，所以其美感最能引起共鳴而受到觀者的欣賞。其後遞嬗衍演，瓷器直接從陶器演進而來，本質上完全承繼了陶器的這項特色，所以造型中隱含著原始人類天賦的這種採用幾何圖形的本能。

有關陶瓷器造形完全是先民模擬人體而來，其衍變構造的情形根據前人的理論說法，就是將人體作基本形的分割，取胴部爲陶瓷器的形狀，取側面的邊綫爲器形的邊綫，作爲創造形象的基礎。其分割的方法，是：取人體頭部成卵形爲一單位；取頸部成覆杯狀爲一單位；取肩部成覆盆狀爲一單位；取胸部成仰碗狀爲一單位；取腰部成一圓壔狀爲一單位；取臀部成橢圓形爲一單位；取腿部成一胡蘿蔔狀爲一單位；取小腿部成一茄子狀爲一單位；取足部成一弓背狀爲一單位；取手臂之彎曲成把手形爲一單位。以上十種形狀，畫成圖形如下：

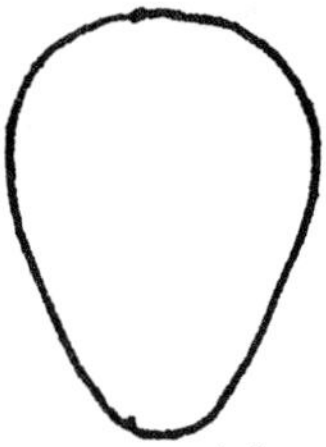
(一)卵形

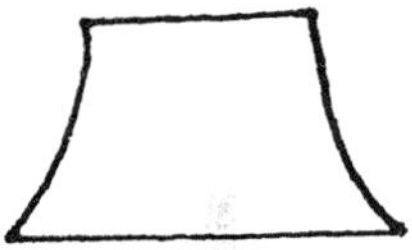
(二)覆杯形

(三)覆盆形

(四)仰碗形

(五)圓壔形

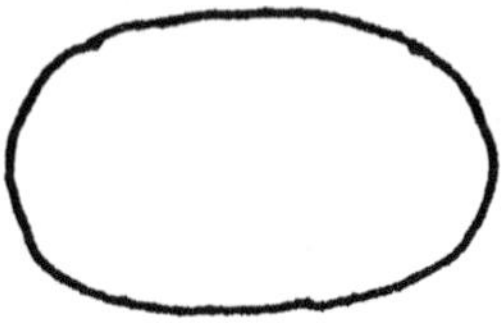

㈥橢圓形

㈦蘿蔔形

㈧茄子形

㈨弓背形

㈩把手形

至於陶瓷器造形構成組合的情形，愈早愈是簡單。最早期的陶器，都是以上述單一的形狀作爲器形；其後，時間演進始逐漸進步產生組合，結合二或三種形狀而成一器，而且愈到晚後組合愈形複雜，不僅創造出來的器形數量大增，器物本身構成的綫型也日趨變化多端，其產生的情形如左圖：

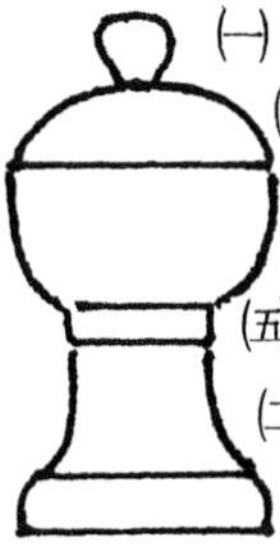

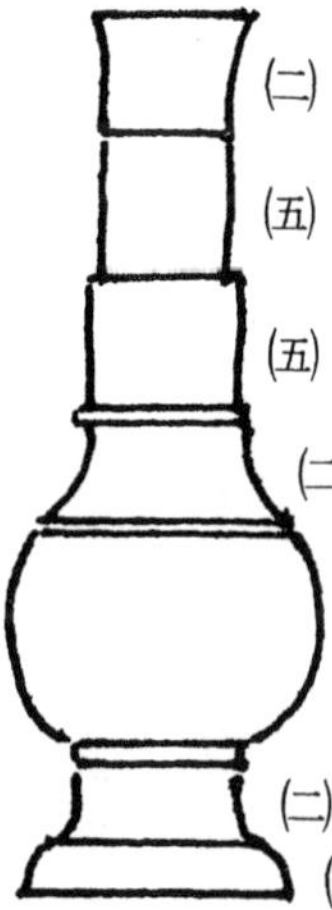

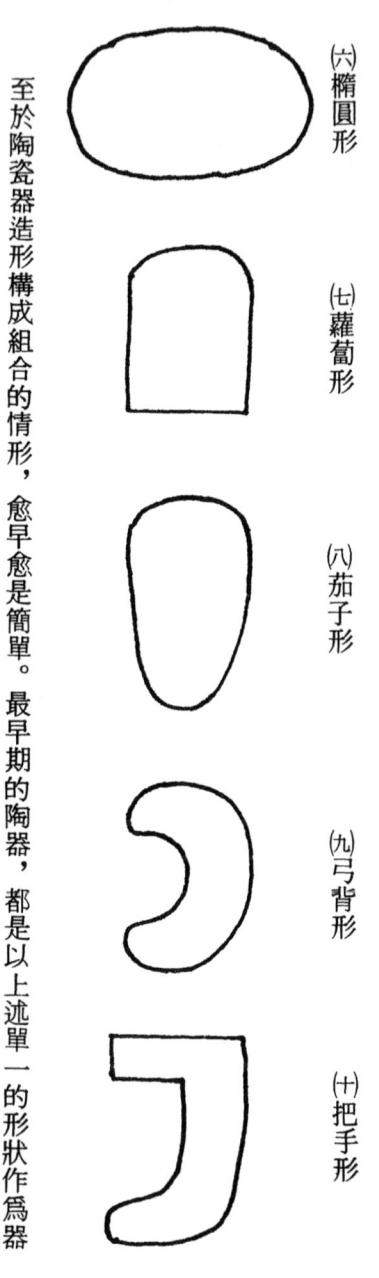

同時，在組合造形觀念方面，早期多傾向於規整對稱；以後逐漸進步，再演變出現不規整對稱的器形，其情形則又如左圖：

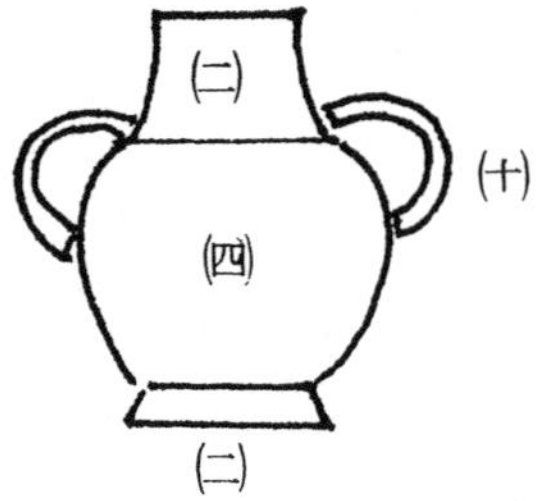

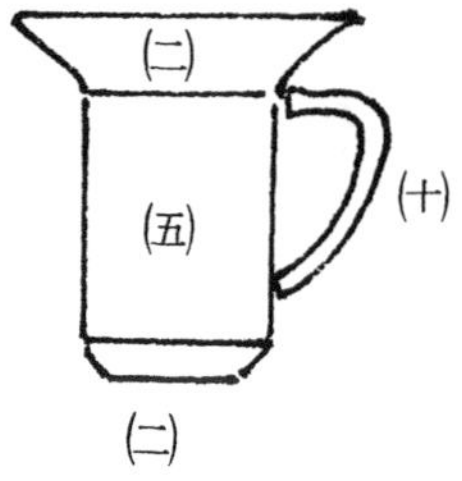

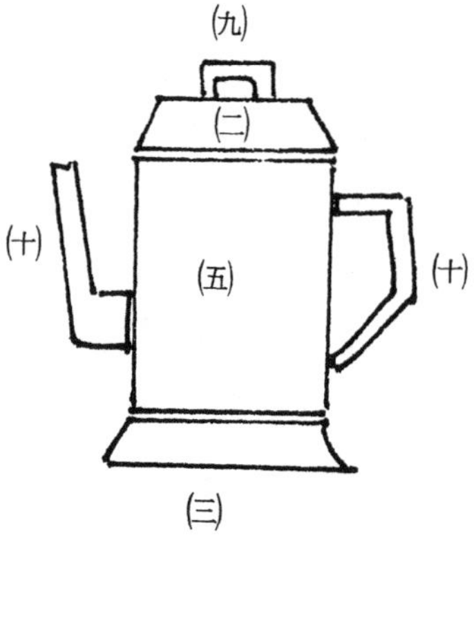

以上爲較明顯的例子。這種來自模擬人體形狀的造型觀念，以後隨著時代的進步，逐漸遠離原始的基本形面目，日趨一種矯情做作的理念結構。這從技術觀點看來，人類的造型思想已由具象邁向抽象，是一項進步；然而從審美立場來看，人類造型藝術脫離了原始人體的圓味美感，則是一種損失。

這項根據人體形態演變而來的造型，包括其整個發展歷史範疇，以結構形體輪廓綫呈現的形狀不一，可以歸納成三種不同的風格類型，即：

一、力型　輪廓的曲綫趨向接近球形，有種渾然一體的感覺；又宛如人身肌肉用力時，必定緊張收縮而呈現球狀的綫形。

二、舒適型　輪廓的曲綫接近平緩的拋物綫；又宛如人在休息時，體內血液循環舒暢而不迫促，肌肉輕鬆而呈卵狀圓活的綫。

三、鬆弛型　輪廓的曲綫接近S形走向，或是短截的波浪狀；又宛如人體力消耗過度或生病時，肌肉瘦削弛緩而呈衰弱無力的綫。

這三類風格的綫型之出現，除了藝術發展歷史過程中自然產生的遞嬗演進而外，特別反映在一個時代精神和國家國勢上：國家強盛與國民身心健康，藝術中必定流行第一、二類綫型的造形；反之，國家積弱與國民身心頹廢，藝術中自然崇尚第三類綫的造形了。

以我國陶瓷發展的歷史來看，漢唐爲我國歷史上國勢強盛的時代，所燒造的陶瓷器，都是形制簡樸，體形粗短大腹，輪廓綫短截渾圓，充滿粗獷渾厚的氣勢，顯然屬於力型的造形。迨及宋元明初，國勢不及從前，瓷器造型趨於變化多樣，體形變得明顯的拉長或壓扁，因此器形的輪廓綫顯得整個長度增加，再是綫型由簡單傾向複雜，不僅曲綫由渾圓變爲平緩，而且增加轉折的變化，令人產生一種舒緩悠閒的感情，則已入於舒適型的造形。至於明代中期以後，由於人爲文化的薰習時久，製作技術日益進步發達，藝術思想中理性取代感性而抬頭，因而形制日趨繁巧，幾乎完全失去原始的造形觀念，以器形的輪廓綫而言，不僅曲綫、直綫混合爲用，破壞了統一調和的原則；同時綫的長短、轉折，有的配置不當，造成視覺上的眩惑迷亂感，減損了瓷器形體的美感效果，則屬於鬆弛型的造形。不過，上述三個階段中的每個階段，又因時代興衰隆汚變遷不定，其間同樣也出現三類型風格的存在。下面便以宋元明三個時代共有的梅瓶，作一比較，說明造型上因時代演進而不同，以及所產生的審美心理的差異。

梅瓶原是我國瓷器發展中歷史最長久器形之一，其遞嬗衍演最足反映各個時代瓷器燒造風格的變化。此處先取北宋磁州窯的一件黑花牡丹梅瓶（圖版235）爲例。磁州窯爲北宋燒造風氣熾盛的諸多瓷窯中，最能維持唐代以來濃厚民俗風格的一個，所燒的梅瓶也保存強烈的唐代瓷器造型的樸拙雄健的特色。當我們注視這一窄底碩腹小口的梅瓶時，視綫自然的首先集中瓶底，其次沿著邊緣的輪廓綫向上移動，看到瓶腰逐漸地擴大，我們彷彿身體也在跟著擴大，此時努力吸氣使得身體有種壓迫感；瓶腰繼續的急劇擴張，我們內心的負擔也急速增加，肺部充滿了空氣，體內也好像貯滿了力；視綫上昇到瓶肩，瓶的輪廓由粗轉細，我們身體彷彿也隨著收縮，微微呼氣，充滿體內的能勢也徐緩地舒洩；我們內模仿的心綫暗中吻合著瓶身輪廓的曲綫繼續前進，當行進到口部時，瓶身曲綫突然終止於那短直的口緣邊，我們的心綫也有如受到突如其來的阻遏，那前進的曲綫與猶未盡，又彷彿是那細小的瓶口無法排泄瓶腹裏的鬱氣——我們先前經由曲綫運動所造成的心理和生理的緊張，得不到舒暢與鬆弛，內心凝聚的一股力量，再外射到瓶身，宛如瓶內也聚集了一股力量，急欲向外迸射——同時，梅瓶那窄小的底足，也有不勝負荷碩大如球的瓶腹下壓之勢，我們心理上又分擔了其一部份的重量；而瓶上惟一附屬的瓶口，小而單純，不足以化解與分散上述的力量；因此整個瓶形看來，猶如包藏一團無形的發自中心向外膨脹放射的氣勢，令人內心興生渾樸穩健的美感，可說是力型造形最好的代表。其次，是取元代的一件青花孔雀梅瓶（圖版236），瓶的外形是底部延長外豐，形成寬足，口部也加高形成向上漸銳的瓶頸，再向外斜出成一稜邊口圈，腹綫則直上肩部，內收緊殺形成聳肩，造形較上瓶顯然複雜，使人注意力移至瓶的底部。給我們的感覺，是當視綫隨著瓶子輪廓邊緣綫從底足開始上移，微向內凹，我們隨即呼氣；至腹部腹綫轉而向外，成直綫形向上加粗，又緊隨吸氣身體作擴張狀；及至肩部曲綫弧度劇增，並且急轉向內收斂，我們身體也跟著急劇地呼氣，剛才貯聚的氣勢突然消滅；當曲綫再沿口緣上折，繞過稜邊而消逝於瓶口，心綫運動也隨著轉折而感覺疲乏，因此減少了審美的效果。再是，取明代宣德朝的一件青花龍紋梅瓶（圖版237），瓶子外形看來，造形彷彿是第一瓶的瓶身，接上一個下寬上窄的台墩，視覺上較第一瓶的上豐下銳爲安穩；上面小口安置一豐厚的唇圈，有將瓶身拉長的感覺，使得整個瓶子的口、頸、肩、身、腹和圈足部位分明，每一部份也似是經過意匠設計，尤其是瓶下部的刻意經營；因此，整個瓶身映入我們眼簾，正好是上下兩對對稱的S形曲綫，自底部到肩頸處爲一大S形，再從肩頸到口沿處爲一小S形；我們欣賞瓶子時的心綫活動，沿著這對多變的曲綫一起一伏的前進，心情也是一翕一合，就像是合著華爾滋的旋律在輕舞，有種輕盈飄逸之感。綜合三個梅瓶加以比較，第一瓶有種古拙雄偉的氣勢；第二瓶令人感覺敦樸豐厚；第三瓶則顯得流麗輕巧。第二、三瓶，均屬於舒適型的造形。

若以明代整個青花瓷器製作發展來看。洪武至永樂兩朝，器物燒造種類雖然不多，但是形制樸拙，器形輪廓綫多爲單純的曲綫，而且皆屬充滿力道氣勢的抛物綫，因此有種渾圓雄健的感覺，可說是力型的造形。迨及宣德、成化，雖然表面仍能繼承前面二朝遒勁的風格，但是器物形制漸逐變化，如口沿放大、腰身延長以及圈足加大等，使得器身輪廓綫複雜化，造成觀賞者觀賞時心綫運動的障礙，減低了審美效果，不過仍然不失一種優雅流利的美感，則應屬舒適型的造形。至於嘉靖、萬曆朝，器物種類繁多，器形綜合可以歸納兩類：一類爲器形高大的瓶、壺、罐、尊之屬，其中又可分爲上細下粗與上粗下細兩種，上細下粗的一種，其共同的特徵，是粗大的腹部明顯下移，有似沉重下垂的物體，造成觀者一種不勝負荷的心理壓力感；上粗下細的一種，也許爲了保持器物的放置安全，底足皆較前加大，則造成一種過於安穩缺乏挺力上擧的心綫活動。另一類爲器形矮寬的盤、盌、盒等，由於輪廓綫彎曲過大，造成觀者心理侷促與承受壓力之感。所以這些器形的輪廓綫雖然也是曲綫，但都已非具有彈力的抛物綫，同時也因爲過多的綫型造成心綫運動的相互衝突抵消，於是形成觀者心理的無力感，移情於物而感覺器物羸弱疲乏，則該歸於鬆弛型的造形。上述情形，此處取洪武、宣德、成化、嘉靖和萬曆等朝，最通用的器形——盌，作一實物比較，考察其輪廓綫條的演變，即可獲得更明確的印象。（圖版238～242）

二、「摹古」與「創新」

我國歷史文物的發展，都具有一種傳承的本質和特性，即肩負文化使命的文物在整個歷史演進的過程中，無論無形的思想和有形的製作，皆能一脈相通；而其中的每一時代，又都能發揮著承先啓後、繼往開來的作用。此外，每一時代在主要以接收前代遺規舊制的同時，也能接受外來影響的改良與創新，這又是此一文物傳遞的另一特色。瓷器既爲我國歷史悠久的文物之一，情形自不例外。

大致說來，隋唐五代瓷器的發展，以承襲傳統而外，凡百製作皆染有明顯的外域色彩，鳳首、多嘴、瓜稜等外國的形制，風行一時；而紋飾也多來自西域，如葡萄紋、卷草紋、蓮瓣紋等花紋，更是流行寖廣。直到宋代，這些充滿異國情調的器形，才漸爲本土藝術融和同化，蛻變產生新的形制，最明顯的例子，便是那種瓜稜式的器皿，已經變成中國本地的各式花瓣形。另外，宋代因爲理學和金石考古風氣熾盛，瓷器製作於承襲唐五代遺制而外，三代迄漢的古銅彝鼎、玉器形制，多被採用到瓷器上來，而六朝以來釋道法器和唐代日用金銀器皿，凡是合乎趣味的，也無不被取作日常瓷器器形，如蓮、葵、牡丹花瓣等花式之類便是，再是，躭嗜沉溺理學的宋人喜愛清雅生活，對於瓷器的品味注重實用與清賞，製作也能迎合這方面的需要，因而創造了宋代瓷器一種獨有的特質，這也就是譚旦冏先生所稱的「道器並重」的精神。宋代瓷器所以有如此的表現，原因有二：一是社會日益進步的生活，有以致之；二是瓷器製作技術進步與使用普遍寖廣的結果。

明代青花瓷器發展，完全承繼了宋人的這項精神，其製作情形與特色大致也是如此。明代瓷器燒造的器物，已能集前代所有之大成。器形主要承襲宋元遺製演變下來，然而，其繼承了形制，雖然失去部份的宋人沉靜優雅的精神，溫厚玉潤的理趣。這是因爲兩個時代生活習性上的差異所致：明人崇尚科學實踐的精神，講求實際生活的內涵，所以將一切宋代等留下的器形，配合著實用的需要，加以適當的改造。最明顯的例子，是將器形小口加侈，窄足加寬，長頸縮短，小腹放大等；將宋器原來那種優雅舒暢的長S形曲綫，壓成偈促短截的曲綫，產生沉重壓迫不能舒展之感，其目的却是爲的使用穩定方便與容量增大。還有便是日常生活器具的日益增多，幾至無所不有；甚至有的是將宋代原爲供賞用器，改爲實用之物，如宋瓷中有種大型渣斗式花盆，明代改變成小型的觚，作爲案供之外，更小的作爲漱具，充實器用豐富生活莫此爲甚。其次部份是模仿古代銅器之類。再有部份則是模擬外來回教瓷器的樣式。以上所有沿用與模仿燒造的器形，並非一成不變的仿造複製，而是經過自己的思考創意；在這方面尤其能夠運用改良進步的高度燒造技術，發前人之所未發，推陳出新的創造出許多新形式，例如器形中的琢器、方形器等，皆是前所未有的新創；特別是青花瓷本身，就是明代在前代既有開發的產品上推陳出新，發揚光大的一項燒造成就。

明代青花瓷器，品類浩繁無所不有，根據用途劃分種類，可分爲：

一、飲食器具　有盌、盤、杯、碟、匙、酒海、醋注、瀘壺、琖、鍾等。

二、容器器具　有缸、缽、罎、罐、渣斗、盒、甎、壺等。

三、洗滌器具　有盆、盂、洗等。

四、陳設用具和供器　有仿古鼎彝等器、花瓶、花盆、香爐、動物造形、淨水碗、壇琖、高足杯、燭台等。

五、傢俱器具　有燈檠、插屏、坐墩、鑲嵌木器和漆器用的青花瓷板等。

六、文房用具　有筆管、筆架、印合、硯匣、硯滴、水丞、紙鎮、棋枰、扇匣、圖章、裱褙書畫蹟的軸頭等。

七、服飾和梳妝用具　有青花珠珞、冠帶飾件、香奩、各式盒匣、脂粉盒、喜字小罐等。

八、其它雜器器具　有花薰、漏斗、鳥食罐、蟋蟀盒等。

根據製作方法，可分爲：

一、**圓器**　即爲轉輪拉坯所成之器，形制較爲單純，有一般普通的盌、盤、杯、罐、瓶之屬。

二、**琢器**　明代叫做印器。先製成模型，將坯分爲若干塊，倒泥漿鑄印出分割的器坯，再拼合完成一件器物。方形、多角形等各種變化繁多的器具，例如壺、瓶、盒等；又明代製作方形器具很多，如方盌（即方斗）、琖、瓶、罐之類，均屬琢器製作，過程較爲複雜，費工耗時。

三、**雕削器**　即塑器。用瓷土塑造人物、動物、花果等物形，專供陳列觀賞裝飾之用。實際上，其造型爲雕塑和繪畫結合的藝術，以民窯中燒造爲多。

其次是從明代青花瓷器中，選取若干具有代表性的器物，就其產生由來與演變作一介述，藉以了解明瓷這項孕舊生新的藝術性，其情形則有如下：

㈠、從過去舊有瓷器而來

高足器　在明代青花和其它瓷器中，爲最突出的形制，有高足盌、高足琖、高足杯、高足鍾等，其中尤以高足盌多而普遍。其形狀是盌底圈足向下拉長，形成一把手似的，故又名靶盌，俗名高足盌，浮屠喜用於佛前貯供品，所以也稱佛盌。其形式變遷雖然不若瓶式之多，然歷代以來，標新立異各呈奇構，朱琰〔陶說〕中轉載周羽冲〔三楚新錄〕記敍，說：「高從誨時，荊南瓷器皆高足，公私競置用之，謂之高足盌。」五代是承襲唐代高足銀盌發展來的。宋代哥窯、元代青花器中，俱有此形制。至明代更爲發達，但是器形略變，盌身較扁，邊身向下較殺，高足縮短。又其中的高足杯，乃從宋代的撇口盃（又名押手盃）而來，壓手盃也有許多變化，口絕撇而甚小的，叫做甆；口大而身高的，叫做琖，以上均不折腰。明代以後，演變成略微折腰，口大而身高的，名叫仰鍾式杯，青花器中極多。入清代，復加變化，口撇而身矮的，叫做馬鈴式；口撇而大底矮而濶的叫做草帽式。

洗　期代青花瓷器中，有圓洗、方洗、磬口洗、葵花等各種花式洗。在形制上都是繼承宋代遺製而來，但在花式品目、製作精工和高雅的美感方面，均已不及宋代甚遠。因爲洗爲文房清賞之器，以雅靜清純爲上，彩繪易破壞視覺上造形的完整感，故不若單色釉佳，如宋瓷中有四捲荷葉洗、捲口蔗段洗（官、哥窯製）、三箍洗、方洗（定窯製）、雙魚洗、百折洗等，均爲瓷藝造型中絕妙佳作，明代已不易見。不過，明代青花瓷能夠另闢蹊徑，開創新猷，製作予人耳目一新之感。

提梁壺　形制是從宋代青白瓷執壺演進而來。然而，明代青花燒製的，採用了金銀器執壺造形上窈窕而靈活的優點。綜合了兩者之長，有宋瓷執壺所沒有的靈巧秀麗，又有金銀器執壺所沒有的明潔冷艷，所以特別顯得高妙雋雅、瀟洒婉媚。

燈檠　即用於書房的書燈，早在宋代定窯、龍泉窯已有燒造。宣德朝製作，身形細長，配合着周身青花細畫，顯得華縟輕巧可愛。晚期幾朝也有燒製。

印合（盒）　印合在宋代爲定窯名製之一，不僅製作精美，樣式繁多，有饅頭式、戰鼓式、荸薺式；平面的、六角的、正方的、長方的；海棠花形、桃形、瓜形、果形等，遞嬗衍演，迨及明代製燒愈形精巧。明代青花印合中，特別突出的有二：一爲荸薺式，形式極扁；一爲甘蔗段，出於磨盤式演變而來，形制奇特美觀，有的描繪以青花龍鳳，穠郁幽雅，煞是美麗；其中又以宣德窯燒造最稱出色，冠絕有明一代，似又在宋製之上。

蒜頭瓶　瓶的造形，口如蒜頭而體段近似油錘，有種沉穩端麗的美感。宋瓷已有燒造，明青花加以仿製。後來更有演變成蓮蓬、荷葉等式。至於其它盤、碟、瓶、罐之類，尚有許多器形不勝枚擧，都是宋元已有，明代承襲經過意匠的改造，有的體形加大，有的體形縮小，有的添減變態，不一而足，但是俱能趨於精巧靈活則是一致。

㈡、從過去的金屬器具而來

花觚　原爲古代銅器器形，明代青花瓷加以仿製；形制口大腹小，身段直下絕無波折，於粗率中見出老橫，平實中見出韻致。清康熙以後，演變爲腰際凸起略如香案中插花之具；這也是藝術由簡入繁、由拙入巧的一種自然發展趨勢。

至於其它，如宣德朝的豆、甒、爐，嘉靖朝的尊、爵等，以及顯然從古代量器中的鈁而來的方罐，由古代盉而來的執壺、把壺、滷壺等，可說都是從古代銅器和金銀器等演變來的，但卻能夠產生新的形體和精神，成爲一種創作。

㈢、從過去的其它器具而來

即從流傳的漆器、竹器、木器以及其它種類器物形制加以模仿，例如盛放文具的瓷盤，各式瓷盒、瓷匣、香奩、衣檠、茶盤、棋盤、屛風、插屛等物，過去俱爲其它材料所製，及至明代皆能運用進步的燒製技術，代以瓷器燒成。〔考槃餘事〕中記載一事，謂是「以扁匏作成的太極尊，竪起上鑿一孔，以竹木旋口，粘以竹足，置於漆布內，以生漆灌入，凡二次；則酒貯也不朽壞，且免沁煙，以絡繩携掛出遊，甚爲方便」。明代青花瓷器的扁壺，樣式與其完全相同，應是胎出此種匏尊無疑。又有僧帽壺，形狀甚爲特別，略如直截的竹筒，惟在上半截旁出一嘴，嘴作龍形；相反一旁有把手；頂處不平，把手一邊較高，向嘴一邊斜矮，有蓋而不露出；其下有作圓球形的，也有作竹筒形數截的，每截均滿飾花繪，原爲內府盛裝牛乳用器，名叫多穆壺。這是宣德朝青花器中異常特殊而又美麗的器形，其源或許來自我國北方游牧民族所用的奶壺，原先可能是種金屬器具，大概由波斯、阿拉伯等地經過西域傳入蒙古，元代時再流行內地。明代青花瓷中也有許多各種法器樣式，是由佛道教廟宇中供器而來的，如燭台、香爐、淨水盌等。另有一種截筒瓶，形狀如木筒，近口處微凹，明青花中甚多，形制和花紋均甚粗率，但是殊有野逸之趣，恰能代表民窯器形的風味。

㈣、自行創新而來

這類的器物也甚多，形制特殊的如竹節靶壺、折方瓶（方勝瓶）等，造形新穎而獨特，具有極高的藝術審美價值。

總括地說來，明代青花瓷器在器物造形上，能夠摹古而不泥於古，同時也能接受外來的影響，加以消化融和，再發前所未有的巧思匠意，創造出嶄新的風格。由於製作技術的成熟，在形制上表現了「熟巧」的趨向，而且愈到晚後這項特質愈形明顯；器形外輪廓綫由單純緩慢的曲綫，轉變爲複雜短促的曲綫和直綫，方狀稜形的增加，流爲纖巧單薄，如多瓣的蓮花、菊花口式日多於少瓣的荷花和葵花口式，即是一例。

三、「實用」與「審美」

陶瓷器爲原始人類解決生活而產生的用具，是種有形的、實用性的物質製作；而審美則是項無形的、純粹性的精神活動，本是兩件毫無關連的事情。然而，我們的祖先很早便將兩者結合一起，使得陶器成爲我國歷史上最早具有藝術特性的工藝品之一。如出現新石器時代的陶器，已經有了熟鍊的裝飾藝術，包括造型和紋飾，展露出先民對陶器於實用而外的審美需求，便是一例。其後繼續演進的陶器，以及由其蛻化產生的瓷器，都是本乎這項實用與審美合一的原則發展，其間縱使有的時代緣於喜嗜崇尚有別，對於兩者容或各有偏向，却是偏而不廢始終存在如一；然而明代在此方面則能維持均衡發展的形勢。

明代瓷器燒造追求的宗旨與抱持的態度，前面論述模古與創新一節中，談到當時青花與其它瓷器的燒製，器物形制以承繼唐宋元舊有爲主，都能加以適當的變形，如器物口腹加大，頸項縮短、底足加寬等，目的即爲便利使用，但是又能兼顧美化的功能，美化方式有二，除了器面花繪裝飾而外，便是造形上的改良與創新。在這一方面，基於新評價而建立的新藝術觀念，不僅創造發明了許多前所未見的器物形制，如執壺、扁壺、僧帽壺、高足器、花薰、缽式缸等，都是造形新穎而優美的器形；既使承襲舊有的所有器物，在符合實用理想原則下，也都能有所變化而呈現新貌。明人這種賞鑑與品味瓷器的態度，事實上等於實用與審美並重的思想，也正是明代工藝藝術的特質。

明代青花瓷器能夠結合「實用與審美」的精神，此處以宣德窯的一件青花開光折枝花果執壺（圖版**243**）爲例，試加以實際的說明：

一、執壺的主體是壺身，採取了「玉壺春」瓶的形制，口小，頸長，削肩，大腹，這是一種最大容量的形體；底足緊殺，使得瓶身重心極低，落在蜷縮的圈足上，適合放置不動的用途；一對柔順流暢的S形曲綫，對稱地圍成一個安穩沉靜而優雅的外形。

二、壺的主要附屬部份是柄（扳）和流（嘴），這是裝置在壺身側畔的兩條綫，爲了配合壺身的曲綫，流的設計也採用了非常流利的形式，一條向上斜挑起來的弧綫，從壺身中腰向空間延伸開去，略呈拋物綫的形狀；流的頂端和壺身保持約三十度的角度，同時自底向頂端逐漸微細，增加了自然飄逸的感覺，避免突兀鈍重的心理衝激。壺身另一邊的柄，像是一條扁圓的彩帶一樣，輕滑而宛轉地附着壺身上；柄的兩端略爲肥粗，圓滑地啣吸住壺身，使人有不是生硬的裝接，而是自壺身生長出來一般的感覺。

三、附件的次要部份是壺身，以及連在壺嘴和壺頸之間的雲形托子，還有壺身下面的圈足，壺蓋的蓋子，這一切使得整個器形顯得十分統一完整。圈足托住壺身，使壺有種挺然屹立的感覺。最妙的，是那塊具有連接作用的雲形托子，由於製作的不是直綫而是凹齒形的曲綫，使人消除了滯重而牽強之感，覺得十分靈巧而適當，其補充了流和壺身之間的空隙，使得向上斜挑飛颺出去的流穩定住，也破除了流的孤單細弱的情形，更保持壺身緊湊的感覺；同時由於托子的存在，尤其使得原先不是對稱的柄和流的關係，得到了調和，觀者心理上左右均衡，不偏不倚，重心適宜。以上完全就壺的立體造形的空間審美效果來看。其次，再從實用來說，其每一部份都有作用：壺身是貯盛酒的，採用了最大容積的球形（以後有種胡蘆形，容量便減少了）；流是爲了使酒液傾倒出來的，就要高低適度，和壺身形成的角度也要適中，太大則流身應拉長，破壞了均衡的感覺，不拉長則酒易於溢出；柄是爲了把持在手，使壺身傾斜，便應注意力點和支點的關係；壺蓋是爲了防止水分蒸發以及避塵保潔保溫功用；雲形托子是爲了穩固流；圈足是爲了方便放置，這些組件同時在造形上要發揮變化，以及保持和諧均衡，也就是運用美的原則創造美感。然而在這方面却確實獲致完滿成功，整個壺身運用了長短粗細等各種不同的綫型，構成整個器物的外形產生流利的韻律感；此外是壺身外的流和柄，蓋和圈足，上下左右，雖然姿態各異，卻是彼此關連，相互照應，形成多樣的統一，產生心理的平衡，可說已經達到完美造形的境地，令觀賞者內心泛起一份舒適、暢快、飄逸又安穩的感覺。

明代人由於重視現實生活，追求閒情逸致的人生，因此他們對於藝術的理想，乃是將精神與物質結合，寓藝術於生活。而最能表現明人這項藝術特質的，便是工藝器之一的瓷器。明代青花瓷器能夠融和實用與審美爲一，開拓出工藝藝術另一新的境界，除了上面所舉執壺加以闡述的情形而外，另外也可借日人奧玄寶的話，作更進一步說明。奧玄寶於〔茗壺圖錄〕中論理一條，說是：

「近時壺癖家，言體必推小，言流必推直，強以爲解事，予未以爲然。蓋推小者，其理出於點茗之便；推直者，其理出於注茶之快，便與快則主實用言之。然壺本玩具也，玩具之可愛，在趣而不在理，故以理則小直而可，以趣則曲大亦可；知理而不知趣者，不論大小曲直，擇其善者皆取之。知理而不知趣，是爲下乘；知理知趣，是爲上乘，此語蓋壺癖家頂門之一鍼也。」

文中所說的「理」就是「實用」，「趣」就是「審美」，其認瓷壺的欣賞，「理」「趣」擇一皆有偏失，是爲下乘；「理」「趣」兼顧，方爲上乘，才是懂得欣賞的眞味。這項闡揚瓷器並重實用和審美的藝術主張，足以作爲詮釋明代青花瓷器美學特質的注脚。明白於是，因此前面所論瓷器造形風格和明青花器的演變中，說到明青花瓷器在器形上，比不上宋瓷的溫雅敦厚，沉穆典麗；但是本身自有一種骨體秀美，豐姿粹然，自然淳古，親切動人的風貌，遠勝其後清代青花瓷器的浮誇虛飾，矯情做作情形，原因即在於此。

第二節　材料的美

又分下面幾項敍述。

一、「青」與「中國人」

中國人自古以來，對於色彩中青和藍的觀念似乎就很混淆。文獻最早出現這二字，是在荀子中的「青出於藍而深於藍」。此處青字是當顏色名詞，而藍字則是一種提製青色的原料名詞。〔詩經〕「小雅」采綠篇中，有「采綠」、「采藍」之句，「綠」「藍」應是採來製造原料的植物。宋鄭樵〔通志〕的昆蟲草木略中說藍，其內容是：「蓼藍如蓼，染綠；大藍如芥，染碧；槐藍如槐，染青，三藍皆可作澱，色成勝母，故曰青出於藍而勝於藍。」足可作爲前二書中記敍的注解。其它記載青顏料的，尚有〔隋書〕卷八三，謂：

「漕國有青黛。」

〔太平寰宇記〕卷一八六，謂：

「俱蘭有青黛。」

馬志〔開寶本草〕中，謂：

「青黛從波斯國來，今以太原幷廬陵、南康等處，染澱甕上沫紫碧色者用之，與青黛同功。」

明李時珍〔本草綱目〕卷一六、青黛集解項下，謂：

「波斯青黛，亦是外國藍靛花，既不可得，則中國靛花亦可用。」

以上凡是，說明藍是一種提煉青色顏料的草本植物名，是製造綠、碧、青等色的色母。實際上，以現代色彩學來說，藍也成爲一色相，與青爲同一色系而色調却有差異。以正確的色彩學名詞來稱呼的話，藍應該叫青，而青則應叫綠青。

儘管這些色相外表上有差別，但是中國人對於青字的應用十分應泛，因此造成觀念的混淆紊亂，而且愈到後來愈厲害。從古人的詩文中，可以擧出許多的例子：如「瞻彼淇奧，綠竹青青」（詩經鄭風）；「苕之華，其葉青青」（〔詩經〕小雅）；「青青河畔草」（古樂府）；「泉聲咽危石，日色冷青松」（王維詩）；「青竹滿林風，贈君青竹杖」（孟浩然詩），這是以「青」來形容草木竹的綠色。「綠樹重蔭蓋四鄰，青苔日厚自無塵」（王維詩）；「碧毯綠頭抽早稻，青羅裙帶展新蒲」（白居易詩）；「映階碧草自春色，隔葉黃鸝空好音」（杜甫詩），同樣的春草新綠，却以「綠」、「青」、「碧」三字來表現。「馬聲廻合青雲外，人影搖動綠波裏」（劉廷芝詩）；「青天白日映樓台，曲江水滿花千樹」（韓愈詩），此處的「青」是一種天空的顏色，而「綠」是水的顏色。「綠水青山雖似舊，如今貧後復何爲」（耿湋詩），詩中「青」是形容山色；有時「青」又成爲山嵐的顏色，如「青靄入看無」（李白詩）；然而「清溪流過碧山頭，空山澄鮮一色秋」（朱熹詩），「孤帆遠影碧空盡」（李白詩），「碧海青天夜夜心」（李商隱詩），其中「碧山」、「碧空」和「碧海」，顯示山、天空和海同一色。再如「江碧鳥逾白，山青花欲燃」（王維詩），和「春來江水綠如藍」（周邦彥詞），對照之下，江水又有了碧、綠、藍三種顏色。我國歷史上詩人作品中，像這類記敘有關青色的句子，可說多得不勝枚舉。

從這些詩文描述的事物看來，青、綠、碧和藍彷彿都成了同義字；而青字被用作形容範圍的廣泛，從剛抽嫩芽的新綠，一直到深藍的海水。這固然是出於文學的想像與手法，但也足證以前人對於青色觀念的糢糊與曖昧。

青花瓷器的「青花」，以及早先青瓷的「青」字名稱的由來，大概也是基於上述觀念。事實上，「青花」的青，其色相既不是純青（Genuine ultramarine），也不是鈷藍（Cobalt blue），更非普魯藍（Prussian blue），而是介於青和綠的色調；英人Sayer即將青花的「青」英譯爲Blue／Green，發色劑的「青料」英譯爲Blue／Green Pigment；正式中文稱呼應是「青綠」，即青中帶有綠味的青。至於後期的回青，發色色相近於鈷藍，且藍中泛紅紫，變成董青色，就更非青了。

然而，青色在我國歷史上流行甚早，如前述出現於極早的文獻中，從〔詩經〕「鄭風」子衿篇中，說的「青青子衿」、「青青子佩」；著篇中說的「充耳以青乎而」，可以看出青色已是當時服飾的襟領、佩帶、細絲等的顏色。而且李斯的「諫逐客令」文中，特別提到青顏料爲蜀地重要出產之一。漢代以後，青色也成爲繪畫中主要的顏料，與紅色並列而有「丹青」之稱。其後一直到現在，青色流行寖廣，蔚成我國使用最重要的顏色。

青色的特性。根據人類民族學家所作調查，一般而論：以地域言，熱帶的人愛好的顏色較鮮明，寒帶的人所愛好的顏色較暗淡，只要拿此兩地人穿着的衣服比較，便能一目瞭然；我國人屬於溫帶地區民族，對於顏色的喜愛，似乎趨向中性。以民族言，冷靜理智的民族較爲愛好冷色，熱情浪漫的民族較爲喜歡暖色。美國韋斯納（Wissler）在哥倫比亞大學曾作試驗，所得結果，一般說來，中國人通常愛好紅色，黃、青、藍各色次之。但以中國人社會意識背景而論，紅色的愛好似是出於一種崇尚吉祥、權威和宗教的心理。因爲中國社會的傳統觀念裏，紅色代表幸福、吉利和喜慶，黃色則是高貴和帝王的象徵。不過，由於黃色和紅色，曾在政治意識下遭到皇室的禁止人民使用；因此民間可以自由使用且又適合喜好的，便只有具有靜穆深遠之美的青色了。青色是大自然的色母，給人一種恬適迂緩的寧謐，也合乎中國人酷愛大自然的性格；是一種富於詩性的色，如前面所舉的許多詩句來看，中國文人愛以青色入詩，便是由於青色有種無限迷濛深邃的含蓄美。〔陶雅〕書中記載西方人來華購瓷，法商崇尚五彩，美商喜好紅色、天青色官窯，英人酷愛青花，德人喜歡甏青瓶罐；英、德民族性格冷靜近乎中國民族，喜嗜也接近中國人情。另外，社會歷史背景也能影響國民對於顏色的喜憎，例如青色在西方有段時期，曾經成爲藝術上最重要的彩色，那就是歐洲中世紀的基督教裝飾藝術，當時充滿了宗教的禁慾主義，一般人性格抑鬱，心靈只有寄托於蒼蒼上天，所以對於無窮深遠的青色發生好感，青色因而廣被利用；回教世界的人民喜愛青色，作為寺廟裝飾彩色之一，其原因也是一樣。所以，西方人至今仍舊認為青色是「古板的」、「閒逸的」，而且帶有幾分「中產階級的氣派」的象徵。在我國，情形似乎相同，〔詩經〕中人民因傷時痛苦而呼喊「悠悠蒼天，曷其有極」的民歌極多；青色代表天，天是最公正廉明的，所以歷史上有所謂「包青天」的清官。青色在我國也是平民階級的服色。

我國陶瓷器使用青色的歷史，從商周的釉陶，漢迄六朝的瓷器，多以青色色系為尚；唐代以後，其它色釉彩瓷興起，青色仍居瓷中主要地位。所以歷代文人對於這類瓷器多所吟詠，入於文章詩賦的極多，例如：

「盛以翠樽」（曹植「七賦」）；

「傾縹瓷以酌醽」（潘岳「笙賦」）；

「越州瓷、岳瓷皆青，青則益茶」（陸羽〔茶經〕）；

「九秋風露越窯開，奪得千峯翠色來」（陸龜蒙詩）；

「金稜含寶椀之光，秘色抱青瓷之響」（王蜀報梁信物語）；

「雨過天青雲破處，者般顏色作將來」（柴世宗時，有請瓷器色者，世宗批其狀語）；

「捩翠融青瑞色新，陶成先得貢吾君。巧剜明月染春水，輕旋薄冰盛綠雲。古鏡破苔當席上，嫩荷涵露別江濆。中山竹葉醅初發，多病那堪中十分。」（徐夤餘秘色茶盞詩）；

「越椀（青瓷）初盛蜀茗新，薄煙輕處攪來勻」（施肩吾蜀茗詞」）；

「越瓶（青瓷）秋水澄」（許渾「晨起詩」）；

「越甌（青瓷）犀液發茶香」（韓偓「橫塘詩」）

以上都是摘自唐五代名詩人的作品，至於宋代以後，這類歌詠描繪青瓷的詩尤多。從這些美麗的詩句中，足以看出歷代士夫文人喜愛越瓷情形的一般，而越瓷可愛處便在於那「神秘的青色」。透過這些文學的美化與傳播，益增青色魅力的美學價值，影響到一般世人的欣賞。尤其是陸羽的一部〔茶經〕，刺激唐宋文人思想極大。唐宋人喜鬥茶，〔茶經〕幾爲嗜茶道者必讀之物；其品茶揀器首重青色，無形中成爲唐宋人鑑賞瓷器的圭臬。以後彩瓷漸興，諸色俱備，而宋燒汝窯重淡青，官窯重粉青，哥窯、龍泉、麗水、耀州等窯也皆是青色。明代雖云「秘色漸絕」，然而白地青花崛盛，仍然是這項喜愛青色心態的延續。

二、「青」與「白」

青色何以能使人發生美感和喜悅？這是一個視覺生理上的快感的問題。一般說來，色彩的感覺起於光波的震動，刺激眼球網膜上的錐狀細胞產生活動而發生。而眼細胞的接受色光，能因其强弱而起不同的情緒變化；弱到幾乎看不見的色光，會使視覺緊張而費力，消耗過多的精力而感到疲倦；强到睜不開眼的色光，却又立卽散布多量的視力，也使人感到痛苦。因此，色彩中彩度適中的色，最能表現强健而愉快的美。而青色在彩度中是十四度，稍嫌過低，但是由於散佈在白而明潔的素地，發生襯托對比的作用，無形中增高了彩度。所以，這種青色在生理與心理上能夠予人一種暢快的感覺。

有關青色和白色在美感上的機能，根據高登（Gordon）在所著美學書中，闡述有關色彩感情的說法，認爲：

青色　是一種抑制而冷靜的色素，表示精神上的渺茫、深遠、靜肅和深沉；青色又是天空大氣之色，富有包含性，所以極適於背景的裝飾。

白色　又叫無情色，但是也被視爲喜悅、輕鬆和純潔的象徵；而濃白色更能表示壯大的氣象。

畫家康丁斯基也曾作過色彩的研究，對於青、白二色認爲：青色屬於寒色，也是寒而明的色；暖色是遠心的，看去有種向外擴張膨脹的樣子，而寒色則是向心的，看去有種向內收縮後退的感覺。所以無論任何色若與青色相依時，便會發生「深化」的現象；如紅色與青色相依，就深化爲帶寒的紫色，雖然仍現深味的熱情感覺，而活動性却次第消滅了。當觀者在青色上看出這一「色彩的深化」而起遠離的人心運動，也卽是「自我的內心」進行的運動，青色愈是「深化」，便導引人入於「無限的世界」，所以能具有對「純粹的」及「超感覺」的憧憬；這就是爲何一般美學家公認，青色是有沉靜作用的原因。但是同樣的青色中，暗的青色具有神秘的感覺；明的青色則如對碧空一般，具有悠然逸適的感覺。那麼，白色又是如何？白色雖然爲無色，但可以看出一種偉大的沉默，是一種「虛無」、「新生的無」、「誕生之前的無」；所以任何色彩在其上都有生發擴展的傾向。

另外，因爲白是種無彩色，任何彩色以其作爲背景時，不會產生補色的餘像現象，而破壞了本彩色的純度。例如明代青花複合彩繪瓷中有種黃釉地青花瓷，在黃色的底地上繪畫青色的花紋，由於補色的現象，看久了，於是覺得青色中泛現黃色對補色的紫色幻像，而變成紫味青；同樣的，黃色地中泛現青色對補色的橙色幻像，而變成橙味黃了，因此完全失去青花原有那種穠翠幽倩的美感。所以，惟有在那白色的襯地上，青色才能發出其純粹的完全飽和的色度，而明代青花瓷器便符合此一條件。一般說來，明代青花瓷器面的玻璃釉多微含青味，陪襯那沉靜的青色花紋，產生同色對比的統一和諧，又能破除純粹白色的單調與尖銳感，特別增加明快冷艷的情調，觀者透過視覺伴生生理反應，彷彿觸覺上也產生清涼之感，造成一種趨向寧靜的心理，從而滿足了審美要求。青花瓷器具有清純美妙與明麗秀雅的特質，而成化、弘治朝的燒器，瓷胎白色有點泛黃，青花也有點帶灰，予人一種沉悶不爽的感覺，原因卽在此。

而且，瓷器於日常生活中使用情形，多半用在比較安靜的場合，如進餐、飲茶、讀書、梳妝、案供陳設等，青花瓷器的青色在色覺上已具備穩定靜穆的情感，完全適合這種地方氣氛的要求。又青色本身所具備的適中的彩度，襯托在最高明度的白色地上，適合各種不同色調的背景，放在光線明亮的地方，青色的收斂，顯得穩靜寧謐，放在光線幽暗的角落，白色的烘托，又顯得明快舒暢，具有不侈不麗，清華安祥的氣氛。而中國宋明庭屋佈置，重視簡潔素雅，桌几多爲深或淺素色色調，配置一件青花白地的瓶罐，增加了活潑的對比情趣。因此，對於冷色、暖色、對比色和調和色的背景，都具有較大適應的青花瓷來說，更能發揮美化生活的藝術功能。

氧化物		含有量		
		青花部份	釉	胎坯
矽酸	SiO_2	68.94	70.74	72.84
氧化鋁	AL_2O_3	15.35	14.16	19.03
氧化鐵	Fe_2O_3	2.17	0.97	0.60
氧化鈦	TiO_2	痕跡	—	0.28
氧化錳	MnO	0.25	0.07	0.01
氧化鈷	CoO	0.24	—	—
氧化銅	CuO	0.0055	—	—
氧化鈣	CaO	5.98	6.79	0.75
氧化鎂	MgO	0.97	1.36	0.30
氧化鈉	Na_2O	2.84	2.76	3.11
氧化鉀	K_2O	3.16	3.10	3.54
計		99.93	99.95	100.46

（本圖採自古陶磁の科學一書）

不過，「青」和「白」使用的配合比例，也有一定的原則。青花瓷器的花繪以青少白多爲佳，繪畫太繁密太細碎，或者青色多於白色，都會使得那份幽靛趣味不突出，效果反而顯現不出美感。這也便是何以晝青不及青花，明代青花晚期不及中、早期，官窯不及民窯美的緣故。

三、「青」與「青料」

青料是青花瓷器裝飾花紋繪畫所使用的顏料，是一種以含氧化鈷爲主的礦物質，其種類、來源產地和成分，在第三章第一節中已作詳細介紹，此處再就其發色的特性加以述敍。

根據近人所作明宣德官窯青花纏

枝番蓮大盤的研究，即將盤切開採取其中青花（青料）、釉和坯胎三部份，加以分析成分，所得情形如上表。雖然因爲瓷器燒成後，成分容有損失與前不同，但是所差不致太大，是以可視爲原物標準。

表中所列顯示，青料的成分，除去氧化鈷外，尚有其它能發色的鐵、銅、錳、鎳等氧化金屬。所有這些氧化金屬元素發色的情形，則是如下。窯火發色火燄有氧化和還原兩種。鈷在這些金屬中呈色最强也最穩定，在强烈的還原燄下，便發出十分强烈而帶有紫味的藍色；如果是氧化燄的話，便變成黑色。鐵在還原燄時，發色傾向淡青色；氧化燄時，則發出由黃到褐的色調；又若量多時，則無論還原或氧化，都傾向暗黑色。銅在還原燄時，發生從黃到紅的色調；氧化燄時，則發出青色（藍色）；但在高溫時，則完全揮發掉，因此對於青料發色沒有影響。錳在還原燄時，發色爲灰紫色；氧化燄時，則是灰褐色；溫度低時，則發出性質很强的紫色，對於青料發色可以加重紫色的味道，如果溫度高的話，這種作用便減弱。鎳的發色，大體是不安定而帶有灰藍的調子。青料中因爲含有上述這些金屬雜質，發色各個不同，加以含量多寡不一，導致發色狀況極爲複雜，因此青花的青色並不是純粹鈷的發色。但是，如果窯火還原燄强盛，鈷的藍色發色力增强，其它金屬氧化物反呈現不穩定，那麼影響便減少；假若氧化燄强時，鈷發色變成黑味，其它金屬變得更厲害，此時青花也就呈現汚濁的色澤。所以，若要青花發色展露美麗光艷的彩色，就非要瞭解青料與掌握還原火燄不可。

以上是青料中金屬元素本身發色的情形，實際上，青料是和玻璃釉、坯胎一起煅燒，三者均有互相融合的可能，所以尚要考慮胎坯和釉帶給青料的影響。青料中矽酸的成分或錳的成分如果較多，青花顏色可能泛黑；尤其是胎坯中矽酸過多時，青花容易渙散。宣德官窯部份青花器，常見一種青花流散汙漫的現象，原因卽在於此。當然，當時可能爲了熔解熔點極高的長石質釉，需要長久的高溫，也造成這種流散的現象。另外是鋁成分多，也就是長石或粘土多時，紫藍色較鮮明；鈣成分多的話，青色濃而暗，宣德窯器中這類跡近墨藍色的器物也很多；而且，如果鈣來自草木的釉灰時，顏色穩定而有澁味，例如宣德窯器中常見的景象（圖版244），如果來自石灰岩的釉灰的話，顏色則是光亮帶有豪華。由是，也可以推斷爲何所見明代的青花瓷，青（藍）色色調較爲穩定，那是因爲釉中使用植物灰；而清代青花瓷（以乾隆窯爲代表）青色，顯得豪華尖銳，則是因爲釉中使用石灰的關係。還有，假使釉中氧化金屬的錳、鈣等，換成氧化亞鉛，則青色也能變成豪華的空藍色調，而且缺乏苦澁的味道。

青料使用的方法，是磨粉調水成爲黑墨汁狀（回青原本就是藍色），然後用筆沾著，在生乾的器坯素地上，將所欲表現的花樣清晰的畫上。根據實物觀察所得，這種黑汁必定如墨水一般，具有較大的流動性，才能揮洒自如地繪畫出如此粗細深淺遒勁流利的線條來，比較同樣作爲釉下彩繪的釉裏紅發色劑的，所使用的銅汁的稠厚滯筆，因此更富有繪畫的特性和意味。畫好後，在其面上加上白色粘液狀的長石質釉；由於這種長石的熔點高，必須在攝氏一二五〇度至一三五〇度的火溫下才能熔解，而且釉厚時燒的時間尚需延長，如此又影響到青料的發色。一般而言，鈷的性能，雖然愈是溫度高發色愈鮮艷，但若超過一二五〇度，溫度過高時間過長，也會呈現不安定容易流失的狀態。宣德窯器崇尚厚釉，許多青花器青色極爲幽靛鮮麗，但是花樣流散，卽此緣故。以後施釉減薄，發色色度又降低。

另外，根據器物上筆畫的痕跡看，宣德朝的蘇麻離青，如果使用甚薄，便能畫得十分流暢，但是一遇窯中高溫容易飛散，只留下一點似有若無的青痕；所以，畫時採用淡青勾描，再用濃青重叠點染也是必要，還有始終用筆醮著濃汁寫畫的，結果發生厚薄不均勻的情形，加釉後入窯高溫燒時，濃的地方容易滲入釉的表面層，因爲青料是較釉和胎坯先行熔解，於是也讓和其接觸的釉容易溶化；同時，又當窯中溫度降低時，滲和了青料的釉又較慢凝固，終於冷却後，這些地方便變成藍黑色，乃至黑褐色且較釉面低陷的斑點；因此，花樣產生許多濃淡不一斑駁陸離的美麗青色，滲翳在那清明無色的透明玻璃和素潔瑩澈的器坯之間，散發著扣人心弦的魅力。以上是宣德窯蘇麻離青料發色的情形，以後成化朝的平等青、嘉靖後的回青，却沒有這種現象。

因爲火燄的差異，也常使得同樣青料發生不同的效果。火燄的性質，在釉熔解之前是還原燄；在快燒成的階段變成中性，有時也傾向於氧化燄。成化窯的青花器，瓷色普遍泛黃成淡綠味，而青花的青色也略帶黑味，這是把火燄增加幾分氧化關係的結果。爲何如此？也許是孝宗個人喜愛柔軟而有溫暖感覺的色調罷。

晚期嘉、萬使用的回青，發色上較前穠艷眩目，却沒有宣德窯青料那種詭幻奇麗的變化，其主要原因有二：一、回青質地太純與煅煉太精細；二、青料、釉汁和胎坯之間，矽酸和氧化鋁的成分含量十分接近，失去相互滲透作用，因此彩度强烈又沒有暈散的現象。此處以明代早、中、晚三個時期使用的三種青料，所作繪畫的部份照像，圖版（244）爲宣德窯青花靈芝壺；圖版（245）爲成化窯青花龍紋高足盌；圖版（246）爲嘉靖窯青花雲鳳獸耳瓶，作一比較，仔細注意其線條和渲染表現的效果，便會發現彼此明顯差異的地方。

最後，這裏順便也將明代和清代青花瓷器，就青料發色作一比較，藉以顯示明代青花色調特殊而突出的地方。明代青料青色深翠幽倩，但宣德淡而嘉靖濃；清代青花（康熙爲代表）青色鮮艷耀目。明代青料細致，能融入釉汁之內，混化如輕雲宿墨，所以點染無痕；清代青料粗糲，色質凝聚不散，點染稍露筆痕。明代青料含蓄，有種玉質的感覺，堅實腴潤，色澤蘊含於內；清代青料閃爍，有種晶石的感覺，瘦硬瀏亮，色澤暴露於外，這是清代青料全用石青的關係。明代青花瓷器能夠開創一代之奇，青料是一個重要的因素。

第三節　內容的美

瓷器屬於立體造型，形式美不僅爲青花瓷所有，也爲其它瓷類共同的特徵。然而惟有一樣，其它瓷類皆無，只有青花瓷器獨具的，厥爲構成青花瓷第一要素的裝飾花繪。有關此一方面藝術性的內容，也可分爲下面幾項述敍。

一、圖案和花繪題材的來源

明代的青花瓷器無論官窯與民窯，其裝飾繪畫的圖案花樣的源流，就和其它工藝品裝飾題材一樣，在時間和空間的聯繫上，並不是憑空產生或孤立存在的，而是有種繼承與啟迪的特質，卽接受其它藝術的影響與影響其它藝術的關係。在這方面，明代青花瓷器花繪題材的主要來源，大致有下：

一、從陶、瓷器本身紋飾而來的。在明代以前，陶、瓷器已有悠久的發展歷史，各種裝飾形式與內容成績輝煌；尤其宋代盛行花瓷，如白瓷系統流行的劃花、印花、剔花、畫花與加彩，以及青瓷系統流行的印花、劃花和刻花等裝飾方式，創始發明了許多精美的花樣圖案。這些繁富縟美的圖形，多爲明代瓷工畫匠採擷加以變化，然後運用在青花瓷繪上，例如其中的龍鳳、魚藻、花鳥、蜂、蝶、折枝花、仕女人物、嬰戲等，都是最明顯的例子。

二、從古代青銅器紋飾而來的。主要採自商周秦漢青銅器，例如蟠螭、雲紋、雷紋、蕉葉紋之類；其次來自唐宋的銅鏡，例如仙人、天馬、菱花、葡萄、卷草等；至於瓶、爐之類器身上的獸面啣環和獸耳，則是從青銅器的饕餮紋以及鋪首演變而來的。

三、從唐、宋織綾錦花紋而來的。這類豐富的花紋，有龍、鳳、鴛鴦、鶏鴒、團花、四季花、雜花以及纏枝花卉等；特別是流行於明代織物中的織金、提花、妝花各種錦紋中四方、二方連續的串枝花，對於青花瓷花繪中的纏枝番蓮、寶相花等，可能具有直接的影響，因爲從實際觀察看來，在花式佈置上兩者幾乎完全相同。此外，如錦地開光的紋樣，顯然也是從綾、錦織紋而來的。

四、從建築等立體裝飾而來的。這類裝飾花紋，如團花中的旋花，各式結帶花紋—綬帶花等，皆可能是來自建築裝飾的石雕、彩繪和琉璃飾件，以及木器裝飾的花樣。至於常見的龍鳳、纏枝花、如意雲、雷紋、蓮瓣紋等，則是與建築裝飾共同使用的題材。另是錦地開光的格式，雖然遠自北宋北方民窯瓷器便已開始流行，但是這種形式可能最早還是來自建築彩繪圖案；而彩繪圖案則又可能從綾錦織紋而來的。

五、從漆器花紋而來的。這類圖案花樣，與前面所說的題材內容，有許多可能相互影響與互相通用的。尤其明代描金、剔紅漆器發達，豐富的裝飾花紋中，有許多和青花瓷器使用者相同，顯示是從這些漆器紋飾而來。

六、從其它裝飾花紋而來的。主要爲來自別的民族和國家，或是外來的宗教藝術所帶來的裝飾圖形，例如來自蒙古、西藏密宗的法器，如法輪、金剛杵、八寶、纓絡、寶珠等；以及來自外國的文字如藏文、波斯文和梵文等圖案。

以上所有這些花紋題材，根據性質的不同，似乎又可爲下面幾類內容，加以探討其藝術性。

二、幻想的內容

人類之有幻想，起於一種圖騰意識，乃是世界各民族原始文化發展的共同特徵，也是所有宗教的來源。東方人天生是種唯感民族，富於幻想與神秘意識，其圖案繪畫的原始動機，都包含神聖的圖騰意義，或爲仁民愛物的表現，或爲娛情遣興的發洩，都是依照著節奏的興趣，噴發了民族內在的熱力，代表一民族的歷史和地域的特性；雖然當時的繪畫技巧容或不夠成熟精到，却能十足地展現出風格化了。這些圖形爲人類生活依賴與進步的物質藝術，又是必需與眞摰的精神藝術，開啟後世裝飾藝術純正之門，同時表現與形成民族特性，如埃及、希臘圖案出於植物形象的便化，表現出活潑生動與富於變化；而中國圖案出於動物的幾何變形，如甚早出現商周銅器的獸面紋等，端麗嚴謹，表現了綫條的節奏與和諧，秩序與完整。蔡孑民先生曾說過中國上古有鳥官、龍官、蟲種、犬種等，既顯示了我國上古圖騰風俗的痕跡。近世長沙出土的楚漆器上花紋，表露了當時已有慕神仙求長生的幻境生活。而出土更多的漢代石刻綫畫，繪畫許多所謂祥瑞圖，都是一些無中生有的圖像圖形，如用具有神鼎，能知吉兇，能不炊而沸，五味自出；動物有青龍、白虎等不傷人的仁獸騶虞，有比翼鳥、比目魚；植物有木連理、萱莢等，都寓有聖德之意。中國人原沒有宗教思想，但是却有著靜思默想的生活方式，和色空一切的人生觀，具有較高的智慧，常在飽經人世滄桑後，能夠自我超昇蛻化，虛構一個與現實世界相背的境界，尋求獲得靈魂的安寧和永生的快樂。

自後漢佛教傳入，以迄宋末，和原先的道家思想結合，連亘一千年，裝飾藝術方面，圖案多是飛龍、舞鳳、天馬、瑞蓮、祥雲之類；又漢鏡有仙人怪獸，唐鏡有二十八宿神像，佛家有十八羅漢，道家有八仙，象徵長生的植物、飄帶等，一直從宮廷裝飾到民間，這是因爲佛教的捨身出家，道家的清淨無爲，都將現實生活以不了了之的態度，寄美景於只有心靈能領會的地方。這一類幻想的東西，都是些具有特別性而超出現實的可能界限，却又並不因爲非現實性而引起什麼重大的生活不相關連的異樣感。凡會刺激我們的幻想，在腦海中引起自由遊戲的自然，都是舒適而且美好的。正如陳之佛在「表號圖案」中，所說：

「總之，這些圖案的題材，正是（人類）對於現實生活予以一種聊以自慰的讚嘆。其實世上並無其事，並無其物，彷佛定神向空中凝視，等到一陣黑，一陣金星，眼花瞭亂的時候，似乎看見金童玉女的幻像，從天上經過，於是感覺有一種非人世的溫存，落在自己心靈上，煙雲飄渺，萬念皆休。」

佛道兩教並不禁用人物（回教裝飾卽禁用人物，認爲有褻瀆可蘭經）作裝飾的材料，加之，中國人本來有種「歸眞返璞」的自然天性，所以秦漢以後便避開了苦澁難作的幾何形，從事民族國人喜愛的人物、動物題材上，擷取象徵的幻想的表現。這方面的內容是異常豐富的，都取象於高齡或生性奇特的動植物，如龜、鶴、鹿等，爲動物中長壽的代表；芝草、蟠桃、松子爲食用可以美顏的果實；松、竹、梅、蘭、菊等，倨寒傲霜品性高潔，足爲人格的表徵；其它如飄然雲行的仙姿，表示超然非凡的意象，還有想像出來的一些四神、飛獸、麒麟、飛龍、翔鳳、散花、雲氣紋、星雲紋、以及吉祥圖案文字等，可說完全爲宗教精神修煉養性，智慧生活的反映。

五代而後，佛道思想的溶和爲一，表現於織物或工藝器物上面的宗教性的裝飾圖案，如靈芝、仙鶴、暗八仙（道教的）、寶蓋、獅子、蓮花（佛教的）等，已是同時並呈，成爲又佛又道的雜拌裝飾，開啟了明代幻想圖案的新特質。

明代青花瓷器上，這種與宗教生活有關的圖案紋樣，已經成爲一種通用最廣的裝飾題材。其包括：人物方面，有遊仙、西王母、南極老人、寒山拾得、劉海戲金蟾、八仙祝壽等，都是一些奇幻的神話傳說，供人遐思神往；動物方面，有獅子、寶馬、麒麟、虎、象、牛、羊、鹿、仙鶴、蟠龍、對鳳、蟠螭、海獸、龜、鸞、孔雀等，皆想像或稀罕的珍禽瑞獸，給人帶來一種吉兆的喜悅；吉祥事物方面，有八吉祥如意、雜寶，其中包括珠、錢、磬、祥雲、方勝、犀角杯、書、畫、紅葉、艾葉、蕉葉、鼎、靈芝、元寶、銀錠等十五種東西，這些象徵性的東西有時可以畫上結帶，便成爲「結帶八寶」、「結帶寶珠」、「結帶如意」等，可能從佛教的「綬帶花」演變而來，這些加上結帶的東西，有種在天空飄動的感覺，益增出塵脫俗的意念；宗教飾紋方面，有八寶纓珞、法輪、金剛寶杵、如意雲、香花、海水江芽、菊花草、繡球花、火燄寶珠、貫套、方勝、古老錢、古錢套、蓮瓣、西瓜瓣等。以上這些具有象徵意義的圖案圖形，其中幾種特殊且較流行，試個別介述於下：

八仙　爲我國民間最爲熟悉的仙人，普通圖案中畫的是鍾漢離（手持扇子）、張果老（手持魚鼓）、韓湘子（手持花藍）、李鐵拐（手持拐杖、葫蘆）、曹國舅（手持陰陽板）、呂洞賓（背揷寶劍）、藍采和（手執橫笛）、何仙姑（手持蓮，又叫笊籬），八人皆由凡入仙，都是爲著逃離苦難的現世遁入無羈無束的逍遙生活，在專制壓迫下的人民眼中，這正代表了令人神往的生活典型。

八仙捧壽　爲上述八位仙人各捧壽字出現畫圖中，與此類似題意的，尙有八仙迎壽、八仙拱壽；構圖上多是八仙人向壽星老人禮拜；或壽星乘鶴在天，八仙則拱拜地上；有時則壽星換成乘青鸞的西王母；又八仙也有分乘鹿、驢、馬、牛、仙槎等情形。

八寶　八寶卽八仙手中所持之物，爲寶劍、魚鼓、笊籬、葫蘆、扇子、陰陽板、花籃及橫笛。有的以八吉祥爲八寶；還有的又從十五種雜寶中選取八種配成。

八吉祥　這是明代青花瓷器花繪使用最多的裝飾圖案，其它的工藝品也常採用。八吉祥起原於元代，原先多是八物一起出現，演進晚期流行拆散單獨使用。八物分別爲：法螺（又叫螺），爲一形似佛手柑的螺貝，能吹出吉祥妙音，爲八物之首；法輪（又單叫輪），是佛說的大法，具萬刼圓轉而不息之意；寶傘（又單叫傘），佛說開閉自在且普蓋衆生之意；寶蓋（又單叫蓋），佛說出於五濁世而不染之意；寶瓶（又單叫罐），佛說福智圓滿具完無漏之意；金魚（又單叫魚），佛說堅固活潑、解脫於懷刼之意；盤長（又單叫長），佛說迴環貫徹一切通明之意。

五供養　供養猶奉養，轉爲獻食於佛之意。五供養原來意不甚詳，大致是十二種供奉物中的五種，卽一、塗香；二、花；三、香；四、飲食；五、明燈，多用在佛像及佛畫中，趺坐於蓮台上的五體佛，有的手持香爐柄，有的手持蓮花等上述各物，依此看來供養大概是畫的供養佛畫前的五種用具。

三陽開泰　俗以三陽開泰爲歲首稱頌之語，其來源與易經有關。「三」卽泰卦中「初九」、「九二」、「九三」之三爻；開泰的開，卽開運的吉兆，畫中則以「羊」代「陽」，爲諧音，而且羊爲祥的略字。此一圖案在古銅器中使使用很多，如三羊壺卽是。

寶相花　這是隨著佛教從印度傳來的圖案。通常作花輪上配合枝葉狀或蔓狀的東西，究竟爲何花名不詳。由於時代不同而花樣也有相當的變化，其中有酷似天竺牡丹的，或者說就是由此花而來。六朝及唐，給畫及工藝裝飾上便廣爲運用，如燉煌佛畫背景、六朝唐初石刻碑側紋飾，屢見不鮮。

鶴　鶴爲素食胎生的動物，傳說鶴經三百廿年始成鳥，雌雄睨合成孕，再往一千六百年始胎化而生，所以俗謂「鶴千年，龜萬年」，龜鶴同被視爲長壽的象徵；同時又與鳳凰，認作祥瑞珍禽，常作壽星、仙人飛行的坐騎；有的八仙慶壽的圖案中，僅畫八隻羽鶴來表示，則因爲「羽化而登仙」而產生聯想的關係；有時還代表著高人隱士的生活，則又來自「閑雲野鶴」以及林和靖之流的影射。

如意　原爲印度傳來中國的一種器具，梵語叫「阿那律」，原來用途，是以其一端作成手指狀供搔背之用，後來柄端造成心字狀，僧侶講經時於上面記寫文字以供參考。又傳說痲姑仙的手指有如銳爪，其形狀相似，遂有以「痲姑手」轉稱之。

古老錢　爲古錢的別稱。中國古代通行的貨幣，有貨布、泉刀及穴明錢等，在圖畫上加入吉祥文字圖案，如「金玉滿堂」、「長命富貴」、「吉祥如意」等種種，稱爲古老錢。若凡加上十二地支、龜鶴、南極老人等圖形的吉祥古錢，稱爲「厭勝錢」。還有連鎖的古錢套，又稱爲「套錢」。

方勝　爲兩個連接的斜方形圖形，其出處不詳，有人認爲可能是種樂器。

薑芽　薑爲佐味菜蔬，此處用來形容將要落下的浪頭；謂其形狀恰如薑的根芽一般。

喜相逢　卽喜鵲，卽二隻相向的喜鵲；採用於圖案乃取喜字吉利，二隻則代表雙喜之意。

三友　也卽是生理上具有特殊性格的松、竹、梅三種植物。松在嚴冬葉不枯落，四季常青，爲長壽不老的樹木；竹也是經年常綠，有節中空，挺勁直立；梅玉骨冰肌，馥郁清香，領袖群芳，三者都是在寒冬萬木凋落時，傲視冰雪，挺然卓立，象徵君子節操高行，又似相約守節不易，比喻友情恒久不變，且寓有吉祥頌祝之意，所以有「歲寒三友」之稱。與此情形相同的，則是梅、蘭、菊、竹，有「四君子」之稱。

其次是吉語文字爲主題的文字圖案，最常見的如天花捧字、神仙捧字、天花壽字、結篆壽字，宗教文字（來自古代佛教轉輪藏的經文和道教的符籙文字，有的是回、蒙、藏或梵文，來自這些少數民族的經文，也叫做眞言文），出現明代青花瓷繪中甚多。這些圖案，原來多半與宗教生活有關，但是使用裝飾日久的結果，逐漸減少或失去原有的意義；本來代表神的權威與神秘力量之符號，現在變成祥瑞的表徵。此外，更有將抽象的吉語，利用中國文字諧音的特性，採取具象的事物表達出來，以作爲祈福功用，如「三陽開泰」，利用「陽」、「羊」的諧音，畫三隻羊代表「三陽」；「六合回春」，利用「六」與「鹿」、「合」與「鶴」的諧音，畫一鹿一鶴以代表「六合」；又如「仙芝祝壽」，畫的是靈芝和天竹，利用內中「竹」、「祝」的諧音，隱喻爲祝壽之意。這些吉語與表徵祥瑞的範圍十分廣泛，來自生活的每一部門，由純粹幻想逐漸走入生活現實。這正暗示了明代人的人生觀，一方面已經自宋代以前的出世思想轉變到入世思想，不再兀自仰望碧空中梵音嬝嬝、蓮花飄帶的極樂淨土，而積極冀求現世的停留，希望「長命富貴」、「多福多壽」、「萬事如意」；一方面也感覺到那些幻想虛構的事物形象，與現實人生距離太遠，應該將其人格化以減少神秘性。這種演變的情形，可以明代青花瓷器上的龍鳳紋，作一個最好的說明例子。

龍是中國幻想圖形中最具代表性的動物，爲自然界中絕對找不到的東西；人類賦予其自然的性格，其形象彷彿是自然界中所有最强最美麗的東西之結合，「頭似駝，角似鹿，眼似兎，耳似牛，頸似蛇，腹似蜃，鱗似鯉，爪似鷹，掌似虎」，身上附有火雲；其本事更是驚人，〔說文〕中說是「能幽能明，能細能巨，能短能長」，「爲三百六十種鱗蟲之長」，「能興雲雨以利萬物」。所以，自古以來一直便作了專制帝王至高權力的象徵，甚至歷代多所禁止民間使用。至於龍紋的使用於瓷器，根據〔飮流齋說瓷〕中說法，是：

「瓷花之有龍，蓋自宋定（窯）始；明代繪龍者，指不勝屈。大抵龍象至尊，爲中國歷代以來之古說久矣。」

龍在宋元繪畫，似乎仍保持那種抽象形像的感覺。入明後，摻入寫實的意味愈來愈濃；而且明代繪瓷畫工更能在姿態變化上曲盡其妙。早期繪畫的龍紋，夭矯盤拿，氣魄雄偉（圖版237），尤以出水雲龍大氣磅礴，有種凌空飛舞的懾人氣勢。愈到後期演變愈多，綜合以往的各種畫法，有行龍、搶珠龍、趕珠龍、團龍、夔龍、團螭虎，另有一種飛獅龍，爲有翼的飛龍，大概就是易經上說的應龍。同時在繪畫的感受上，早期畫的龍配以青雲繞嬝，海水翻騰，具足神秘威凛的氣象；以後，好像這種神物也變得貪慕人間的逸適，飛身跳落凡塵，或搶珠爲嬉，或戲水作樂，甚至還游入蓮塘裏與魚藻蝦蟹爲侶，變得平易近人，彷彿是位至尊的天子，過膩了那種拘謹冷酷的刻板生活，寧願放棄皇位和權勢，逃到民間隱姓埋名，過著自由閒適的生活，讓人忘掉其過去的一切。此地便試以明代三個時期代表官窯，所燒造青花瓷器上的龍紋，作一實際比較；圖版（247）爲宣德窯青花蟠龍天球瓶上的龍，極具寫實的手法，筆墨精到渾化無跡，令人有種生氣虎虎、脫然欲出之勢，彷彿世界上眞有這種神物存在似的。圖版（245）爲成化窯青花龍紋高足盌上的龍，採用變形繪畫手法，龍形出於圖案化，若不見龍頭和龍身前足等部分的話，觀者會誤當勾雲紋看待；這是因爲成化畫工爲了顯示他們精鍊的筆綫工夫，從飛絲龍便化而成的隻鉤畫法，形像抽象而成爲純粹的圖案。圖版（248）爲嘉靖青花雙龍盌上的龍，雖然繪畫仍是採用寫實手法，但在用筆上呆板單調而劃一的綫條，與那網狀的鱗身，彷彿又回返元代以前的象徵性抽象畫法上去了。圖版（249）爲萬曆青花龍鳳洗上的龍，筆墨淺淡，形態呆滯羸弱無力，與那用筆沉重的勾雲紋對照，相形之下，更顯得氣勢麼弱，與前面宣德窯的龍比較起來，眞不啻天壤之別。這種龍紋在畫面上體位的縮小，蜷曲有如卷雲或纒枝花葉，更予人一種感觸，覺得從此龍似乎已由宗教性和權威意識的表徵符號，轉變成純審美性的形相了。另一與龍具有同等地位，也是中國人幻想的神奇動物之一，便是鳳。鳳被譽爲三百六十羽蟲之長，而是集一切禽類的優美文形，構想而創造出來的美麗形像；其有著人眼的眼睛，鸚鵡般的嘴，錦雞的頸，鴛鴦的彩身，鶴似的長脚，能高飛的翼，綬帶般的尾，五彩繽紛；在青花瓷以及其它工藝裝飾中，與龍一樣的被廣泛使用，並且通常多與龍配合，代表陰柔與陽剛相配之美。同時，明代畫工還爲其搭配一隻雌性的凰，成爲一種更完美的理想主義表現。

中國的幻想圖案原來便具有美麗的神話背景，明代瓷繪畫工强烈的生活意識與自由不羈的想像，更充實了其內容，豐富了其色彩。德國近代美學家 Ernst Cassirer，曾揭櫫「藝術是實在的强化」主張。這種「實在的强化」便是事實的誇張與美化，而誇張與美化的手段無過於幻想。不容否認的，人類藝術皆由幻想而起，許多美麗的詩篇、故事、繪畫，愈是幻想成分多愈具動人的力量，也愈能擴大人類精神的活動領域。但是，幻想的題材不能太離現實，使人失去聯想的媒介，但丁「神曲」之仍以此現實世界爲背景，中國神話也多以歷史人物爲主角，便是此一道理；然而也不能太近現實，使人有切身之感，利害攸關妨害心智，所以，美感經驗總以若卽若離爲第一要義。明代青花瓷器花繪題材中所表現的幻想內容，具有如此豐溢的美，其原因也就在於此。

三、圖形的內容

圖形的來源，原先也是起於初民對於大自然欽敬崇拜的意識，作爲具體行動的表現所完成的形象。其對象也多爲動植物崇拜，與上述幻想的藝術同出於人類原始的宗教意識。不過，以後的發展演進，一者仍舊保存其原始意義，成爲宗教的附屬品，卽幻想藝術；一者完全失去其原有內涵本質，成爲純粹的審美符號，卽圖形藝術。

這種純粹想像的圖形多屬植物形狀，也是發源於東方的唯感民族，如波斯、阿拉伯和印度等民族的特殊藝術。波斯圖案嚴密的配置、高超的變形技術，有種飄逸溫和的情調；花卉裝飾和綫劃的巧妙安排中，產生一種秀麗婉約的風格；後來和希臘文化混合，又接受了希臘藝術那種活潑愉快的精神。阿拉伯圖案的作風，則是純粹的幾種幾何形和連鎖交錯的綫條組合，這是因爲回教可蘭經中，禁止畫像和動物的描繪，於是裝飾藝術家就極力在想像的幾何形，和礦物顏料的色彩方面尋找出路，這便是世人名爲「阿拉伯式」的回教美術。上面這兩種回教的圖案，隨著教徒而傳到印度，再由印度隨著佛教藝術或直接輸入中國。所以，漢代時這種純粹的裝飾圖案，便已極爲流行和發達；同時也融和了中國本身的藝術精神進去。

中國人的圖案觀念，早已脫去理性的桎梏而達到抽象的境界，於綫條中得到節奏，於色彩中得到和諧，於形式中得到完整，這許多的優點，在商周銅器和漢代石刻畫像圖案卽可獲得說明。中國圖案藝術的這種特質，正如一位已忘姓名的藝術理論家所說的話，他指稱這些藝術品，說：

「並不有悖於透視畫及明暗法，終於他也完成了一件具備著藝術品之第一效能的藝術品。這所謂藝術品之第一效能，乃是使我們的視覺的快感客觀化，只是取悅於我們的視覺；東方人對於藝術品除了一種象徵的效用—以其形式來表現宇宙的永恆的秩序及和諧—之外，不再有別的要求了。」

這種純粹的感性藝術觀，誠爲中國古來裝飾性圖形藝術思想的一部份。

本章第一節中談過的立體造型藝術中，說到造形是靜態美，動態美的完成依賴於色彩和綫劃節奏。應用色彩的節奏，必須與形的節奏取得一致的調和。青花瓷器之所以能予人一種穩定沉靜的感覺，造形上和緩的綫形構成較低的重心，與青色機能的安靜性所造成外，同時尙能令人覺出青花瓷器於穩靜中透著流動之致。這項情感的產生，却是圖形綫條的功效。根據一般色彩和綫型節奏的原則，是：複雜的色調，適宜於曲折變化的節奏、錯綜的節奏；單純的色調，適宜於單調反覆的節奏；透明的色調，適宜於重疊的節奏；漸濃或漸淡的色調，適宜於迴旋的節奏。而青花瓷器在色調性質上，屬於第二、四兩種情形，其所採用圖形綫型節奏也正好是單調反復的節奏和迴旋的節奏，能夠配合相互發揮美感功能。對於綫型中曲綫的節奏，尤其是水平波狀綫型，似乎是中國和希臘等愛智民族最能理解其美，這也就是古人所謂「智者樂水」，水是流動活潑的，所以智慧高的民族也較喜愛似水流的曲線。中國圖形圖案中，類似這類曲綫型的圖形，如雲紋、雷紋、龍紋、窃曲紋、火燄紋、渦綫紋、水波紋等造形特別多；這種波狀綫紋有種水流雲行的情感，配合那曲線的造形，表現出一種和諧的、優美柔和的節奏，令人內心興起飄逸高超的情趣。

明代青花瓷器花繪藝術，在配合著立體造形，運用這種迴旋和反覆節奏的圖案繪畫方面，尤有高人一等的表現，其中最具代表性的便是轉枝花形式的畫法。轉枝花，卽後人所謂的纏枝花，明代前後又有蓮枝、卷枝、翻枝等多種稱呼，四方連續式的則叫做串枝，可見當時使用繪畫相當廣泛，式樣也十分繁多。明代青花瓷器上最早使用的串枝花，名叫西番蓮，乃從波斯傳入，原產於歐洲，莖爲蔓狀，葉爲五出掌形，花似蓮花，此或爲其中文名稱的由來。波斯是世界上具有高度藝術才能的民族之一，他們所創造的特殊藝術形式，利用種種動植物圖形構思設計出來的圖案，特別是那幽雅婉麗的蔓藤花紋與菱形花紋，獲得世界藝評家甚高的評價與讚美。也許因爲這層原因，所以此種西番蓮圖案傳入明朝後，便深受注意而廣爲流行。風氣所及，另外出現的尚有纏枝蓮、纏枝寶相花、纏枝牡丹，以及其它的牽牛、芙蓉、百合、蓼花、秋葵、山茶、石竹、月季、菊花、梅花、葡萄、海石榴、竹葉、靈芝、葫蘆、瓜蔓等，皆有畫成纏枝樣式；因此可說纏枝花卉，已經蔚成當時一種普遍的圖案格式，不問是否蔓藤類植物，一概可以畫成纏枝形式，就如按照詞牌塡的詞曲一樣。一般說來，中國文化與藝術具有兼容並蓄的偉大特性，容易接受外來事物影響而很快消化吸收，然後加以發揚光大，上面可說是最好的例子。不過，這種轉枝草花圖案的形式，嚴格地說，早在此前已有相當長的發展歷史，可以說是由很早的雲氣紋、流雲紋、卷雲紋和卷草圖案等演變而來的。遠在公元前近千年的西周，流行的青銅器紋飾中便出現了舒卷自如的卷雲紋和旋轉流動的渦雲紋；戰國時期的錯金銀的銅壺面上，尤其發現一種更爲卷曲流美的渦雲紋。這些蜿蜒的花紋由於伸展性大，自然而然引領畫家思想朝向自然界的植物花葉方面思考，於是發展出了卷葉紋的圖案。卷雲紋的產生，是否受到西域文化的影響，不得而知，尚有待考。不過，漢代時這類曲綫花紋已極流行，除了通行的彩繪陶器中所見的鍾、鈁，其器面畫著宛轉的雲氣紋、形似巳字的卷雲紋和飄揚的流雲紋等，已經使用很多而外；同時流行的銅器、漆器、絲織物和畫像石上，尚可看到一些形狀近似卷草圖形的花紋。到了南北朝，隨著貿易來往與文化交流，特別是佛教藝術的傳入中國，於是從波斯經過印度地方傳來一種形狀卷曲，名叫忍冬蔓草的花紋，從此才眞正出現了卷草圖案。這種外來的植物花紋圖案，在漢晉以來固有的裝飾藝術基礎上發生融和的作用，而且其後隋唐至宋代近七百年的歷史中，不斷的發展與靈活運用，添花加葉，形式愈到後來愈見豐富，同時已經完全民族化了，也被普遍地轉化成許多式樣。所以除了卷草花紋外，也出現一些類似形式的花紋圖形，如介於雲氣紋和卷草形狀之間的龍紋（圖版250 a）；又如明代青花瓷器上的飛絲龍和邊飾的勾雲紋，皆可說由此蛻變產生的。卷草圖案演變的痕跡，在保存的南北朝時期的石刻中尚可清晰看到（圖版250 b）。宋代時，由卷草圖案演變成的轉枝花已經使用寖廣，由建築裝飾到絲織品、漆器和瓷器等工藝裝飾上，尤其是定窯、耀州窯的瓷器刻花，採用此類花紋圖案最多。同時，當時的轉枝形式又轉變成較爲簡單的幾何形的勾連紋或卷綫紋，作爲較窄較細的瓷邊裝飾之用。這種轉曲連續形式的裝飾圖案，到了明代青花瓷器上的纏枝花卉，則已是發展臻達極盛的階段。

明代青花瓷器特別是官窯燒器花繪中，纏枝花卉繪畫應用極廣，有的作爲裝飾整個器面，有的作爲裝飾邊緣頸項，有的作爲散點塡嵌的單位，圖案的形式，則以二方連續與四方連續模樣爲主；佈置地位，有的作爲裝飾主體一花蔓纏整個畫面，有的作爲龍鳳或其它花紋的背景；而使用花樣內容，則擴廣到所有種類的花卉。（參閱45～75 a宣德窯花繪中之纏枝花紋）

這種纏枝花式的特點，是縱橫往復，宛轉流動，飄忽抑揚，綫條極美。本來圖案原是一種較爲機械呆板的繪畫，顏色與綫條平整，失去活潑生動的情感；但是，由於：一、中國毛筆的特質，具有粗、細、濃、淡、乾、濕的變化，使用同樣的工具，因此使得畫出的圖案帶有傳統繪畫的意味；二、中國人的圖案觀念和西方民族有很大的差異，審美著重物情輕視物形，不願受那種機械呆板的工整畫法拘束，也不重視細部描繪，著意於整體的安排。所以，圖樣都是畫工的運筆自然，絕非使用板滯的描繪，而是揮洒自如的畫出來的，因而都撇除了匠氣，帶著豐富的感情和生命力，保持了自由豪放的特色。然而，整個明代青花瓷器上的纏枝花紋，其繪畫的風格也不斷在變化，構圖由複雜趨於簡單，畫法由嚴謹轉爲奔放。例如初期的花葉枝蔓，雖然使用沒骨手法，但是筆致嚴整精工（圖版251）；發展到中期，畫法用筆雖是工細，創作意念上却看出已經趨向自由開放（圖版252）；及至晚期，畫法一變簡率豪放，脫略形似的圖樣流露濃厚的浪漫氣息（圖版253）。由以上情形，可以看出明代畫工對於這項纏枝花繪，隨著時間演進不斷改進，由臨摹而逐漸脫出外來的模式，最後開創自己的形貌和風格，畫法上也由早先的規整寫實進步到象徵寫意，最後是完全揚棄形似的觀念而追求澈底的寫趣，使得這項充滿浪漫色彩的纏枝花繪，完全脫離形象意識而昇華到純然抽象的審美的精神境界。這項明代青花瓷器發展到晚期花繪所形成的特質，不僅展現於圖形繪畫上，旣使上述的幻想題材與其它題材，亦復如此。

不過，流轉婉曲的纏枝花，配合著以圓綫型構成爲主的瓷器器形，能夠產生統一和諧的美感，但是圓轉曼麗有餘，雄偉堅撲則不足，若無節制的一味使用，容易流於靡麗之軟。爲了破除這種無力的感覺，青花瓷器的頸項部位通常多有運用一種直立張開式的圖案，如蕉葉的仰葉、垂葉，蓮瓣的仰蓮、覆蓮，竹葉、菊瓣、山紋、立葉和如意紋等（圖版250c），作二方連續式的安置一圈，使得頸部更顯得細瘦纖長，有種舒愜愉快之情；底部和圈足間，也常有用直立的蓮瓣紋（圖版235）、蕉葉紋、立葉紋和如意紋等，像花朵張開似的將器身向上托起，頗似佛像的金蓮寶座，觀者的心理上似乎減輕了器身的沉重，增加高挺飄逸之感；有時肩部也裝飾一排同式的垂葉紋，上下相對，一種心理的壓縮感覺，反而襯托的增加了器腹的豐碩，凝聚著整個器身的重量，適當地落在圈足上，穩如泰山一般。這種上下對峙的二方連續紋飾，此外尚有一種收斂觀賞者視綫於一點的作用，正如油畫框的邊飾功能一樣。另外有一種拳曲形的雷紋、卷綫紋，也能增加畫面的確切、堅決、緊張的情緒。這些纒枝花的圖案，往往能使器身完整性的形量之間，達到動靜皆宜的協調、充實而健康的表現，更達到時空的統一完整的美。

明代中期以後，青花瓷器和其它彩繪瓷一樣，採用了大量的錦紋圖案，特別是沿自宋代開始的「錦地開光」的畫法。錦地開光是在瓷器器面上，所預留的各種不同形式的圖形輪廓外，畫上龜背紋、雲紋、水紋、連錢、繡球、松紋、重菱紋、鎖子錦、大字錦、畫字紋錦等各種綾、錦織紋的圖案，成爲錦地；然後，再在圖形輪廓內加以繪畫，有的畫人物故事，有的畫花鳥折枝，有的畫祥瑞和吉語文字等。這種裝飾法在元代的青花瓷器上似已流行，明代早、中期時却爲外來的纒枝花式和其它的二方連續模樣取代，晚期才又重新興發蓬勃起來；而且明代尚有專稱，叫做「盒子心」。然而，錦地開光的使用要注意一個原則，假若錦紋裝飾過於繁雜，佔據素潔的瓷面過多部位，則容易失去青花瓷器雅靜的美感。

另外是開光的運用，似乎是畫工們不滿足於那種呆板機械，毫無生命情趣表現的圖案，爲了要添加更富有生活意味的現實題材，於是發明了開光的裝飾方法，在圖案的安排上留出適當的位置空間，其中繪畫人物、花鳥、風景等。萬曆窯的青花器中有一種百景瓶（圖版254），就整個器面看來，是一個盾形錦紋式裝飾，但從每一盾形部分單獨來看，却是一幅幅內容不同的小山水畫，引人入勝，發生一種悠然神馳的情緒。所以，錦地開光的花繪，構圖上既保持一定程度的裝飾性，又表現了繪畫的優點，因此風格更顯得流利自然，生動可愛。

最後，試以宣德窯特產青花牽牛花折方瓶（圖版255）為例，說明明代瓷繪畫工們對於裝飾圖形的圖案設計，表現出令人激賞的高超手法。這種折方瓶最先似從獸耳瓶演變而來，瓶腹原為球狀，後來變成四面形，覺得和瓶頸圈足的圓形，頗不相稱調和，於是別出心思，再將八個角同時截去，變為四個八邊菱形面和八個正三角形面所形成的一個十二面體，既消滅了原先方圓不相稱的尖銳感覺，又增加瓶身的變化。但是對於如此特殊造形的器身，加以花繪裝飾却是頗費周章的問題，經過一番審度思考，終於選牽牛花—有明青花瓷繪中獨一無二的花紋—來裝飾。這種牽牛花具有的特徵，蔓藤狀的莖具備纏枝花的形式，三出羽狀的葉子，花瓣則為筒狀六瓣形，於是將花形加以「便化」成六角菱形，恰與器身的綫型取得協調一致，再用簡鍊流利曼妙的筆綫，深淺變化不一的青色畫出，頗具寫意趣味，使得整個瓶子器形與花繪既富變化又獲致統一，饒有新穎別致的趣味。像這種花繪配合造型上審美的需要，創造特殊圖形花紋的圖案，在明代青花瓷器中尚可找到許多其它的例子。

四、詩的內容

什麼是詩？明謝溹解釋說：「詩者，人心之感於物而成聲者也。」簡言之，即人情感的發抒。又什麼是詩的藝術？凡是一位藝術家具有悲天憫人的襟懷，能夠用心靈的眼睛和思想的觸角，去探索人生和自然的關係，卽可說他是具備了詩人的氣質；而且當他不用言語的概念爲媒介，直接訴諸其它客觀的素材，如文學家的使用文字，音樂家的使用音符，雕塑家的使用泥巴，繪畫家的使用顏料和綫條，來創作藝術時，也能夠融入這一特質於其中，因此作品也有了詩的內容，而成爲詩的藝術了。

詩的藝術在本質上，有別於其它藝術的，首先是其旨在透過自然作人生眞諦的探究，正如雷圭元於「新圖案學」中所說：

「詩的內容的藝術作風，除了要求整個的和諧外，多少是有一點回返自然的傾向。想達到藝術素樸的本質上去，無論用什麼材料，總想藉此把我人心靈中的最高境界表現出來，說明人生重要的意義。」

詩的藝術不同於其它藝術，其次是其致力於人類內心活動與情感的捕捉。人類一般藝術無論中外，都曾經過一段宗教的洗禮，也曾披過政治的彩衣，又曾被描述爲「道德眞理的一個象徵」；甚至被當作過一種寓言的比喩表示，在其感覺形式之下，隱藏了一種倫理的道德的意義，成爲唯一的藝術內容。而藝術的形式，則是源於傳統的對外界事物的模仿，絕不容許摻雜個人的主觀意念，必須堅守一個原則，便是藝術爲重製美的自然。這種藝術中幾乎找不出絲毫的抒情意味，是種死而僵硬的藝術。然而，詩的藝術不是一種對經驗世界的描繪或模仿，而是「情感和熱情的豐溢」；也就是不刻意對事物和物理現象的模仿，而著重內在精神生活感情和情趣的鑄造，這是藝術的內涵。至於詩的藝術的實踐，則在於培養豐富的想像力，將日常想見的東西再生出來，同時加入自己的意見、感情和彩色。

前面已有所述，由於明代人的富於生活感情和生活意趣，對於自然萬物的態度，充滿了一片祥和和愛心。因此，在繪畫藝術的表現上，儘量使現實生活中的美麗事物和想像成分結合起來，使得那些幻想的題材都沾染了人性光輝和熱情，彷彿畫家心中溶合了自然，自然也染著畫家的色彩。中期以後，青花瓷花繪中以前那些帶有宗教色彩幻想作風的題材，已經不能引起觀賞者的興趣。那些飛舞的蓮花、西番蓮、飄帶，已是退居賓體的地位，作爲塡空或花邊等附屬物之用；民間喜歡張做畫眉甚於麻姑獻壽，庭園小景勝過仙山樓閣，百子圖也較五百羅漢更令人感到親切。那些珍禽異獸，都脫去了猙獰可怖的面貌，變成了善通人性的馴服的小動物。各種折枝的花卉，如松、竹、梅、蘭等本土的寫生題材，已打倒了印度、波斯輸入的奇花異草。以上種種，顯示明人肯定現實生活的改變，卽使連位居至尊的宣宗，也吟詠起「鋤禾日當午」的田園小詩來。

另外是以眞正的詩句入畫。自宣德窯開始，青花瓷花繪便有以古人詩句入畫的，前人記敍燒器中有所謂「輕羅小扇撲流螢」一種，繪畫人物毫髮畢備，儼然一幅李思訓作品，且詩意清雅絕俗，這是因爲宣宗文學藝術造詣極深，畫工爲迎合其意，於是以詩畫入瓷繪。成化步武前規，踵美增華，燒製「高燒銀燭照紅粧」一種，乃繪畫一美人持燭照海棠，巧妙地傳達出詩中的意境。類似這種題意入畫的，其餘尙有許多鞦韆仕女、人物、兒童等繪畫，或演繹唐人詩句，或寫照歷史上詩人高士的生活，如「陶淵明對菊」、「周茂叔愛蓮」，皆富有濃厚的文學趣味，令人看了心中也油然興發一股詩人生活的情致。但是，以上這些畢竟不是現實世界的東西，與眞實生活的感受終是隔了一層，不是出於那些畫工心靈深處眞情的流露。

民窯青花瓷器花繪的題材中，却有許多都是畫工從日常生活當中攝取剪裁出來的小景，雖然僅是簡單的一朵梅花、菊花與牡丹，加畫上一隻棲息枝頭的小鳥，引吭高鳴；或是柳塘、荷池、沙汀一灣，悠然地游著一隻鴨子；或是庭院、花圃、竹籬一隅，追逐飛舞著一雙蝴蝶，佈景宏敞，構圖精鍊，簡潔疏宕，具有廣大的空間感，用筆疎落，意象寥濶，詩意盎然。例如：有的（圖版256）在一枝翠竹旁突兀的岩石上，停著一隻雀躍的小鳥，頂上是畫著一個小圓圈，代表著白晝的太陽，風和日麗，彷彿充滿了一片喜悅與歡忻，使人聯想起姜夔的「鳥雀喚晴窺人語」詩句。又有的畫面換成折枝的花枝，上面加畫棲在枝頭的小鳥，再在圖面上方加畫一彎斜斜的新月，風致嫣然，又使人聯想到初唐詩人張器虛所寫的「春江花月夜」，其中描寫的那種幽靜綺麗的風光。還有的（圖版257），畫面繪畫清溪一淺，近岸新柳一株臨風搖曳，遠處青黛橫抹，中間島嶼孤寂，點綴著一簇青叢，綠意濃厚，春思駘蕩，令人彷佛置身春溪煙柳十里堤中。以及畫面繪畫荷浦的柳蔭下，閒游著一對鴛鴦，柳條間透過漠楞楞的綠色，又令人有春光慵懈的感覺。和畫面繪畫著含苞待放的花叢中，飛舞著一隻大蝴蝶，彷佛一幅南國正芳春的景色。此外，可以命名畫題的，尚有「春韻鳴喜」、「嬌鶯自在」、「蓮沼游禽」、「半窗晴翠」、「羅浮香夢」等。至於一些蜂、蝶、蟲、蟹之類的題材，以至折枝花草果木和庭園中觀察植物，例如車前草、荆棘、蘭草、野菊花等，都能構成一首簡短的、意味深長的抒情小詩，而且透過畫筆概括地描繪出它們的特性，它們的活潑旺盛的生機，表現了花木本身生命的美。而另外一些山僧、隱士、村夫、稚子等人物構成的小景，或是「秋野山僧」（圖版258），或是「靜聽天籟」，或是「春郊吟眺」，或是「風雨歸客」，或是「峭壁題詩」，或是「寒江獨釣」，或是「荒江待渡」，「或是「臨流吟詠」等等，更能表露濃厚的生活氣息，陶然忘機的情操，這正是中國人一種「萬物靜觀皆自得」，四時佳興與人同」的人生境界。（見圖版259～264）。

對於上述這些來自民間自然生活的無限題材，王志敏在「明代民間青花瓷畫」文中形容得好，他說：

「民窯繪畫意境之美，有如無聲之詩，極自然靈妙，予人心靈以美之陶醉，引人深入畫中天地，體味生命意趣之無窮而充實思想與情感。隨意舉個例吧：紅杏初華，嬌羞半放，恍惚春雨摟頭，靜聽深巷賣花聲響；游魚戲水，悠然自得，倘佯於蓮花荷葉之間，依稀初夏清晨，帶曉風宿露，閒看煙波萬頃；雅子嬉遊，天眞可愛，彷佛年光倒流，兒時復屆，童年情景，憧憬胸懷；寒梅一枝，疎影橫斜，渾如置身香雪海中，飄香冉冉，芬芳萬里。至若創作手法，則出神入化，波詭雲譎，高士獨坐，幽古清奇，靜的寫到萬籟俱寂，天地無聲；飛龍出水，奔騰矯捷，波濤澎湃，白浪排空，動的又寫得風馳電掣，地震雷鳴，表現力之强，歎爲絕詣。這種境界的形成，引起心絃共鳴，心神爲之嚮往，作者情感與大衆融爲一體，因絢爛畫面而合流。」

此足以作爲這項花繪題材藝術成就的最佳說明。

五、繪畫的內容

前面已將青花瓷器的藝術的內容美，分別地以幻想的、圖形的和詩的加以劃分，予以詳細說明。實際上，三者皆可包含於繪畫的內容藝術美中。按工藝裝飾的目的本係純審美的活動，其美感經驗應只著重於形式的觀照，而不應該去旁涉其意義，此處將其列於內容的範疇而提出討論，豈非矛盾？筆者如此作法，爲的：一、就工藝品本身作爲一個獨立的研究對象；二、就其裝飾繪畫題材的來源，述說較爲清晰起見。若以純粹形式表現效果而言，當以皆歸於繪畫的藝術範疇述論爲是。尤其是前面所說的詩的藝術內容，實質上就是繪畫藝術內容美，因爲中國繪畫表現的最高極致，即爲「詩中有畫，畫中有詩」的精神本質。但是，基於一者著重意境的表達；一者著重形式的表現，仍有分論的必要。

明代青花瓷器的所以具有甚高的藝術價值，最主要仍在於其花繪情趣的接近純粹繪畫的風格。造成這種情勢的原因有二：

第一、是宋代傳統瓷繪的延續發展。我國瓷器上的裝飾繪畫，遠自北宋就顯示了民間繪畫特有的風格，畫得活潑雄厚，有一種蓬勃鬱茂、生氣與發的意味，代表著一種淳厚樸茂的精神素質。明代經由元代繼承這項傳統加以發揚，並且摻入時代的特殊需要，產生了新的面貌。其不像宋代繪畫的渾成厚重，却比宋代畫得輕快瀟洒。從明初期青花瓷器流行的畫法和題材上，還可以看出由宋至明遞相承接的痕跡。

第二、是時代流行繪畫思想的激盪影響。同時代的繪畫影響着瓷繪思想，自宋元以來便深且鉅。這固然是瓷繪的題材一部份來自畫本，同時社會對於繪畫的喜惡也左右了畫工的取捨。這方面表現最明顯的，例如明代人物畫發展，可分道釋畫、史實風俗畫及傳神三種，由於元代後道釋教勢衰，道釋宗教畫也呈現減退的跡象，而瓷繪受此影響更是少見；既使出現有的話，也是一些禪僧散仙之類，如達摩、八仙、寒山拾得、劉海等；而且畫法皆出於一種滑稽唐突的用筆，當作有趣的傳奇人物與玩賞繪畫看待。代之而興的是史實風俗畫，其數量所佔比重隨著時代日趨增加，青花瓷繪中的人物畫便明顯顯示了這種趨勢。其中各個朝代的情形，似又因當代人物畫名家的顯赫與否而有所盛衰。這僅就人物歷史畫方面所表現較明顯的趨勢而言，其餘花鳥、山水等的情形，也頗爲相似。下面試分別論述。

人物畫方面。明代青花瓷繪題材，多來自宋代磁州窯一類產品，以及宋元明的壁畫等民間繪畫；另外便是當時流行的繪畫題材。內容多爲歷史故事、現實生活、人物、仕女、嬰戲圖等。歷史故事有周亞夫細柳營、蕭何月下追韓信、陶淵明賞菊、周敦頤愛蓮、西園雅集，以及三國演義上戰場馳逐等情景，畫得氣勢磅礡，表情生動。現實生活則除去文人琴棋書畫生活外，尚有耕作、放牧、採桑、捕魚、課子、饗宴、放風箏、以及民間遊藝於新春正月表演的「耍戲鮑老」等；及至晚明，更有畫戲劇人物的。大率說來，所畫人物多加背景，往往樓閣欄檻和門扉窗簷，掩映在雲日草樹之間，很有生活情致，宛然一幅展開的手卷畫。明代青花瓷器人物畫風的演變，以民窯作品爲例作一比較：如（圖版264）爲永樂青花人物梅瓶，上面所畫人物故事作風近於元代，內容以歷史故事爲主，構圖完整畫面充實，樹石雲影，樓閣舟車，勾染　擦畫法一若紙上作畫，極具純粹繪畫意味，最大特色是筆墨兼重，有著寫實的趣致。圖版（197）爲正德青花嬰戲圖碗，碗心繪畫構圖簡單，已摒除大塊背景，人物和配景主賓分明，畫法以綫條爲主，略施薄染，已有擺脫寫實而走上寫意的風格。圖版（261）爲晚明青花人物盤，盤心所畫人物山石僅是數筆勾勒，淡墨橫掃，即成一幅蒼茫的減筆人物山水畫，具有一種空茫無際的寂寥感，這正是明代晚期發展而成「輕形似而重意趣」繪畫精神的最高表現。明代青花瓷繪人物畫，除了民窯這種寫意風格外，當然也有極爲工緻精麗的官窯燒器，例如圖版（265）爲成化青花人物盌，盌面人物與配景均秀雅可喜，人物造型與用筆極像受到當時畫院的影響。晚期有種嬰戲圖罐，其人物繪畫流麗巧整，構圖精工，筆綫剛勁，十分近似仇實父風格。其它如宣德窯器的人物畫，渾樸豪放也與當時的戴進、商喜畫風有關；而吳偉的粗筆人物，粗獷野逸，脫略形似，於明畫中獨具特色，深爲時人所喜，民窯多有仿效，如圖版（258）嘉靖青花碗碗心畫的秋野山僧，應屬此類風格作品。晚明青花瓷繪人物畫極爲發達，僅次於折枝花鳥，其畫法有繁有簡，繁者以細勁綫條純作白描，簡者以淡青點漬類似潑墨，但是不論繁簡，皆以意趣取勝，獲得前人一致的讚美。例如許之衡於〔飲流齋說瓷〕中，即說：

「明代繪事，人物雖不甚精細，而古趣橫溢，儼有武梁畫像遺意；若繪仕女，又似古槧之列女傳圖也。成化人物，多半筆意高古疏宕，純似程孟陽」。「人物故實，標新領異，波瀾推衍，窮極詼詭，大抵皆導源於小說稗官，然與歷代丹青畫法相合也。」

朱琰〔陶雅〕中評明代畫工，也說：

「精仿宋元人物故實，幾於筆筆有來歷；後之客貨，推波助瀾，圖繪小說演義氾濫及於戲齣，雖曰荒唐不經，要其態度俶詭，足以發揚蹈厲，使人忘倦，蓋自朱明以來而已然矣。」

欣賞明代青花瓷器上的這些人物畫時，確實予人有俶詭蹈厲之感。

明代青花瓷花繪中出現最多的，還是一些小品畫，有如繪畫中的册頁，流行於民窯產品中，所畫部位多在碗盤的中心或口沿外邊，愈到晚後愈益流行；官窯也多採用裝飾開光。題材最先多爲折枝花卉、花鳥、蜂、蝶、魚等，以後擴大至山水、祥瑞、人物、以及一般寫生小景。前面於詩的繪畫內容美一節中說過，這些由花鳥、折枝、蜂蝶、魚蟲構成的小景和山水，在意境上極富詩般的美感。實際上，這種小品畫起源宋代。宋自徽宗大觀以後，瓷繪花紋發生三種變化：第一種是追隨唐代形式，以左右均整爲裝飾原則；第二種是以一種自由脫落的寫生作風，畫的汀渚蘆雁、水禽、游魚的形態；第三種是以繪畫上流行的牡丹、萱草作爲新運用，表現一種自由、生動的風格，最後演變成粗野豪放而活潑有趣的磁州窯畫法，一直延續到元代。其中第二種的形成似與當時畫風有關，因爲這種源出於徐熙沒有花卉的畫法，適合於小畫創作，使得看厭大幅山水的宋人特別喜愛，所以紛紛學習這種筆致清麗的小景畫，以後遂演變成南宋這類畫風盛極一時。北宋當時有一派畫家，也特別以此類小景出名的，如米芾〔畫史〕記載，說：

「趙令穰，汀渚水鳥，有江湖氣。」

「林生，江湖景，蘆雁水禽，氣格清絕。」

鄧椿〔畫繼〕中記載，也說：

「高公廣，作小景自成一家，清遠淨深，一洗工氣，眠鴨、浮雁、衰柳、枯枿，最爲珍絕。」

這類瀟洒清麗的小景，情致引人入勝，加上文人的文字推崇，自然而然地被搬上瓷器裝飾上去。元代的青花瓷花繪中，似乎已經出現許多這類小景。明代早、中期官窯的青花紋飾，致力發展繁縟華麗的龍鳳紋和纏枝花圖案，於是民窯繼承了這種畫風，同時吸取接受當時的繪畫思想。

花鳥畫方面。明代繪畫思想墨守成規，創作上差強人意的惟有花鳥畫。明代花鳥畫發展演進，大致可以劃分如下：最先有邊文進爲首的傳統的工麗派，盛行畫院；成化時，有林良提倡的水墨寫意派；晚期則有周之冕的鈎花點葉派。畫史上對於三人以及與此有關的花鳥畫家，所作繪畫風格的評論如下：

邊文進　善畫，尤精花鳥。花之嬌笑，鳥之飛鳴，葉之正反，色之蕩藉，不但勾勒有筆，其用墨無不合古。

呂紀　凡草木、花鳥，生意流動，泉石波景，點染煙潤，有造化之妙。

林良　作水墨花卉、翎毛、樹木，皆遒勁如草書。

陳淳　尤妙寫生，一花半葉，淡墨欹豪，而疎斜歷亂，咄咄逼眞，傾動群類。

陸治　點染花竹石，往往天造，尤得徐、黃遺意。

沈周　山水之外，花卉、鳥獸、魚蟲，莫不各極其態，草草點綴，而意已足。

周之冕　寫意花鳥最爲神韻，……………各種家畜禽鳥，詳其飲啄飛止，故動筆具有生意。」

以上凡是，足以概見明代整個花鳥繪畫發展的本質，繪畫主意趣，重寫不重描。這項繪畫的精神特質，也見諸明代的一些畫論家的主張中，則有：

何良俊—「畫特忌形貌，采章歷歷具足，甚謹甚細，而外露巧密。」

屠隆—「意趣具於筆前，故畫成神足，不求工巧，而自多妙處。」

周天球—「寫生之法，妙在得化工之巧，具生意之全，不計纖拙形似也。」

岳正—「畫，書之餘也，學者於遊藝之假，適趣寫懷，不忘揮洒，大都在意不在象；在韻不在巧，巧則工，象則俗矣。」

青花瓷花繪受到此一花鳥畫思想和畫風，特別是明代始興起流行的水墨和鈎花點葉法的影響，畫法也多傾向此一形態發展。例如前面第四章第四節民窯概況介紹中，說到民窯花繪有三種畫法：一爲雙鈎白描；一爲水墨點染；一爲勾勒水墨並用，其中第二、三兩種，即爲上述畫法的運用。此處也試舉一二例圖說明。圖版（260）爲嘉靖青花碗上的「秋雁紅蓼圖」，畫的水邊秋浦，長著兩莖紅蓼，疊疊紅花壓得莖幹斜斜下垂，兩隻雁兒像是剛飛落休憩不久，一隻彎頸整羽，頭上飛舞著一隻蝴蝶；另一隻則探嘴水中覓食，用筆綫條沉著，畫面簡鍊，氣氛特佳，觸目令人有種蓼嶼水寒秋光冷寂的感覺，頗得呂紀一派生意流動之妙。圖版（259）爲萬曆青花罐上的「黃花鸜鵒圖」，畫的石坪一角長着一株盛開的野菊，一隻鸜鵒站立坪上引吭高鳴，似乎在喚取秋光且住，用筆似工還肆，遒勁中見秀媚，花葉俱有生態，尤其是小鳥張嘴鳴叫神情妙肖，彷彿鳴聲在耳，似又得邊文進「花笑鳥鳴」的境界。圖版（266）爲嘉靖青花碗上畫的「梅花一枝天地春」，畫臘梅一枝，在那滿枝蓓蕾中綻開一朵，暗寓早春之意，枝幹以粗筆寫出，次作細筆鉤花，不僅構圖清新，尤以墨色用筆精簡老橫，畫得名手只不過如此，誠得陳白陽的「一花半葉，淡墨欹豪，而疎斜歷亂」韻致。而圖版（263）的折枝牡丹圖、圖版（256）的翠竹鳴禽圖、圖版（262）的「在川知樂圖」等，似乎也都表現了「各極其態，草草點綴，而意已足」的繪畫境界。其餘尚有「春韻鳴喜」、「蓮沼游禽」、「荷浦鴛鴦」等等，不能一一俱舉，但却都能予人生意盎然的情趣。另外有類純然水墨點染，略施勾勒的作品，則又似出於林良、徐渭的風格，如圖版（267）萬曆青花瓷片上的「麋鹿圖」、圖版（268）晚明青花瓷片上的「春江水暖圖」，那簡潔的構圖，洗煉的筆墨，生動的情態，既把握物趣又得天趣，卽使在宣紙上也難於表現如此雋永的意境。

山水畫方面。除了動物花鳥的小景而外，尚有部份小品山水，畫法多用所謂「北宗」筆墨，粗略而剛勁，近似浙派風格，簡潔深秀，充溢着一種清幽冷寂的氣氛，韻致天成。這也彷彿和明代山水畫思想發展有關：自明初至嘉靖間，由於太祖、成祖嫌惡元季放逸畫風而喜南宋院體的整美工麗，所以畫院多效劉、李、馬、夏四家畫法，影響所及，官窯青花瓷繪也多畫的山水樓閣畫。嘉靖以後，沈周、文徵明之輩出來，瓷繪山水立卽有所改變，多作南宗筆墨，所以〔陶雅〕上記載明瓷，便說到「嘉靖款字似嚴分宜，萬曆樹葉似沈石田，皆一時風尚使然」，誠然不錯，例如圖版（254）萬曆百景瓶上的山水，畫法風貌卽有此感覺。除官窯尚有一種畫法十分雄肆的山水，如「巴山出水」之類，一片大遠景山水，有種關山迢遞、氣勢雄偉的感覺外，民窯則多是水墨寫意山水，如圖版（257）萬曆青花碗心畫的「春溪煙柳圖」，筆墨疏簡，意象空靈，別具一番情調。

明代青花瓷花繪有着如此高的藝術成就，完全歸功於畫工們的藝術修養和技巧熟鍊。藝術修養來自對生活的熱愛以及各種民間藝術的薰陶，而技巧的熟鍊則得自實際經驗的體會。瓷面作畫不同於紙面，其困難有下：

一、要熟悉青料的化學性能，調製與控制適度。

二、繪畫在未經素燒的生坯上，其質乾鬆而吸水性特强；所以用筆必須保持相當高的速度，必須眼明心細手準，不能細描細畫，不允許駐筆凝思，否則青料過份滲入胎坯，燒後散暈影響筆勢效果。

三、如欲獲得細勁清晰的綫條，則用筆要乾，行筆要快。

四、畫瓷不同於伏案作畫，器面凹凸更非平面可比，畫時手腕、肘需要更大的運動能力與更高的技巧。

然而，明代的畫工們都能克服這些困難，而畫出那樣純熟精美的圖案和繪畫，不得不令人佩服讚嘆。

明代青花瓷器花繪的畫法，一般而論，可分爲下述三種：

一、以淡薄的青料汁水塗畫後，再以較濃厚的加描，分出明暗深淺，描畫時，有的須利用水分未乾或半乾進行；有的則俟全乾後再行添加；有的是乾筆濃抹，形成濃厚處燒後呈現斑點現象。這是早期宣德窯的畫法。

二、以細勁的綫條描畫花樣，趁綫條未乾時，或用清水筆加以暈染，或罩上淡青加以渲染，其技法皆不出雙鈎花鳥人物的畫法，此即成化窯的描青。民窯或多採用而不加渲染，純用白描畫法，綫條緊密遒勁。

三、以流暢勁利的綫條，勾勒出物象的輪廓，然後以深淺不同的青料點漬，兼勾勒潑墨之長。晚期官窯和民窯多採此法。

從這三種方法看來，完全是紙上的繪畫技法，運用於繪瓷上，所以令人能夠產生純粹水墨繪畫的美感。另外，由於瓷坯的特性，在畫前必須噴水加以潤濕，運筆才能流暢，青料也不致凝滯枯乾。成化的平等青、嘉靖的回青和民窯的石青雖無散暈性能，但仍有少許散暈現象，這是因爲在作畫時青料和水的適當運用，作畫時既已產生暈開的結果，並非置於窯中燒時發生的現象，這是有別於宣窯的散暈成因。

根據一般青花瓷器實際觀察花繪情形所得，民窯和官窯的早、中期似乎是每一器物從起稿至畫筆，皆由畫工一人完全。但是晚期自嘉靖以後，由於應付大量生產需要，於是實行分工合作制度，〔陶說〕書中記叙：「青花器一號，動累百千，若非畫欵相同，必致參差，難以識別。故畫者學畫不學染，染者學染不學畫，所以一其手，不分其心也。畫者、染者分類聚於一室，以成畫一之功。至於邊緣、青箍出鏇環之手，識銘、書記歸落欵之工」。這雖然是清乾隆間唐英編陶冶圖說所記當時的情形。但以清代去明不久，一切燒造制度軌跡有明，推想明代官窯青花瓷繪的情形，理應大概如此。同時，筆者從現藏台北國立故宮博物院的，一件嘉靖窯大型青花嬰戲圖罐仔細觀察，發現器身和蓋的花繪確實不似出於一人手筆，而且器上並有分劃部位的暗綫。進一步推想，當時花繪繁複的佳器繪製，必定人物歸人物畫師，樹石歸樹石畫師，其餘花鳥、錦紋均有專門畫工負責，如此擷取衆人之擅長。同時當時的畫工，也不以徵役充當，而是另行招募，如〔陶說〕中記載，卽說：「正、嘉之際，官匠凡三百餘，畫工另募，蓋繪事難也」。晚期官窯青花瓷器花繪綫條特別圓熟遒美，展現高度的繪畫藝術，這都是出於久經訓練而鍊達的手筆之緣故。

第六章　明代青花瓷器的影響

瓷器爲明代蓬勃發達的手工業之一，在進步的思想和高度成熟的技藝之下，發展出前所未見的盛況，其中尤以領先所有瓷類的青花瓷器成就輝煌，對於提昇明人的物質生活有着極大的貢獻；同時由於製作上不斷改進而增高的審美功效，也發揮了美化大衆精神生活的藝術功能。此外，尚產生其它多方面的影響，則有下面所敍。

第一節　經濟上的影響

我國瓷器的發展，自唐宋以來，便在對外的貿易之中擔任着重要的角色，甚至被指定爲對外貿易中作爲金錢的代用品，在國家經濟活動上發生鉅大的作用。明代是一個手工業和商業極爲發達的國家，瓷器的燒造超過以前的任何一朝，這項貿易經濟上扮演的角色更甚於過去的朝代。由於青花瓷器製造精美，所以引起世界各國人民的讚賞和喜愛，而十六世紀以前，歐洲尚未能自行燒造瓷器，中東國家雖然懂得燒製，但是品質和產量都遠不如中國，因此中國也就成了當時世界瓷器供應的大市場。明代青花瓷器（主要爲民窯產品），連同其它的物產，大量出口而外銷世界各國，例如日本、南洋、中亞、歐洲和非洲各國，成爲對外貿易的最主要商品，對明代經濟開發盡了極大的功勞，於國家財政收入作了直接的貢獻。當時青花瓷器的外銷可分南北兩路：北方以陸路運銷中亞、中東回教國家；東南沿海一帶，從海上運往南洋和歐洲國家；至於日本則從南京、福州、漳州等地販運出口。當時這些口岸都沒有「市舶司」，表面爲協助商務推展，實際上是稅收的專門機構，其中最重要的便是瓷稅的徵收。

所以，青花瓷器對有明一代，可說是盡了經濟上最大的貢獻。

第二節　文化上的影響

另外是當時青花瓷器的輸出，遍及日本、南洋、中亞、歐洲和非洲各國，通過這種貿易活動，不僅加強了國際間經濟的交流，同時也促進了文明的溝通，並且傳去造瓷的方法，對於增進和提高世界人民生活，作了直接的貢獻。

在歐洲各國透過阿拉伯商人，由販賣中國的瓷器進而自行製作燒造。十六世紀時，意大利人開始在威尼斯仿製中國的青花瓷器；這項燒製方法，不久便傳到荷蘭，最後遍及英、法、德、俄各國，促進了各國此後瓷器工業的發展。迨及今日，從各國所產的青花瓷器，考察各種產品的樣式和紋飾，仍然可以清晰找出許多發源於中國的痕跡。

在亞洲這種影響更大，首先是東北方的日本、朝鮮，很早就在仿製中國的青瓷、磁州窯的鐵鏽花瓷器。明代以後，青花瓷器更成爲他們摹仿的對象；其中以日本的青花瓷器製造得最多而且最好。這是因爲日本於南宋時期便曾派人前來中國學習造瓷，十六世紀的明代正德年間，又派人來到景德鎮學習燒製這種「青肌玉骨青花瓷」，回國以後開窯正式燒造。日本人當時學習仿燒的多屬民窯的製品，而且日本人也較喜愛那種粗略豪放帶有情趣的民窯風格，特別是天啓以後的民窯作品，爲其茶道中人所激賞，更是他們仿造的對象，直到今日的日本青花瓷器，還可以看出不少這種影響；而花繪方面也多是使用中國的圖案，如錦紋、纏枝、三友、竹葉、靈芝、冰紋梅花以及八寶盤長等紋樣。又如朝鮮雖然遠在高麗時代，便從中國傳去青瓷的燒造，但到相當明代的李朝時代，燒瓷事業突趨興盛，產品以青瓷、青花瓷爲主，燒製品質俱較前大爲進步，實在是受到明朝技術傳入影響，有以致之。

其次是中南半島方面，安南（越南）、暹羅（泰國）的燒瓷技術，無疑的也是中國直接傳授過去的。據說安南燒造陶器淵源甚古，開始於中國漢代以後，由於與中國政治文化關係始終密切，所以燒製瓷器也一直受到中國方面的影響。十五世紀時，越南曾經聘請中國技師前往訓導。一九三六年英國倫敦舉行的中國藝展中，曾出現一件釉裏紅天球尊，腹部橫書有「大和八年匠人南策州裴氏戲筆」的字樣，據說就是中國製瓷技師於一四五〇年（相當明景泰元年）在越南示範時所製燒的。釉裏紅和青花瓷皆爲明代致力發展的釉下彩繪瓷器，而青花較釉裏紅更爲通用流行，專門技師既然訓導燒製釉裏紅，不言而喻自然也有教燒青花了。根據今日所見安南的青花瓷器，其形制較爲特別，喜作唐式貼花裝飾外，其它造型和花紋都和中國同時代的產品相差無幾，圖案花樣多爲錦地、八寶、轉枝、菊花等，山水畫更是純粹中國風格，足見當時完全受到明代青花瓷的影響，模仿中國形式，而加入地方色彩的關係。暹羅燒瓷也一樣明顯受到中國的影響，根據記載遠在西元九一五年的唐代，傳說就有中國陶工十人前往傳授燒瓷技術；至一三〇〇年，暹羅國王到北京時，又招聘了磁州窯窯工同返，這是元代的事情，說明了其瓷器燒製發展與中國具有的密切關係。證諸近世在菲律賓各島出土大量的外來貿易瓷器中，與中國瓷器同時發現的安南、暹羅瓷器，無論是青瓷或青花瓷，雖然部份是帶着地方色彩，但是另一部份却很容易看出是模仿中國樣式的，展示了存在的影響。

因此可以這樣說，青花瓷器輸出以前，雖然青瓷已經流行廣布世界各地，但是其影響只限於一種生活實用的價值；然而明代青花瓷器通行以後，精良的燒製技術與品質，激起世界各國模仿燒造的狂熱，直接助長了燒瓷事業發展，對於促進世界文明的進步作了間接的貢獻。

第三節　藝術上的影響

明代青花瓷器對於當時與後世的影響，還有一項便是給予繪畫方面的啓示。青花瓷器由於花繪使用工具，與傳統繪畫使用着一樣的毛筆，加上青料作畫與燒後發色也呈現完全類似水墨性能的特性，所以一直表現着與純粹繪畫密切的關係：其從純粹繪畫方面吸取題材和技法，也將本身因而形成的特殊效果反饋來啓迪純粹繪畫。

我國傳統的繪畫中，自北宋以來便產生一股新的潮流，出現了石恪、牧谿、馬遠、夏珪、梁楷等，崇尚筆墨簡遠疎宕的一派水墨畫法。到了明代，繼承這派畫風加以發揚的人更多，有戴進、吳偉、林良、沈周、陳淳、徐渭、周之冕等，及至明末清初的八大、石濤，而臻達頂峯極致；下傳則開清代的揚州八怪和金石畫派之先風。

這種水墨畫法在明代，同時也出現於青花瓷器的花繪上；尤其是在晚明時期的民窯，由於官窯的撤除，過去畫工所受思想上的束縛得以完全解放，繪畫趨於自由發揮，畫法表現注重描寫物象的精神特徵，而不着意於刻劃物象的外貌細節，所以致力追求點染盡致的水墨畫法。當時流行這類繪畫的瓷器，流傳今日可見的頗多，例如前面介紹過的作品，有圖版（210）青花瓷片上畫的花籃，純以濃淡的青色點漬而成；圖版（268）青花瓷片上所畫春江水暖圖中的鴨子，先以簡煉勁利的筆綫勾劃出物象的骨架，然後再以水墨點漬出身形；圖版（267）青花瓷片上所畫麋鹿圖中的小鹿，則是先以淡青點出鹿形，再用深青筆綫略事勾勒而成外廓，於是皆成骨肉豐滿，神情活現的形象。由於民間藝術的特性，具有強大無比的感染力量，上述晚明這種筆墨簡樸，天眞爛熳，風格特殊的青花瓷繪，藉著瓷器使用的流傳寖廣，對於當時與後來的畫家畫學的形成，必定曾經發生過某種程度的影響，應該是不成問題的。此處便舉出其中最有可能的一人——明末清初的八大山人，從他流傳存世的畫蹟看來，與這類青花瓷繪的面目十分接近；再從他的家世考察，他一生活動的地方正是青花瓷器的主要產地，皆顯示他的繪畫藝術的形成，確實與這項青花瓷器花繪有着密切的關係。下面便就此作進一步的探討。

根據有關八大山人的研究資料顯示。八大山人（西元一六二四——一七〇五年），俗姓朱，本名中桂，後名耷，爲明宗室江西弋陽榮莊王的九世孫，世居南昌。他從小生性聰慧，早事諸生業，甲申年明亡，正値二十歲，傷心社稷顚覆、國土淪亡，便佯裝瘖啞。三十九歲時，遯跡江西奉新山耕香院，薙髮爲僧，法名傳綮，自號八大山人，居山二十年。嗣後，淸廷爲了籠絡明朝遺民忠貞之士，下詔舉薦天下博學鴻詞；臨川縣令胡亦堂久聞其名，將他迎接到官舍，內心不願爲官，於是假裝瘋病發作，逃回南昌；從此衣履不整，徜徉市肆，不言不語。晚年隱居近郊的青雲譜，死後葬在新建縣中庄。八大生前便以詩、書、畫，享譽於世，繪畫尤其出名，山水、花鳥、虫魚、竹木無所不能，畫法皆能脫出固有蹊徑，不落前人成法；是以作品造形奇特，筆情縱恣，墨趣橫溢，逸氣迥出。他的繪畫所以有此傑出表現，前人評論多歸因於他身遭家國淪亡之痛，悲憤鬱結，發洩於書畫，於是成就了獨特的藝術形貌。這種看法固然不錯，不過這僅是形成其藝術精神的因素，至於影響其繪畫筆墨形態的原因，則是另有所在，筆者認爲應與當時流行的青花瓷器表面的繪畫關係密切，原因有下：一、根據一般畫史記敍八大山人藝事，皆未有言及師學派別，顯示他的繪畫出於自習；而一生絕大部份時間未曾離開江西，特別是地近燒瓷重鎭景德鎭的南昌地區的他，在自習繪畫的過程中，對於這些日夕使用時刻不離眼前，上面繪畫着質樸簡煉生動有趣的花繪必定有所注意，帶給他的畫學莫大的靈感和啓示，殆無疑問。二、以八大山人的作品與青花瓷器上的花繪，作一特色的比較。八大繪畫中最擅長的，便是花鳥、竹木和虫魚等，善用筆墨，風神天成，往往一筆二筆即成一圖，荒率蒼勁，簡煉高雅，深得古人所謂筆簡形具的三昧，所以久爲前人頌揚推崇，如謝堃於〔書畫所見錄〕中評論，說是：

「至寫生花鳥，點染數筆，神情畢具，超出凡境。」

秦祖永於〔桐陰論畫〕中也有記敍，說是：

「筆情縱恣，生趣油然，雖一枝一葉，逸氣拂拂生指腕間，眞所謂拙規矩於方圓，鄙精研於彩繪者也。」

而這些東西也正是明代青花瓷繪中常見的題材，表現的風格趣致也與八大作品非常相似。例如圖版（269）的折枝花鳥，圖版（270）的折枝梅花，圖版（271）的芭蕉圖，均是八大山人的册頁作品，仔細觀察其用筆用墨的方法，再參看比較前面所述，圖版（266）嘉靖民窯青花碗心的梅花圖，圖版（210）晚明青花碗心的花籃圖，圖版（268）晚明青花瓷片上的水鴨，圖版（256）萬曆青花碗心的翠竹鳴禽圖等，兩相對照，似乎有着許多相像的地方；尤其是圖版（272）晚明民窯青花酒杯口沿畫的水藻儵魚圖，造形、構圖和筆墨，更是酷似八大的風貌，設若不說明是青花瓷繪的話，一般人還眞會認成八大的作品呢。這些繪畫看來，皆具有一種脫離現實羈絆而產生超越現世的感覺，造形是經過對物象作非物理性的分解與綜合，化繁爲簡，予以剪裁單純化而成，所以俱能達到形減神具；只不過，八大山人秉恃個人天賦穎異，透過他那獨特而富感性，簡宕瘦勁的筆綫，以及運用造形上的變形，自由隨意揮洒，神酣氣足，在這方面所創造的內在精神世界能夠臻達更高的境地。根據以上情形，足以斷定八大的水墨減筆畫法，即使不是直接學習青花瓷器上花繪而來，也應該是在他早年習畫時期，思想上曾經受到過這種瓷繪極深的啓示，是絕對可信的。

除去八大山人外，明末清初特立獨行的畫家中，另一可能受到青花瓷繪影響的是陳洪綬。陳洪綬（老蓮）的人物畫，造形奇偉，綫描遒勁，與青花瓷繪中若干作品的風格極其類似。如圖版（209）萬曆青花小碟上畫的牡丹圖；圖版（273）青花小罐上畫的海獸圖等，皆爲白描勾勒繪畫，綫條流利遒美一似老蓮的筆意。這類青花瓷繪的畫法，有的最先取法於石刻和版畫上的綫畫，而陳洪綬早年也曾在紹興府學，臨學過石壁綫刻的七十二賢圖像，原本便有接近處，推想後來看過這類瓷繪心有感觸，加以模擬效法，相互的影響使得風格更趨相同了。至於其它受到影響的畫家尙有不少，此處不一一列舉。總之，明代的青花瓷器的花繪，由於多出藝術修養精湛的畫工之手，而且富有民間藝術特有的感染性，所以無疑的給予當時畫家學習上不少的影響。只是畫家後來成名而畫史留名，這些青花瓷器因爲屬於大衆日常生活用具，上面繪畫的花繪反而爲人所忽略，至於其對於時代繪畫藝術所發生的影響作用，就更沒有人去注意了。

第七章 結論

明遭滿清滅亡後，曾爲明朝政府大力發展的燒瓷事業，也隨着政權的更替而轉移。滿清建國之初，因爲一則初期國勢強盛，社會經濟繁榮；二則前後幾位皇帝如康熙、雍正、乾隆，都是熱衷漢化有所作爲的君主，對於前代遺留下的一切事物措施，多能接受繼續予以推行與提倡，於是明代盛極一時而因晚期政治動亂陷於停頓的官窯，至此不僅獲得重新設立，燒造活躍的景觀迅速恢復。而且，在皇帝的有力支持下，能夠從原來的基礎規模上，從事積極的改進與擴張，尤其是燒造的材料和技術方面的改良，突破前人已有成就創造出許多有利的條件。因此，使得燒造的活動於短時內達到空前的繁盛而外，產品品質等方面也趨於登峯造極，形成我國瓷器發展史上興盛時代中的最高頂峯時期。

不過，清代雖然蔚爲瓷器燒造史上的顚峯，瓷器製作思想與技術同臻極致，然而受到社會普遍流行的藝術復古風氣的影響，本質上也走着泥古的路子，作品皆缺乏創新的觀念，其中旣使部份具有新意與新面貌，也都屬於技術發明與物質更新方面的成就，整個外觀予人一種缺少感人精神內涵的印象，這種情形尤以仍居發展主導地位的青花瓷器爲然。清代的青花瓷器從外表看來，精工細緻，紋飾華美；但在製作的精神方面顯示，皆在追求前人已有的趣致和境界，視前代作品成就爲最高理想和鵠的，一味加以模擬與仿造，而且完全執着外貌的形似，一心一意講究造形的巧麗精工，古樸淳眞之氣蕩然無存，形成一種華麗虛飾外殼下的空洞。以視講求純眞實質的生活內涵的明代青花瓷器，無論造形與花繪，皆出之率眞純樸的感情，以不膠着自然表象的模擬，不訴諸寬度和深度強勝自然的態度，而是透過感性與深入體會，藉以達到認知宇宙的奧妙然後加以表現；其中特別顯示於作爲青花瓷器基本要素的花繪方面，所表現出的「用筆粗疏，而古氣橫溢，且有奇趣」，「意氣發揚，筆勢飛動」，「點染描畫，各臻其妙」、「古澤樸人眉宇」，「於生野中彌見俊逸等特色」，兩相對照，顯示清代瓷器缺乏明代瓷器所有的情感眞摯與自然生動的美感，而這也正是藝術所具有的精髓。所以，有人特將明清兩代燒造的瓷器，作一藝術上的比較：認爲清代瓷器燒造的藝術，是人工的、技藝的、理性的、幾何學的；而明代瓷器燒造的藝術，則是自然的、藝術的、感性的、非幾何學的，因此清代瓷器藝術價值遠遜於明代。

青花瓷器是我國歷史上流行寖廣的一種瓷器。其創始時間雖然不在明代，却在明代有利的物質條件下獲得成長，進而蓬勃興盛，甚至發展成爲燒瓷事業高度發達的明代所有瓷器中最大的瓷類。明代青花瓷器的興盛發達，乃是基於主客觀兩項因素：主觀的因素，是這種經由民族智慧和長期經驗累積結合而成的瓷器，是項融合民俗、繪畫和外來藝術的文化產品，具有強烈的親和力和雅俗共賞的通俗性；客觀的因素，是這種具有華麗彩瓷外表的瓷器，比較其它彩瓷燒造容易而成本低廉，適於大量生產，所以政府使用作為賞賜物品，以及政府民間用作對外貿易的商品，於是蔚然風行，使得青花瓷器不僅與其前流行過的青瓷、白瓷，形成瓷器史上鼎足而三的熱門瓷類，而且演進一直迄今，仍是通行最廣最平民化的一種瓷器。此外，青花瓷還與同時存在的彩釉、彩繪瓷結合，蕃衍滋生，與生許多青花複合彩繪瓷類，造成明代的燒瓷呈現一片光彩耀目的景象，開展我國瓷器史上絢曦爛熳的彩瓷之新紀元。以上可說是明代青花瓷器對於當時物質生活方面最大的貢獻。

至於明代青花瓷器在藝術方面的成就。由於青花瓷是種結合多項燒瓷技術效果而成的瓷類，其審美也表現出多元性特色。首先是在器形的造型方面，能夠法古而不泥於古，孕舊出新，尤能兼顧「審美」與「實用」的特質，表現出自然樸質優雅健毅之美。其次是器面裝飾方面，又可分為色彩和花繪兩項；在色彩方面雖然只是單純的青色，但是採取繪畫方式　因此視覺上既不同於單色釉瓷的單調沉悶，也有別於其它多彩繪瓷的繁麗眩目，令人產生靜穆安祥的情感；特別是在使用青料方面前後多至三種，發色迥然不同，導致青色色度彩度的變化多端，則又與生沉靜中帶有活潑流動的感覺。再是繪畫的花紋方面，由於使用的青料具有水墨性能，配合着豐富多樣的題材內容、自由浪漫的表現手法，使得其花繪極富純粹繪畫的美感，尤其提昇了這項瓷器的藝術性。綜合說來，明代青花和其它瓷器在燒造技術和品質上，純熟精工，質地優良，皆比不上後來清代所燒；但是因為清瓷一意追求外形的精緻華麗，內容缺乏自由創意，也即是短少藝術精神；進步的技巧固然可以幫助藝術提昇，但是非藝術的技巧畢竟不及無技巧的藝術，這也是前面何以要說清代青花瓷器在審美價值上，維以企及明代產品。

最後，在此借用一二前人說的話，來作爲對明代青花瓷器藝術特性的結語。許之衡在〔飲流齋說瓷〕中，評論歷代的瓷器，曾以詩與文學作形容，說是：

「試以瓷比之詩家，宋代之汝、均、哥、定，則謝宣城、陶彭澤也，淡而彌永，淵淵作金石聲，殆去三百篇猶未遠也；元瓷者，其晋人之古樂府歟，質直而有致，樸拙而不陋；若明瓷，則初唐之四傑也，壯昇華貴，開盛唐之先聲，而疏處往往不逮者；至於康熙，殆如李、杜，無美不臻，而波瀾老成，純乎天馬行空，不可羈勒矣。」

文中所指明瓷，自然包括了隱然可作明瓷代表的青花瓷。其謂宋代瓷器韻致清雅淡遠，正似陶淵明、謝靈運的田園詩篇，予人一種天眞適逸之感；而明代瓷器氣象沉雄華美，就像初唐駱賓王、楊炯、盧照璘和王勃四家的文章，給人嚴峻穠麗的印象，兩者意境情趣雖然迥異，臻於美的境界却是一樣。筆者也記得偶忘其名的一位日本瓷藝家，曾經將宋明的燒瓷作過一比較，加以形容，說是若將宋代的窯藝比喻爲孤懸奇岩峭壁的馥郁的梅花，又彷彿碧潭中裊裊新柳的映影的話；那麼明代的窯藝正是萬紫千紅的桃李海棠，又好似呈現眼底的晚春初夏的新綠一樣，然而不論明代窯藝如何的絢爛，總然只是長滿溪旁的一片野花，而非庭園中園丁長年慘澹經營培植的花木。這正說明明代包括青花瓷在內的瓷器，是非關人工而由自然形成產生，具有純眞爛漫的自然美的藝術。

參考書目

二十五史（宋史、明史、元史部份）　開明書局印行
格古要論　明・曹昭撰　四庫全書本
考槃餘事　明・屠隆撰　美術叢編　中華書局印行
長物志　明・文震亨撰　四庫全書本
清祕藏　明・張應文撰　美術叢編　中華書局印行
明實錄　明・徐光祚等纂修　國立北平圖書館藏鈔本
野獲編　明・沈德符撰　歷代筆記小說大觀正編　新興書局印行
事物紺珠　明・黃一正撰　窺天外乘　明・王世懋撰　台北國立中央圖書館藏書
博物要覽　明・谷應泰撰　台北國立中央圖書館藏書
天工開物　明・宋應星撰　台灣商務印書館印行
陶說　清・朱琰撰　藝術叢編　世界書局印行

景德鎮陶錄　清・藍浦撰　藝術叢編　世界書局印行
古銅瓷器考　清・梁同書撰　藝術叢編　世界書局印行
南窯筆記　清・佚名　藝術叢編　世界書局印行
饒州府志　清・黃家遴等修　國立故宮博物院藏書
浮梁陶政志　清・吳允嘉撰　藝術叢編　世界書局印行
景德舊事　仝前
陽羨名陶錄　清・吳騫撰　藝術叢編　世界書局印行
窯器說　清・程哲撰　藝術叢編　世界書局印行
飲流齋說瓷　近人・許之衡撰　藝術叢編　世界書局印行
陶雅　近人・江浦寂園叟撰　藝術叢編　世界書局印行
竹園陶說　近人・劉子芬撰　藝術叢編　世界書局印行
中國陶瓷史　近人・吳仁敬、辛安潮合著　台灣商務印書舘
中國畫學全史　近人・鄭昶撰　中華書局印行
參加倫敦中國藝術國際展出品圖說第二册　倫敦中國藝展會籌備委員會編印
中西交通史料彙編第四册　古代中國與伊朗之交通
中國南洋交通史　近人・馮承鈞撰　台灣商務印書舘印行

新圖案學　近人・雷圭元撰　台灣商務印書館印行
文藝心理學　近人・朱光潛撰　台灣開明書局印行
藝術概論　近人・虞君質撰　大中國圖書公司印行
故宮瓷器錄第二輯・明（甲、乙、丙）　台北國立故宮中央博物院聯合管理處編印
論官窯　近人・譚旦冏撰　故宮季刊一卷、三期
明青花瓷的青和花　近人・譚旦冏撰　故宮季刊二卷、三期
非律賓出土的中國瓷器　近人・譚旦冏撰　故宮季刊一卷、二期
成化瓷器　近人・戴維德夫人撰　故宮季刊二卷、二期
青瓷史略　近人・陳萬里撰
青花瓷器　近人・傅揚撰
明代民間青花瓷器　近人・傅揚撰
明代民間青花瓷畫　近人・王志敏撰
宋元瓷陶器述略　近人撰　大陸雜誌三卷、五期
茶與唐宋思想界的關係　近人・程光裕撰　大陸雜誌廿卷、十期
中國哲學與民族性　近人・黃建中撰　大陸雜誌四卷、十期
釋藍　近人撰　大陸雜誌廿卷、九期

茗壺圖錄　日人・奧玄寶撰　藝術叢編　世界書局印行
明代之陶磁　日人・尾崎洵盛撰
支那陶瓷圖說　日人・小林太市郎撰
支那古陶磁之鑑賞　日人・尾崎洵盛撰
古陶磁之科學　日人・內藤匡撰　二玄社印行
支那陶磁之時代的研究　日人・上田恭輔撰
紹興古鏡聚英　日人・梅原末治撰
論人　美國・Cassirer 原著、劉述先譯　私立東海大學印行
Blue-and-White Chinese Porcelain A Study Form　美國・Cornelius Osgood 等
藝術的起源　德・Ernst Grosse著　蔡慕暉譯　文星書局
藝術的意義　英・Herbert Read著　杜若洲譯　大江出版社
人的哲學　德・Ernst Cassirer 著　杜若洲譯　審美出版社

圖　版

圖1 周 黃綠釉尊（安徽休寧出土）

圖2 戰國 綠釉瓿

圖3 北宋 官窯粉青三登方壺

圖4 南宋 哥窯粉青魚耳彝爐

圖5 北宋 耀州窯刻花蓋碗

圖6 西漢 白衣彩繪紅陶罐

圖 11 商晚期 灰陶劃紋雙耳尊

圖 9 西漢 紅陶彩繪圖

圖 7 史前 馬家窯型彩陶罐

圖 12 東漢 灰陶刻紋大罐

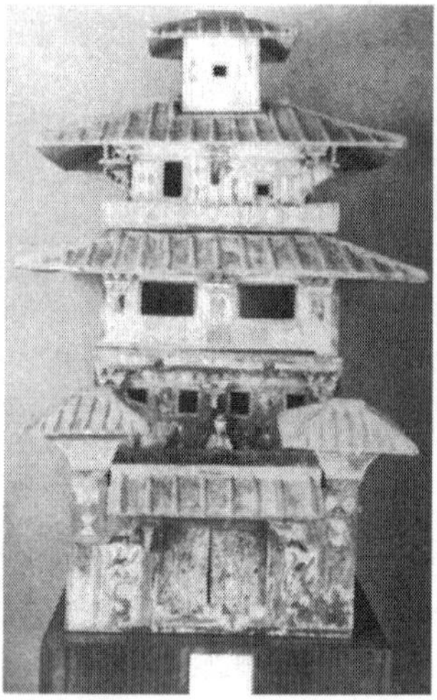
圖 10 東漢 紅陶彩繪屋

圖 8 戰國 磨劃紋尊

圖 13 東晉 越窯青瓷獸環洗

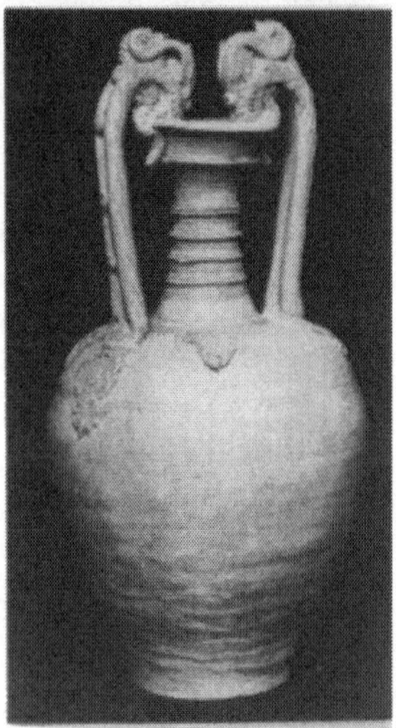

圖 14 唐 白瓷龍耳瓶

圖 15 唐 三彩乘駝樂人陶俑

圖 16 北宋 建窯烏金釉碗

圖 17 金 磁州窯黑花紋罐

圖 18 元 磁州窯紅彩繪花鳥碗

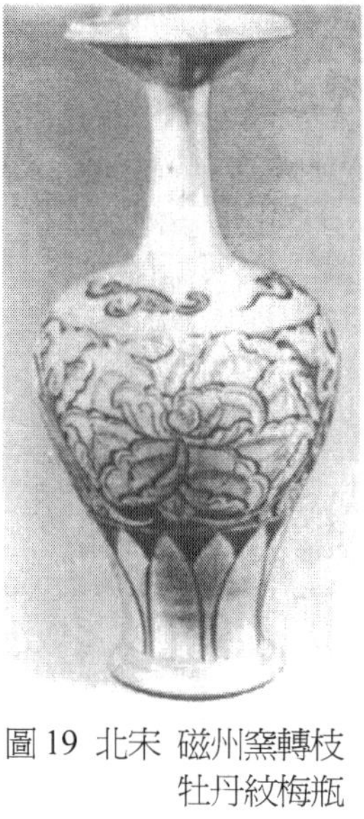

圖 19 北宋 磁州窯轉枝牡丹紋梅瓶

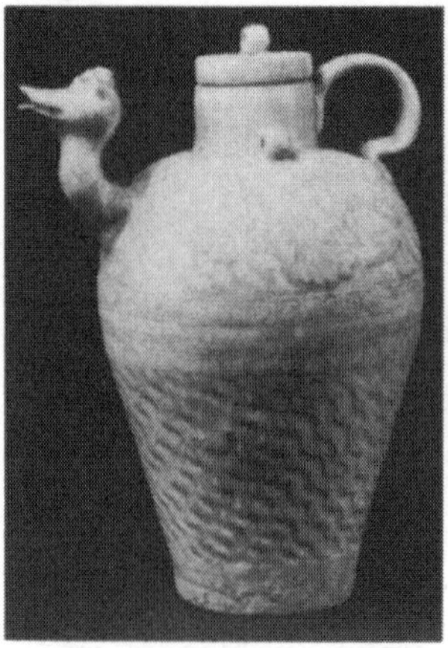
圖 22 南宋 影青鳥口壺

圖 21 北宋 磁州窯轉枝牡丹紋梅瓶

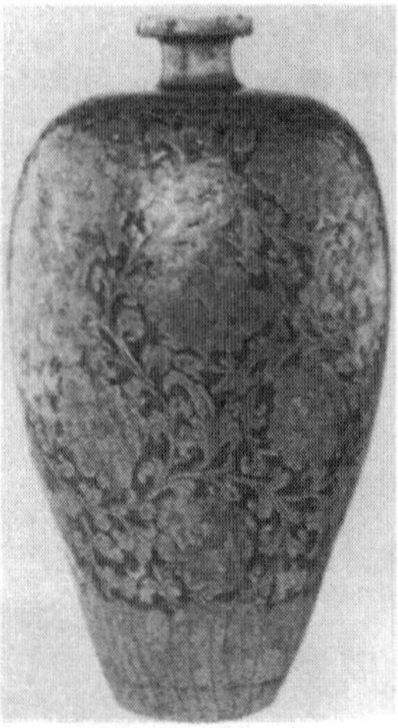
圖 20 北宋 磁州窯綠釉牡丹紋梅瓶

圖 24 元 青花花卉草蟲紋葫蘆瓶

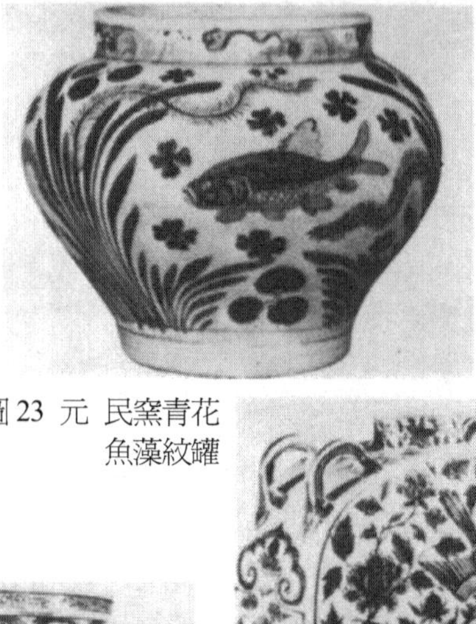
圖 23 元 民窯青花魚藻紋罐

圖 26 元 青花靈獸八寶轉枝牡丹紋罐

圖 25 元 青花牡丹孔雀紋扁壺

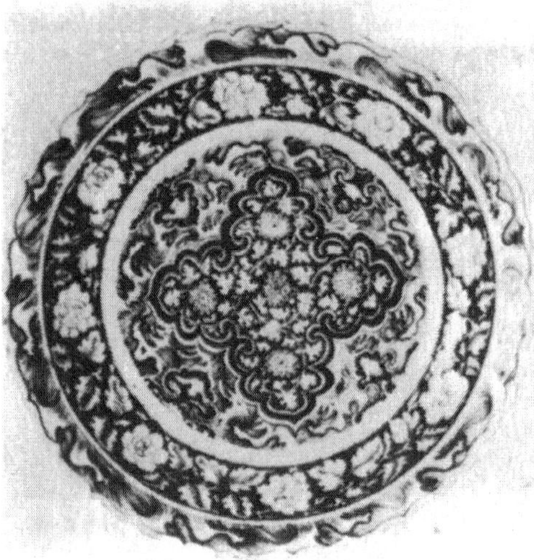

圖 28 元 青花轉枝菊花牡丹波濤紋盤

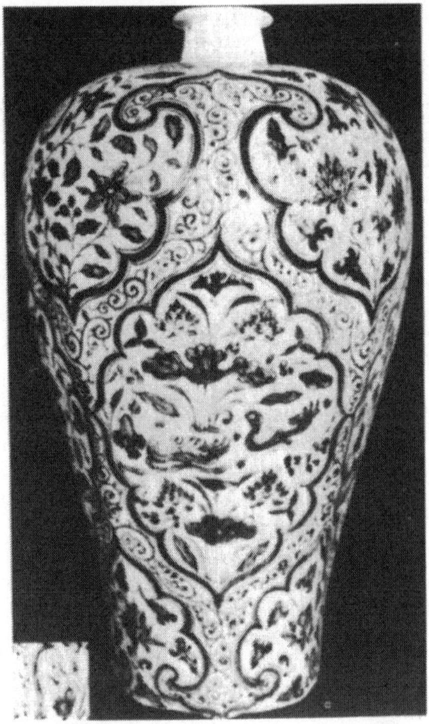

圖 27 元 青花蓮池水禽轉枝花卉紋梅瓶

圖 28*a* 元 青花蓮池水禽轉枝花卉紋梅瓶花繪之局部情形

圖 33 永樂 青花茶花扁壺

圖 32 永樂 青花人物扁壺

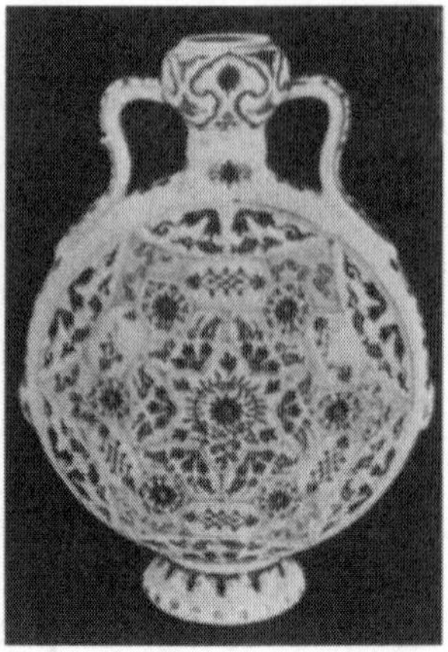

圖 31 永樂 青花花卉扁壺

圖 36 永樂 青花四季花卉壺

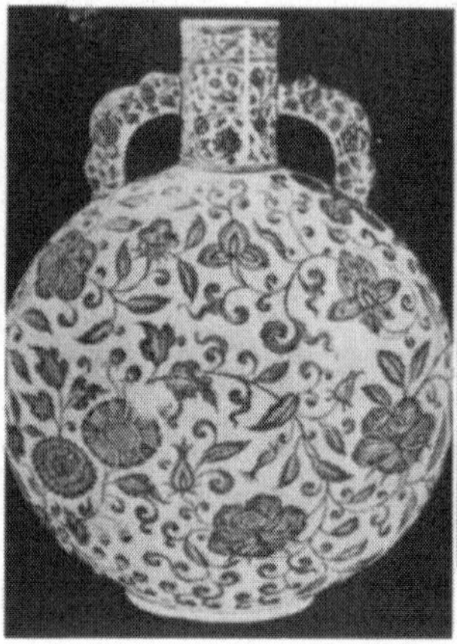

圖 35 永樂 青花四季花扁壺

圖 34 永樂 青花花扁壺

圖 37 永樂 青花鳳凰三繫把壺

圖 40 永樂 青花雙龍高足盌

圖 39 永樂 青花牡丹花梅瓶

圖 38 永樂 青花番蓮天球瓶

圖 43 永樂 青花花果菱花式杯

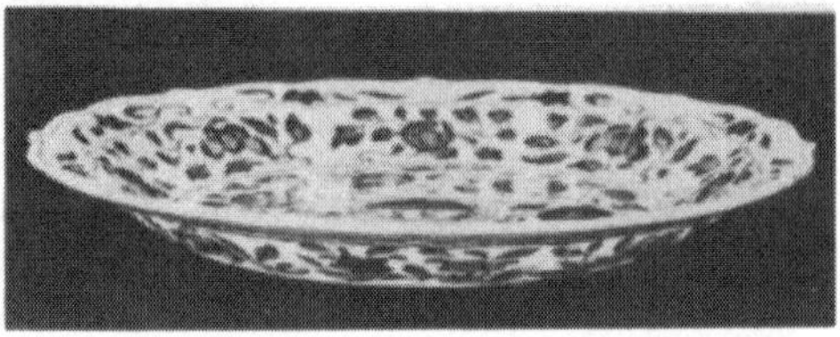
圖 41 永樂 青花四季花卉菱花式盤

圖 42 永樂 青花四季花卉蓮瓣大盤

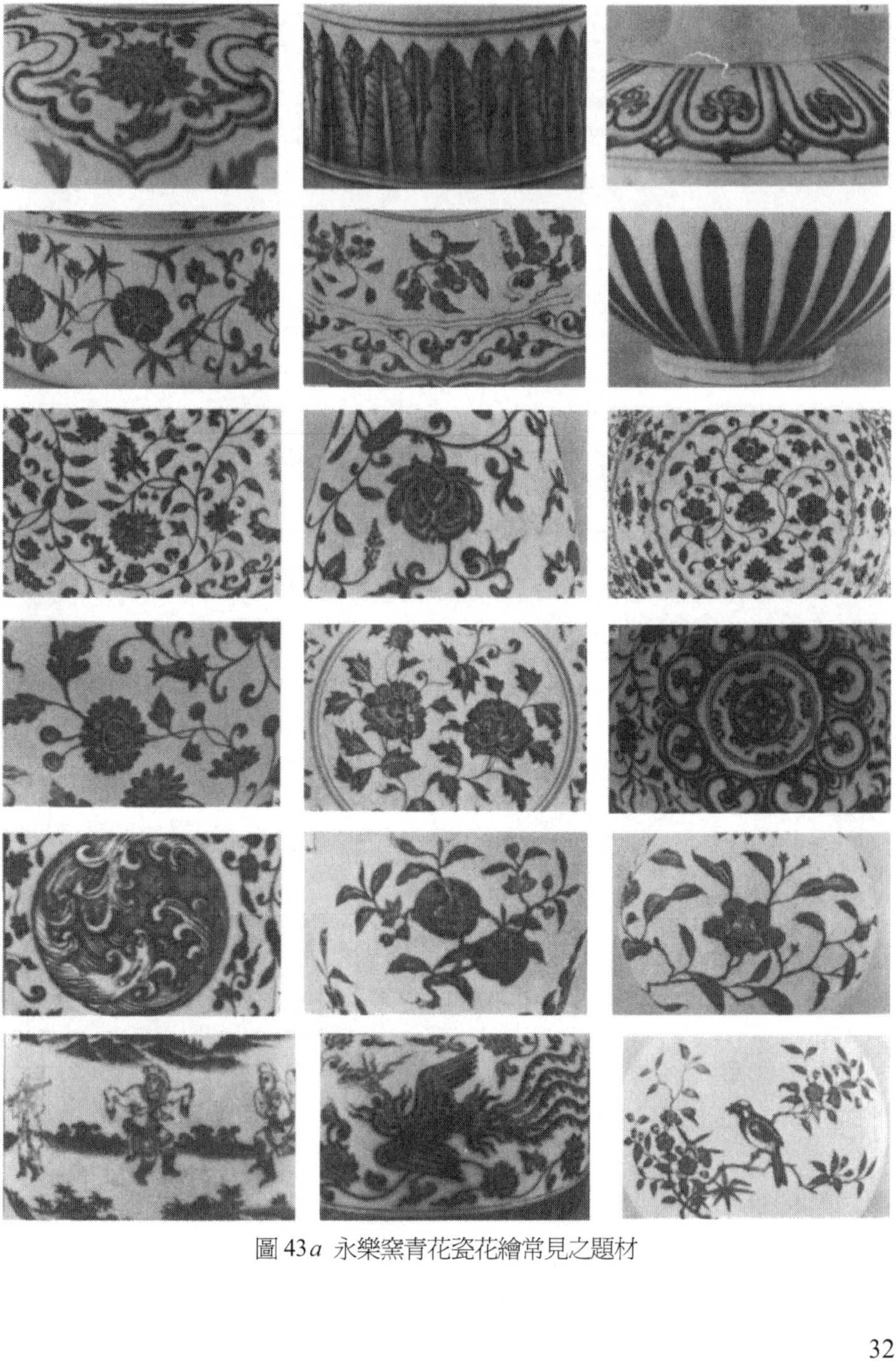

圖 43*a* 永樂窯青花瓷花繪常見之題材

圖 45 宣德 青花雙龍藏文高足盌

圖 44 宣德 青花仙山樓閣盌

圖 47 宣德 青花蓮花合盌

圖 46 宣德 青花團花果牡丹花式高足盌

圖 49 宣德 青花龍鳳大盌

圖 48 宣德 青花番蓮八寶高足合盌

圖 51 宣德 青花四季花卉大盤

圖 50 宣德 黃釉青花花卉淺盌

圖 56 宣德 青花番蓮扁壺

圖 53 宣德 青花四季花卉執壺

圖 52 宣德 青花雙龍藏文僧帽壺

圖 57 宣德 青花牽牛花龍耳折方瓶

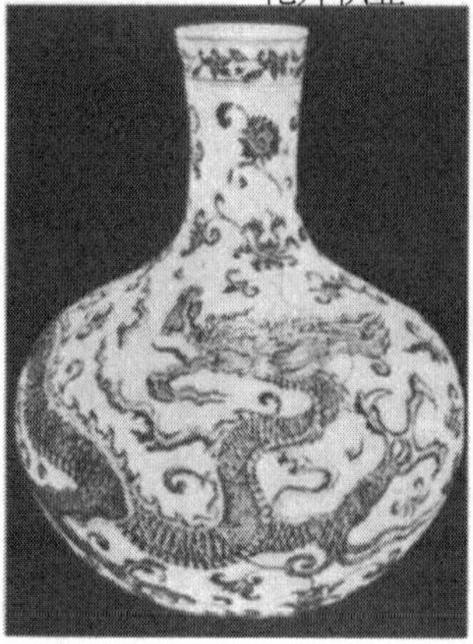
圖 56 宣德 青花蟠龍天球瓶

圖 55 宣德 青花靈芝之瓶

圖 59 宣德 青花鳳凰鐘

圖 58 宣德 青花花卉貫耳瓶

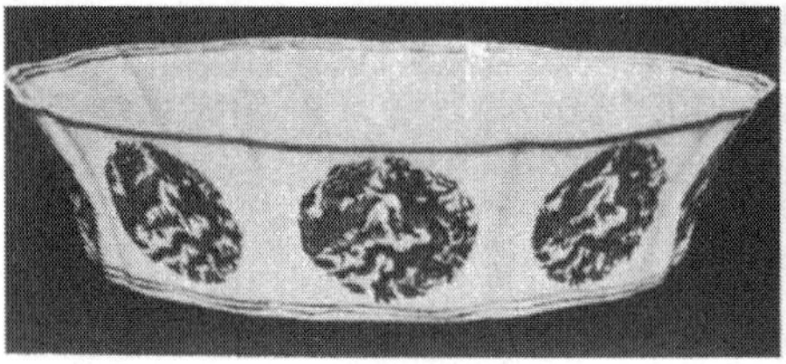

圖 61 宣德 青花龍鳳牡丹花式洗

圖 60 宣德 青花四季花卉圓洗

圖 64 宣德 青花花卉燈

圖 53 宣德 青花番蓮鏤空花薰

圖 62 宣德 青花鴛鴦硯滴

圖 65 宣德 青花花卉漏斗

圖 66 宣德 青花花卉澆

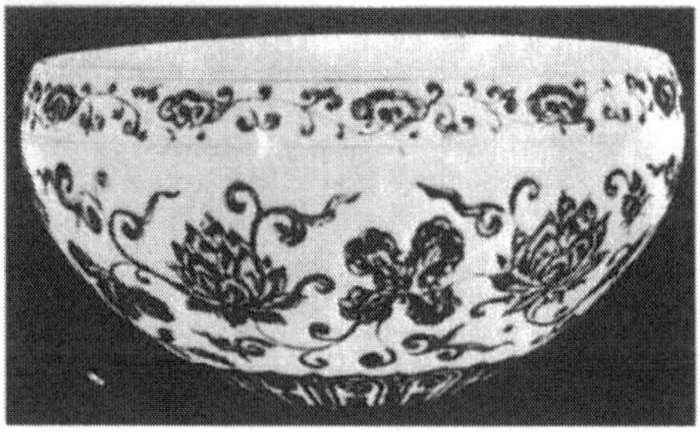

圖 68 宣德 青花蓮花鉢式缸

圖 67 宣德 青花牡丹花紋鳥食罐

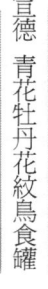

圖 71 宣德 青花四季花卉蓋罐

圖 70 宣德 青花梅花蓋罐

圖 69 宣德 青花杜丹花蓋罐

圖 74 宣德 青花蕉葉渣斗

圖 73 宣德 青花花卉豆

圖 69 宣德 青花梅花小蓋罐

圖 75 宣德 青花番蓮弦紋三足爐

圖75*a* 宣德 青花瓷花繪之部份題材

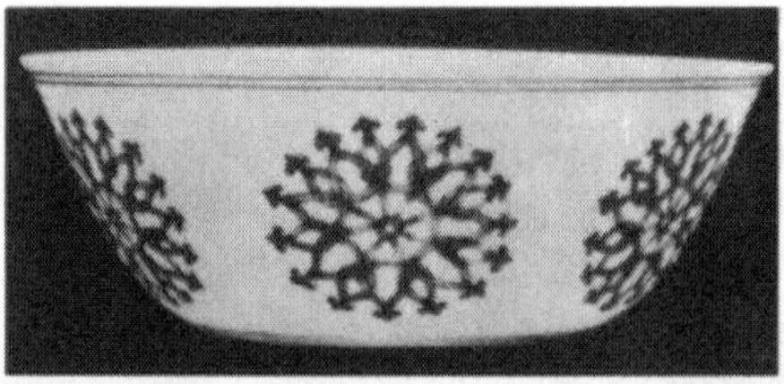
圖77 成化 青花團花淺盌

圖76 成化 青花夔龙高足盌

圖78 成化 青花團花龍紋盤

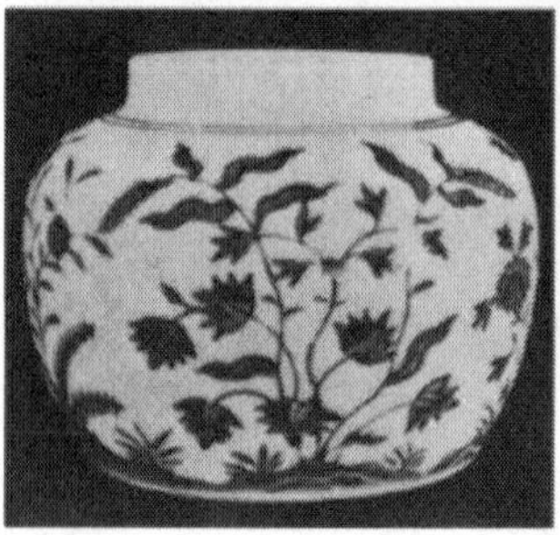
圖81 成化 青花花卉罐

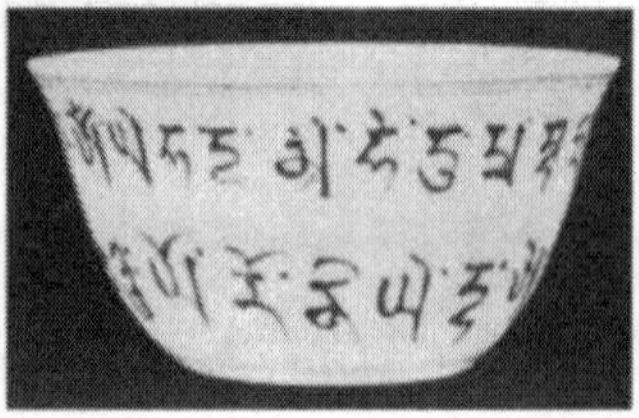
圖80 成化 青花藏文杯

圖79 成化 青花花鳥杯

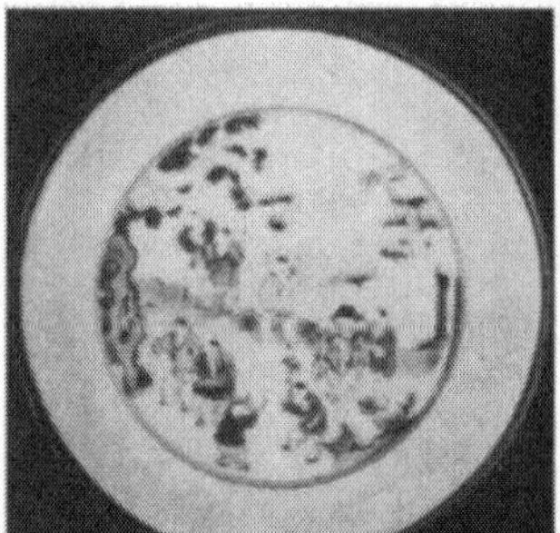
圖83 成化 青花嬰戲圖圓洗

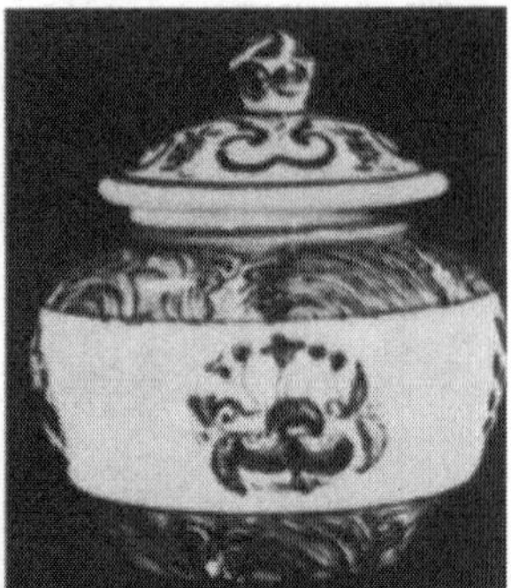
圖82 成化 青花花果蓋罐

圖85 成化 青花蓮花八寶高足鍾

圖84 成化 青花梵文鍾

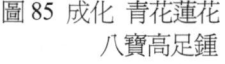

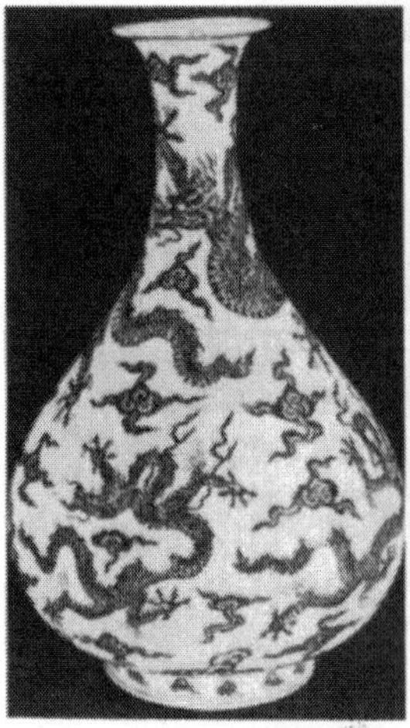

圖 88 成化 青花五龍壺

圖 87 成化 青花鳳凰滷壺

圖 86 成化 青花梵文花馬鍾

圖 89 成化 青花仕女印合

圖 90 成化 青花鬥彩團花鳥杯

圖 91 成化 青花鬥彩團龍杯

圖 93 成化 青花鬥彩番蓮梵文杯

圖 92 成化 青花鬥彩團花果杯

圖 94 成化 青花鬥彩團花蝶杯

圖 96 成化 青花鬥彩人物盃

圖 95 成化 青花鬥彩雞缸杯

圖 99 成化 青花鬥彩雞杯

圖 97 成化 青花鬥彩嬰戲圖杯

圖 100 成化 青花鬥彩蓮花杯

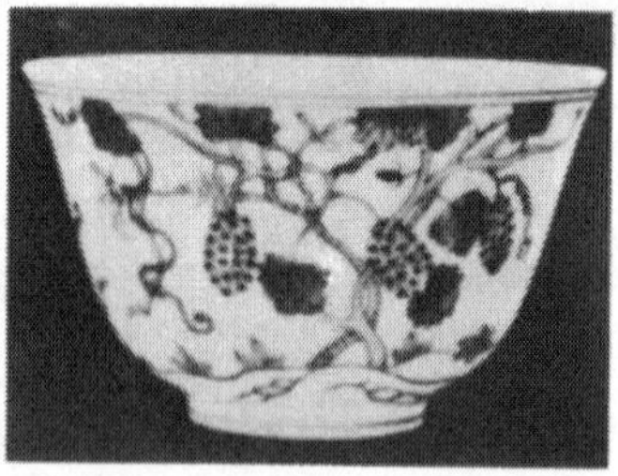

圖 98 成化 青花鬥彩葡萄杯

圖 103 成化 青花鬥彩番蓮高足盃

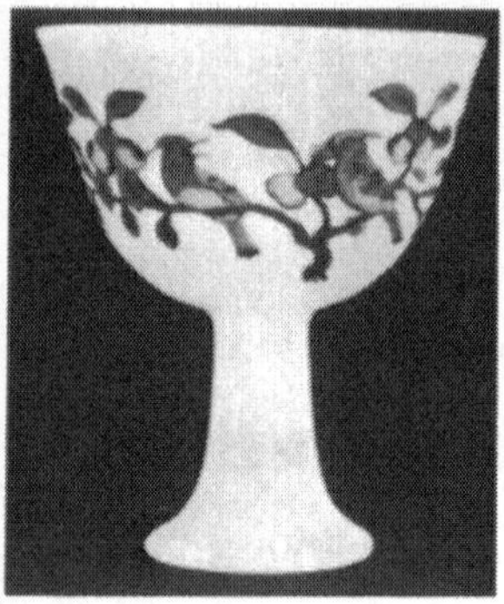

圖 102 成化 青花鬥彩花鳥高足盃

圖 101 成化 青花鬥彩葡萄高足盃

圖 132 正德 青花勾雲梵文筆架

圖 104 成化 青花鬥彩凌雲蝶

圖105 成化 青花瓷花繪之全要題材

圖 106
成化朝青花瓷花繪華致精爽遒勁，流露典雅俊逸之美感

圖107 弘治 青花蓮塘龍紋盌

圖111 弘治 青花團花龍紋盤

圖113 弘治 青花五龍滷壺

圖 118 弘治朝青花瓷花繪題材部份

圖 119 弘治 青花蓮塘龍紋盌上之龍形，氣勢蹙弱

圖 120 正德 青花阿拉伯文蓮花盤

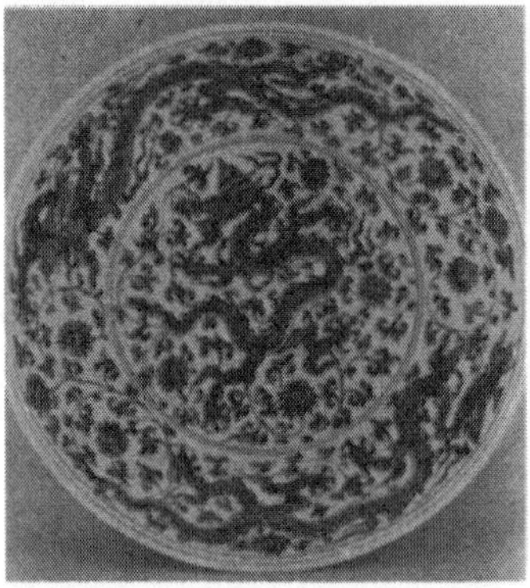
圖 121 正德 青花五龍盤

圖 122 正德 青花牡丹花大盌

圖 123 正德 青花五龍盌

圖 124 正德 青花仰鍾式盌

圖 125 正德 青花五龙高足盌

圖 126 正德 青花番蓮三足爐

圖 127 正德 青花波斯文梅花圓罐

圖132 a 正德朝青花瓷花繪之部份題材

圖131 正德 青花阿拉伯文花卉四方盒

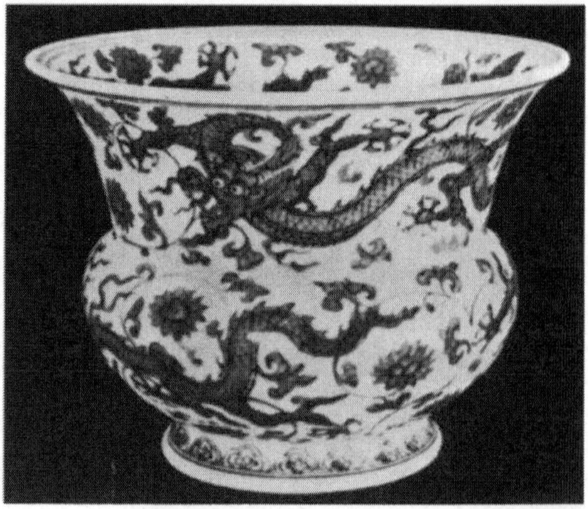

圖128 正德 青花龙紋渣斗

圖130 正德 青花波斯文番蓮尊

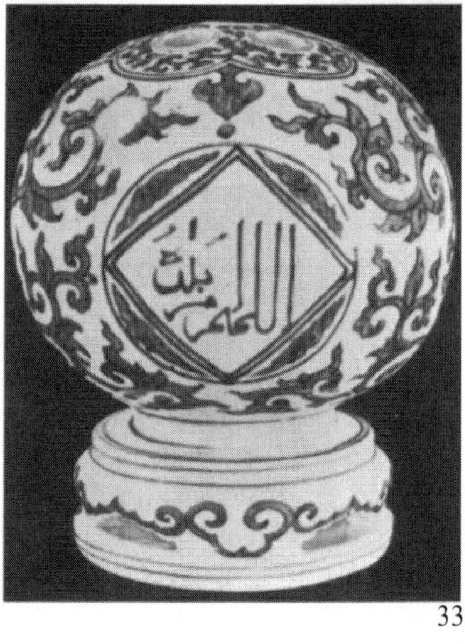

圖129 正德 青花波斯紋番蓮七孔花插

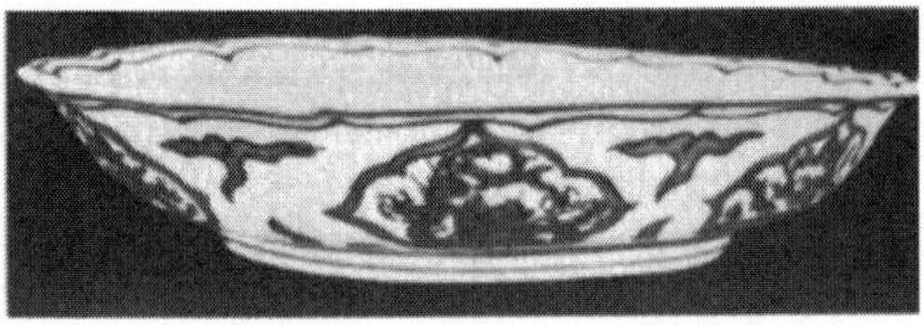

圖 133 嘉靖 青花雲龍蓮瓣盤

圖 134 嘉靖 青花龍紋大盌

圖 135 嘉靖 青花團龍嬰戲圖高足盌

圖 138 嘉靖 青花蓮塘紋罐

圖 136 嘉靖 青花嬰戲圖套杯

圖 140 嘉靖 青花雲鶴壽字蓋罐

圖 137 嘉靖 青花嬰戲圖蓋罐

圖 139 嘉靖 青花雲龍葫蘆蓋罐

圖 141 嘉靖 青花鳳凰雲鶴罐

圖142 嘉靖 青花雙龍滷壺

圖143 嘉靖 青花雲龍繩耳三足爐

圖144 嘉靖 青花番蓮三足爐

圖145 嘉靖 青花番蓮八寶三足爐

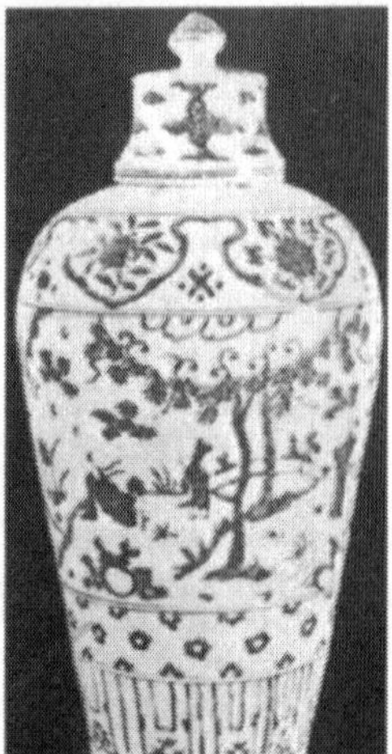
圖146 嘉靖 青花山水人物梅瓶

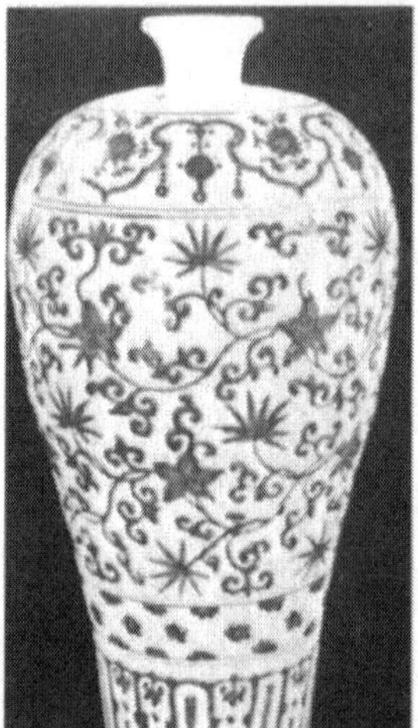
圖147 嘉靖 青花花卉梅瓶

圖148 嘉靖 青花雲鶴八封葫蘆瓶

圖 151 嘉靖 青花綠彩趕珠龍蒜頭瓶

圖 150 嘉靖 青花花卉瓶

圖 149 嘉靖 青花雙獸耳環瓶

圖 153 嘉靖 青花蓮塘魚藻牡丹花式洗

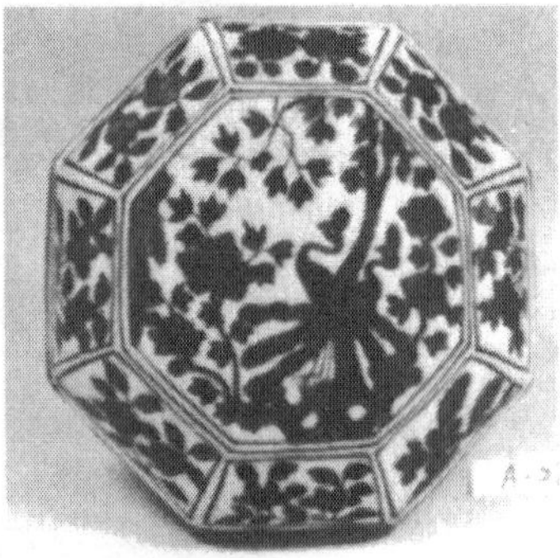

圖 152 嘉靖 青花孔雀牡丹紋八角盒

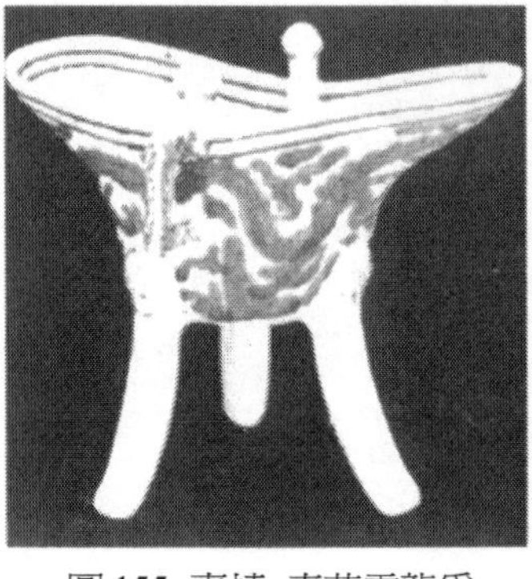

圖 155 嘉靖 青花雲龍爵

圖 154 嘉靖 青花花卉尊

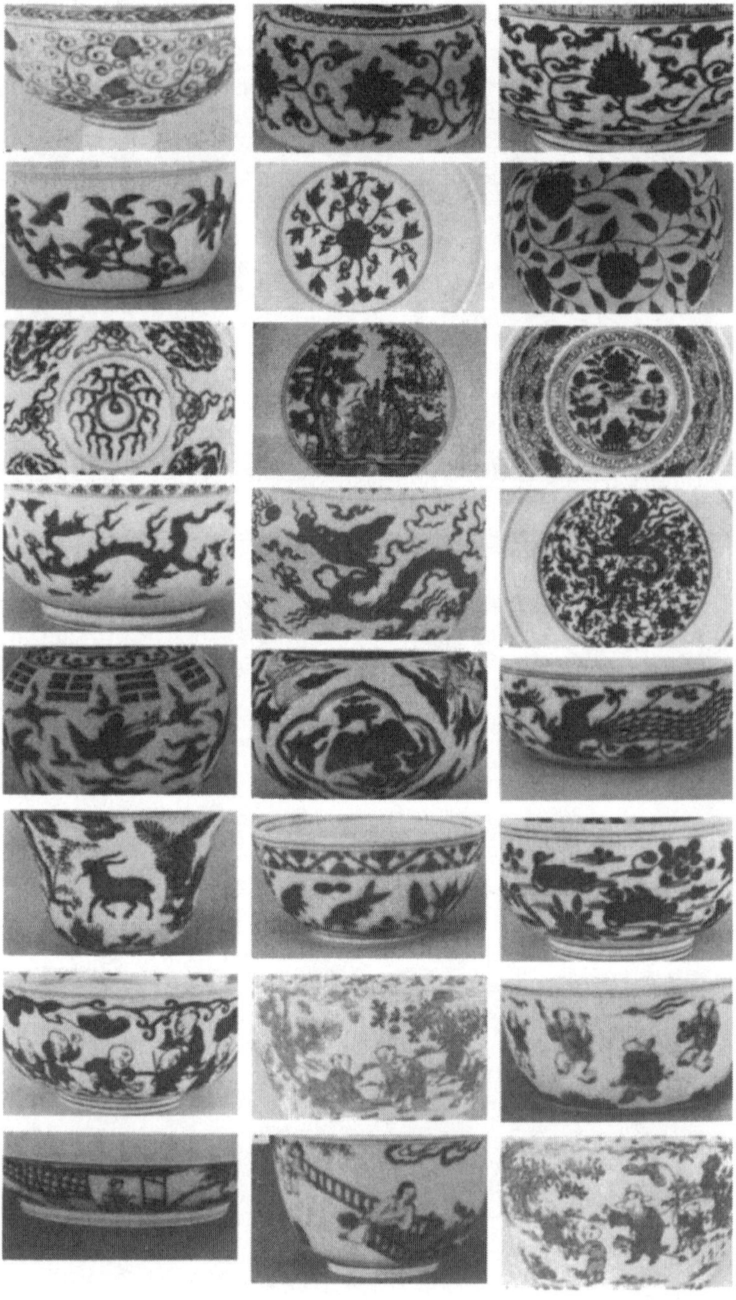

圖155 *a* 嘉靖 青花瓷花繪之題材部份

圖 156 隆慶 黃釉青花雙龍戲珠淺盌

圖 157 隆慶 青花雲龍提梁壺

圖 158 隆慶 青花雲龍銀錠式盒

圖 161 萬曆 青花梵文仕女高足盌

圖 159 萬曆 青花鳳凰盌

圖 160 萬曆 青花海獸盌

圖 162 萬曆 青花梵文蓮花式盤

圖167 萬曆 青花人物六稜提梁壺

圖165 萬曆 青花魚藻紋梅花式洗

圖166 萬曆 青花龍鳳紋八方洗

圖168 萬曆 青花龍鳳執壺

圖170 萬曆 青花花鳥尊

圖171 萬曆 青花山水人物梅瓶

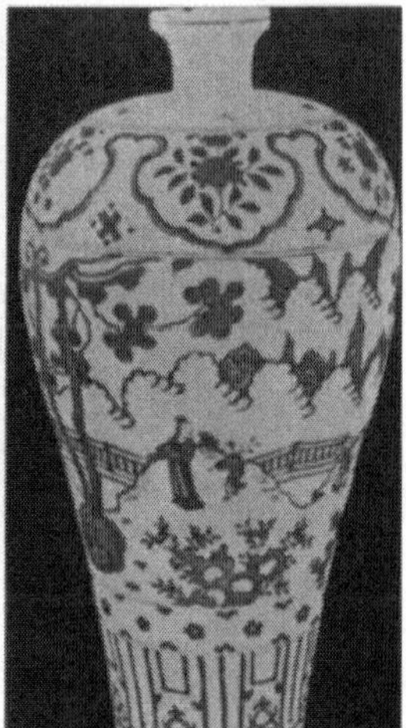

圖169 萬曆 青花麒麟番蓮紋執壺

圖174　萬曆　青花雲龍紋瓶

圖 173　萬曆　青花五彩六角頸瓶

圖 172　萬曆　青花松下高士圖梅瓶

圖177　萬曆　青花雲捧壽字三友番蓮葫蘆瓶

圖175　萬曆　青花五彩穿花龍蒜頭瓶

圖176　萬曆　青花五彩雲鳳鬥雞花卉葫蘆瓶

圖179 *a*　萬曆　青花八卦紋圓爐

圖 181 萬曆 青花河圖洛書斗筆管

圖 179*b* 萬曆 青花雙人捧元寶形香爐

圖 178 萬曆 青花雲龍八卦方爐

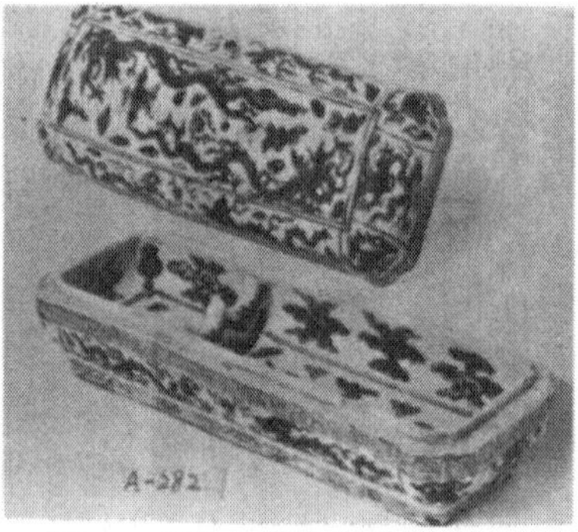

圖 182 萬曆 青花趕珠龍筆盒

圖 185 萬曆 青花花卉紋燭台

圖 183 萬曆 青花雙龍花果長方盒

圖 185 萬曆 青花嬰戲圖方盒

圖 164 萬曆 青花三友圖葵瓣式盤

圖 163 萬曆 青花錦地開光蓮塘紋葵瓣盤

圖 184 萬曆 青花錦地開光人物紋四方盒

圖 186 萬曆 青花龍鳳雲鶴盖罐

圖188 萬曆青花瓷花繪之題材，內容豐富，構圖繁縟有似元代風貌。

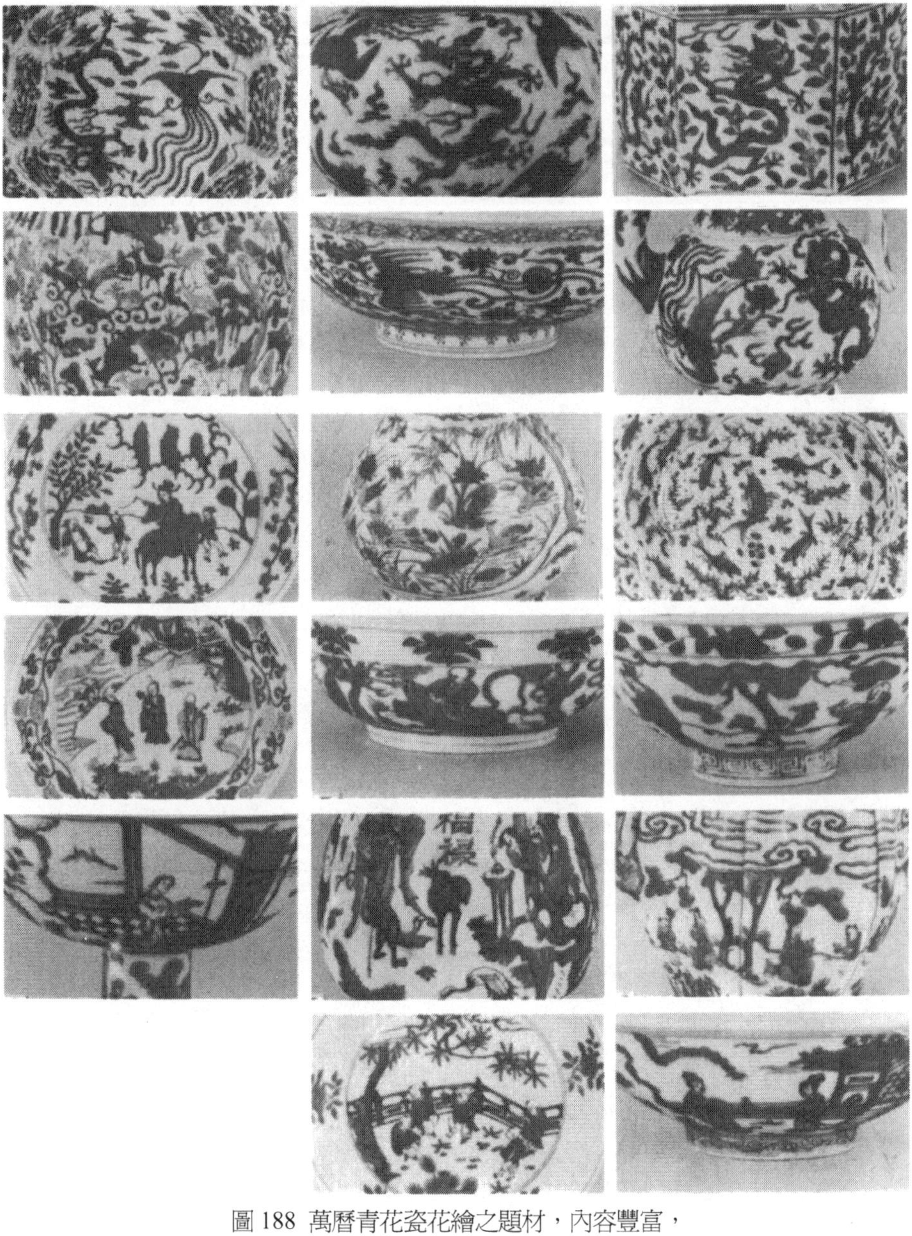

圖 188 萬曆青花瓷花繪之題材，內容豐富，
構圖繁縟有似元代風貌。

圖 190 洪武 青花瓷牌

圖 192 宣德 民窯青花人物紋罐

圖 191 永樂 民窯青花孔雀牡丹梅瓶

圖 193 宣德 民窯青花蓮瓣形佛器台

圖 194 宣德 民窯青花三友蓮子碗

圖 195 成化 民窯鬥彩小杯

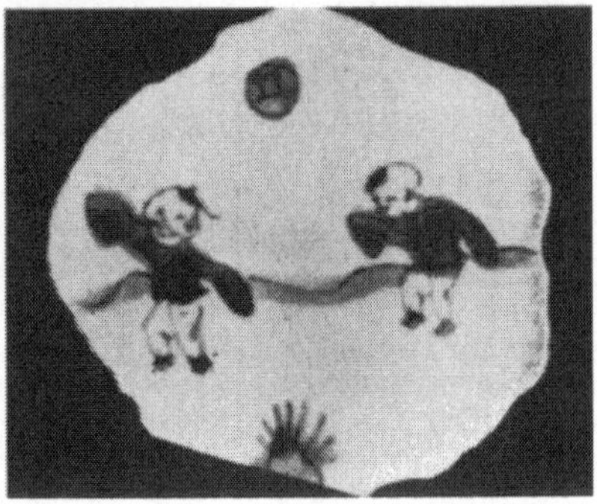

圖 196 成化 民窯青花嬰戲圖盌碎片

圖 198 嘉靖 民窯青花花果紋盤

圖 197 正德 民窯青花嬰戲圖盌碎片

圖 201 萬曆 民窯青花天馬紋印盒

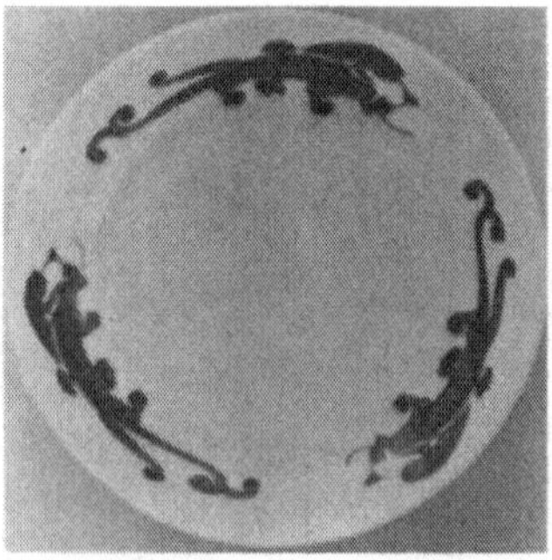
圖 200 隆慶 民窯青花蟠螭盤

圖 199 嘉靖 民窯青花錦地開光四靈瓜形罐

圖 202 萬曆 民窯青花神像

圖 203 萬曆 民窯青花錦地花卉乳子瓶

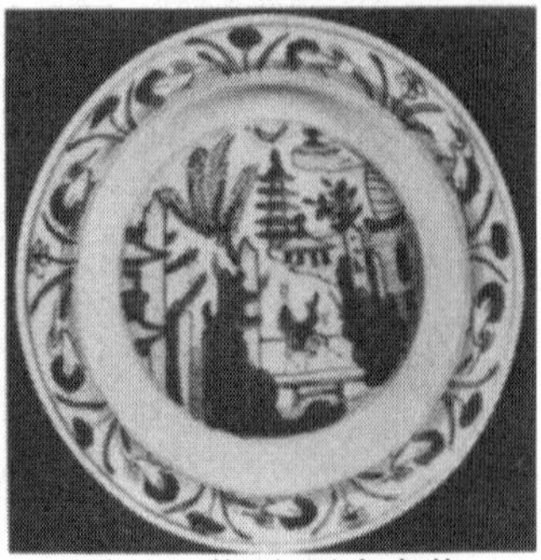
圖 204 萬曆 民窯青花山水人物盤

圖 205 萬曆 民窯青花人物紋香爐↓

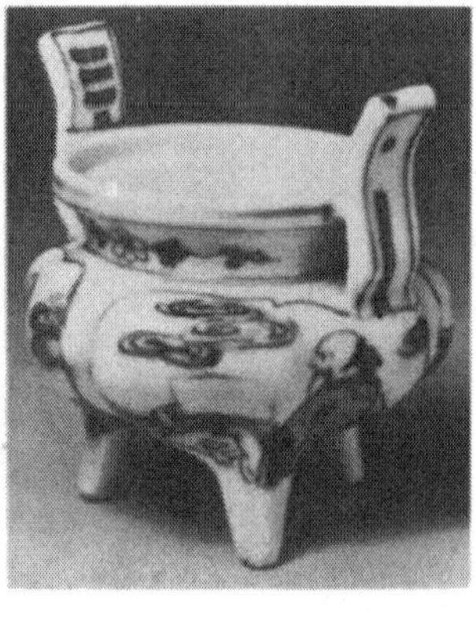

圖 197 萬曆 民窯青花松鹿水禽紋盤

圖 206 萬曆 民窯青花孩童像→

圖 208 萬曆 民窯青花鹿紋葵瓣式碗

圖 209 萬曆 民窯青花小蝶碎片之勾勒牡丹圖

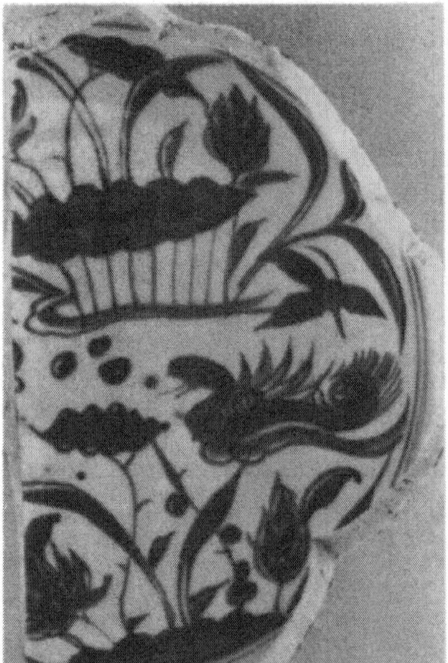

圖 211 嘉靖 民窯青花盤碎片
（埃及 *Fustat* 地方出土）

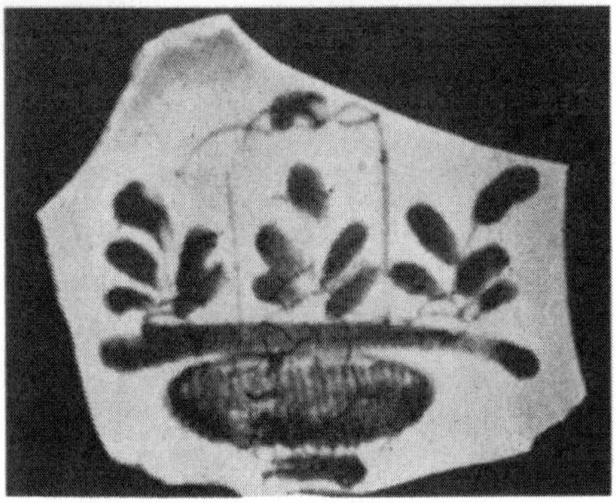

圖 210 晚明 民窯青花碗碗心之花籃圖

圖212 天啓 民窯青花山水人物六角杯

圖213 天啓 民窯青花散仙圖四方盤

圖214 天啓 民窯青花人物紋盤

圖215 天啓 民窯青花牡丹紋盤

圖216 天啓 民窯青花牧牛圖盤

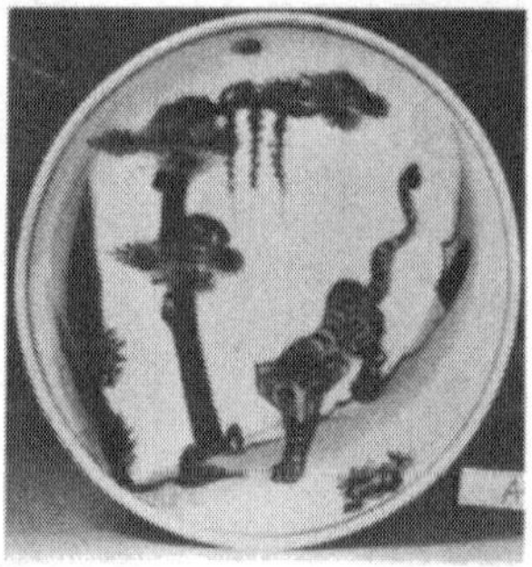
圖217 天啓 民窯青花松虎圖碟

圖218 天啓 民窯青花三友紋盤

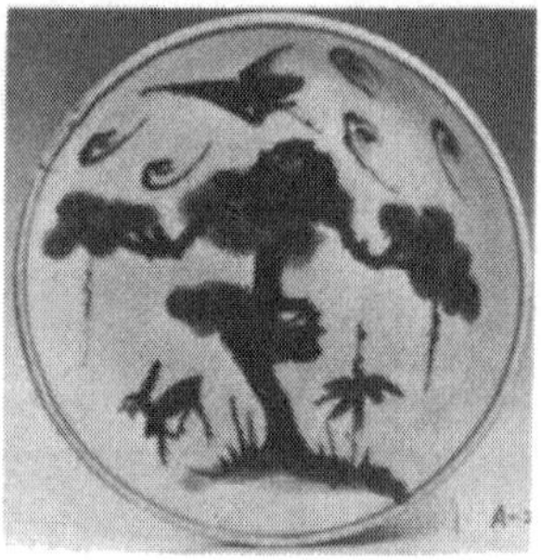
圖219 天啓 民窯青花雲鶴松鹿淺盤

圖 220 天啓 民窯青花高士圖碗

圖 221 天啓 民窯青花瓜瓞紋碟

圖 222 天啓 民窯青花牧牛圖六角形壺

圖 223 天啓 民窯青花錦地開光花果葵瓣式碗

圖 226 崇禎 民窯青花花卉葵瓣式碗

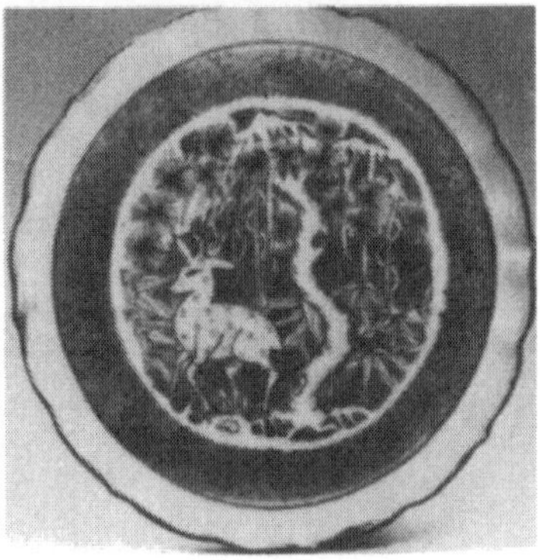

圖 224 崇禎 民窯青花松竹鹿紋葵瓣式盤

圖 227 崇禎 民窯青花雲水天馬紋罐

圖 230 崇禎 民窯青花桃花榴形執壺

圖 229 崇禎 民窯青花纏枝番蓮葫蘆瓶

圖 228 崇禎 民窯青花花鳥紋盖罐

圖 231 崇禎 民窯青花茶花蛙紋印盒

圖 234 崇禎 民窯青花人物紋燭台

圖 233 崇禎 民窯青花海水天馬紋蓮瓣頭燭台

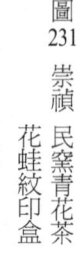

自右向左，分別爲

圖235 北宋 磁州窯黑剔牡丹花紋梅瓶

圖236 元 青花孔雀轉枝牡丹花梅瓶

圖237 明 宣德青花蟠龍紋梅瓶

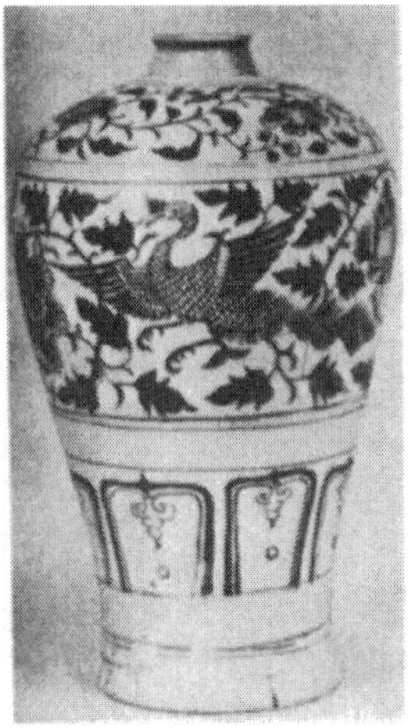

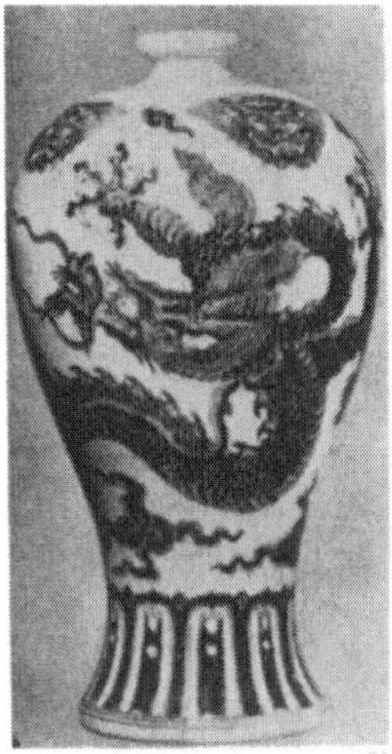

→右：自上向下分別爲：

圖238 洪武 青花纏枝花卉大碗

圖239 宣德 青花牡丹大碗

圖240 成化 青花五龍碗

↑左：自上向下分別爲：

圖241 嘉靖 黃地青花麒麟紋淺碗

圖242 萬曆 青花四季花果葵瓣口碗

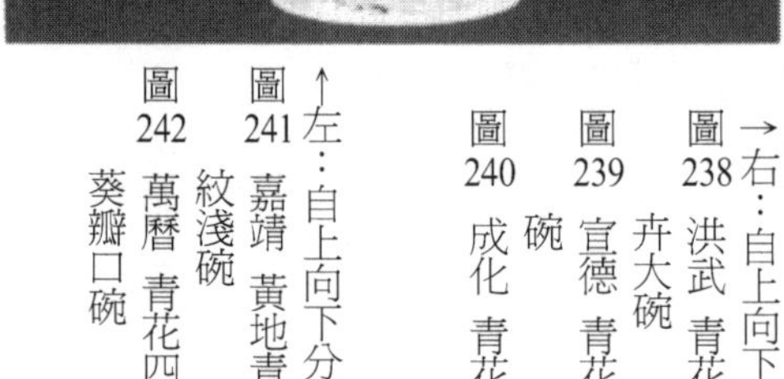

圖 243　宣德　青花開光折枝花果執壺→

圖 244　宣德　青花靈芝壺上青料發色之滲青現像，色調反而穩重而帶澁味。←

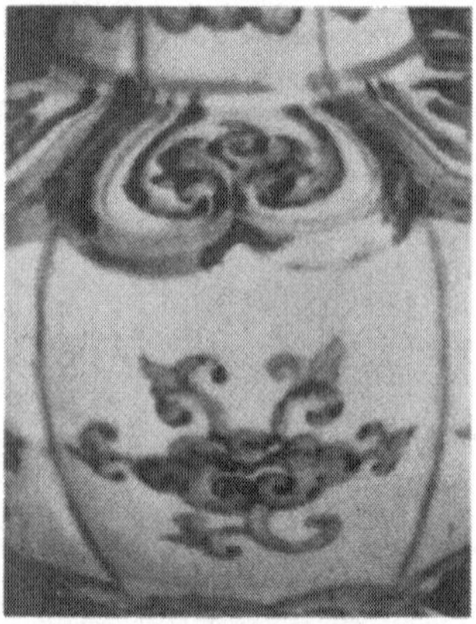

圖 245　成化　青花龍紋高足碗之青料發色色調，以及龍形採用便化畫法有似圖案。↓

圖 246　嘉靖　青花雲鳳獸耳瓶之青料發色色調

圖 247　宣德青花蟠龍天球瓶上之龍形具寫實手法，氣勢威猛

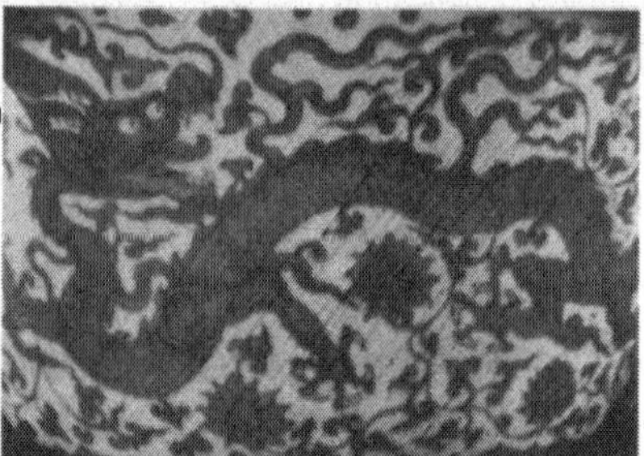

圖 249　萬曆青花龍鳳洗上之龍形，筆墨淺淡，形象呆滯羸弱無力。↓

↑圖 248　嘉靖　青花雙龍碗上之龍形，雖然畫法採寫實與象徵合一，筆致呆板單調。

圖 250*b* 吳越 刻西湖黃妃塔華嚴經斷石轉枝花紋

圖 250*a* 漢代 石刻龍紋

圖 250*c* 明代青花瓷花繪中主要使用之邊飾二方連續圖案

以上花瓣紋

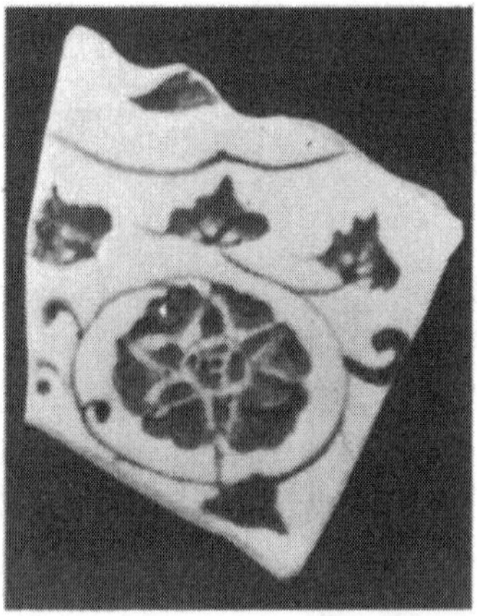

圖 251 早期青花瓷繪中之番蓮畫法筆致嚴整精工

圖 252 中期青花瓷繪中之番蓮畫法，筆線婉約流暢

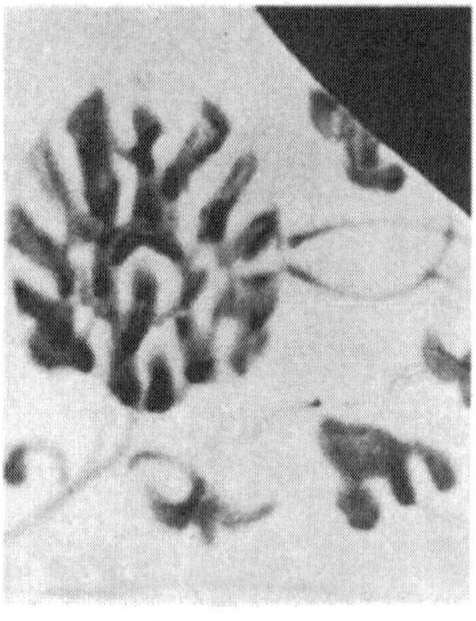

圖 253 晚期青花瓷繪中之番蓮畫法，筆墨簡率浪漫

圖 254 萬曆青花百景紋瓶上的山水畫 — 具有沈周風格

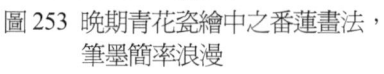

圖255 宣德之青花牽牛花紋折方瓶，造型與花繪設計新穎奇特，具有高度藝術性。

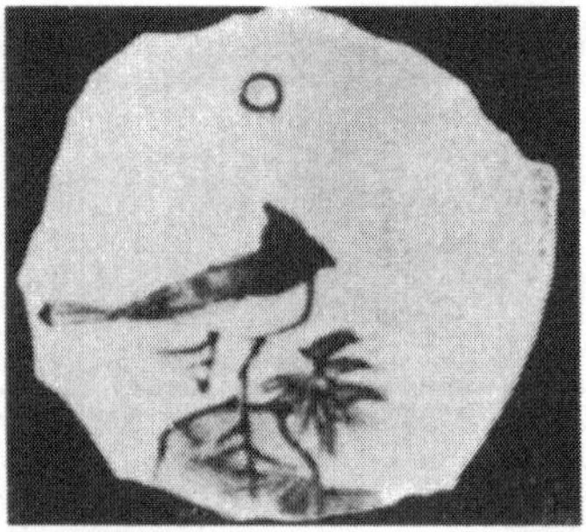

圖256 民窯青花瓷碗碎片上之晴竹幽禽圖

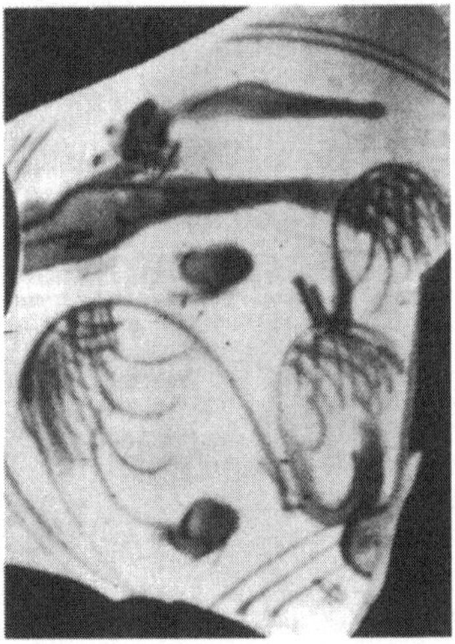

圖257 民窯青花瓷碗碎片上之春溪煙柳圖

圖258 嘉靖 民窯青花瓷碗碎片之上秋野山僧圖

圖259 萬曆 民窯青花瓷罐上之黃菊鸜鵒圖

圖 260 嘉靖 民窯青花碗上之秋雁紅蓼圖

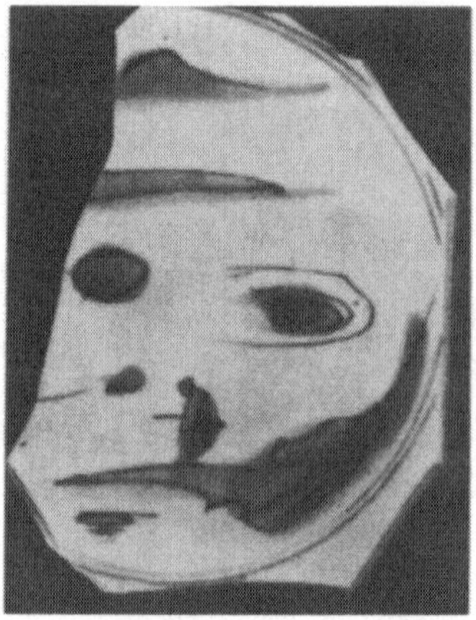

圖 261 晚期民窯青花盤盤心之愛看春水入江潮圖

圖 262 民窯青花魚藻紋碗

圖 263 嘉靖 民窯青花瓷碎片之桃花圖

圖 263 成化 青花人物碗上之人物畫法粗謹工致

圖 264 晚期民窯青花盤盤心之愛看春水入江潮圖

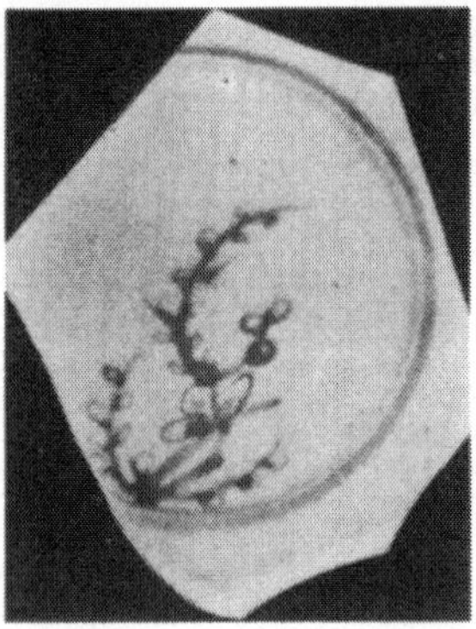
圖 266 嘉靖　民窯青花
碗上之折枝梅花

圖 267 萬曆 民窯青花瓷碎片上之麋鹿圖

圖 268 晚明民窯青花瓷碎片上之
春江水暖圖

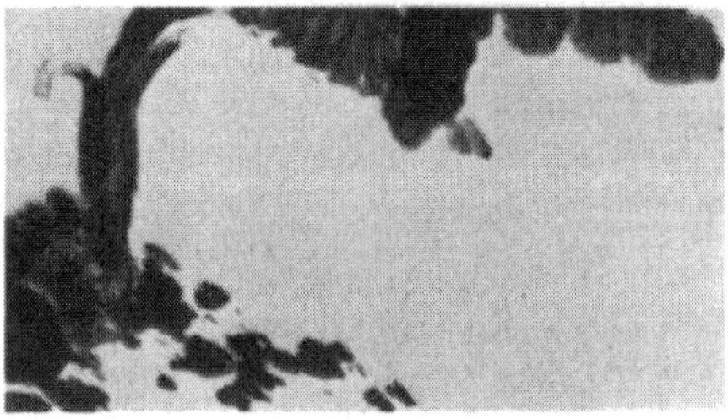
圖 271 清 八大山人畫水墨
芭蕉圖冊頁

圖 269 清八大山人畫折枝花鳥冊頁

圖 270 清八大山人畫梅圖冊頁

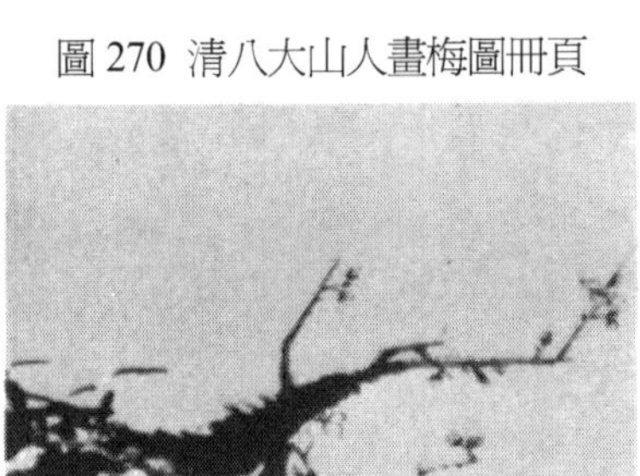

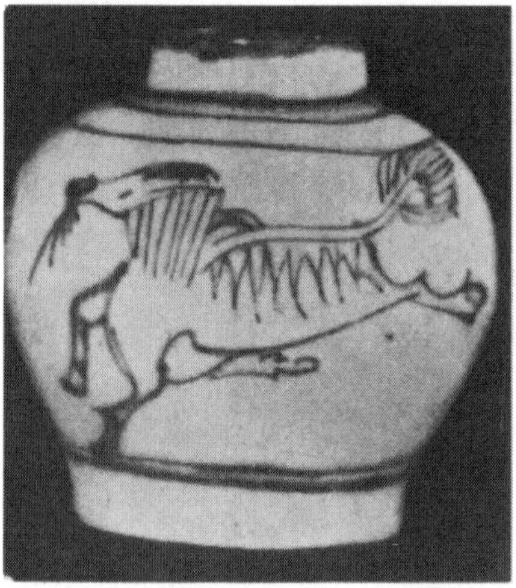

圖 273 晚明青花小罐上之海獸圖

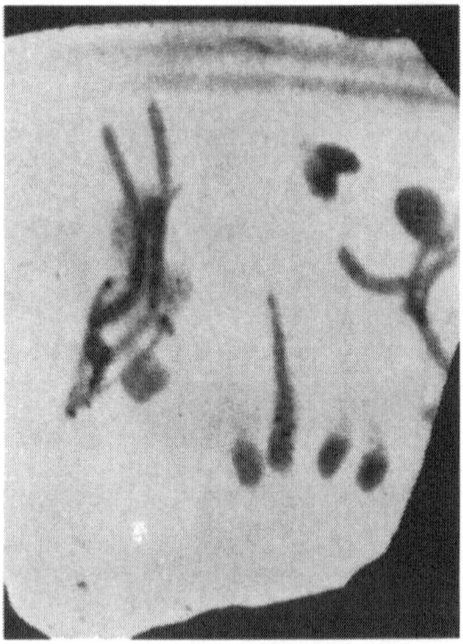

圖 272 晚明 青花酒杯口沿之水藻鯈魚圖